教育部人文社会科学研究规划基金项目（13YJA630042）
重庆市社会科学规划项目（2015YBSH042）

建立城乡统一的建设用地市场研究

李　彬　著

中国财经出版传媒集团
经济科学出版社
Economic Science Press

图书在版编目（CIP）数据

建立城乡统一的建设用地市场研究/李彬著 . —北京：
经济科学出版社，2016.12
ISBN 978 - 7 - 5141 - 7716 - 9

Ⅰ. ①建…　Ⅱ. ①李…　Ⅲ. ①城乡建设 - 土地利用 -
土地市场 - 研究 - 中国　Ⅳ. ①F299.232

中国版本图书馆 CIP 数据核字（2016）第 325626 号

责任编辑：王　娟
责任校对：杨晓莹
责任印制：邱　天

建立城乡统一的建设用地市场研究
李　彬　著
经济科学出版社出版、发行　新华书店经销
社址：北京市海淀区阜成路甲 28 号　邮编：100142
总编部电话：010 - 88191217　发行部电话：010 - 88191522
网址：www. esp. com. cn
电子邮件：esp@ esp. com. cn
天猫网店：经济科学出版社旗舰店
网址：http://jjkxcbs. tmall. com
北京季蜂印刷有限公司印装
710×1000　16 开　12 印张　220000 字
2017 年 7 月第 1 版　2017 年 7 月第 1 次印刷
ISBN 978 - 7 - 5141 - 7716 - 9　定价：39.00 元
（图书出现印装问题，本社负责调换。电话：010 - 88191510）
（版权所有　侵权必究　举报电话：010 - 88191586
电子邮箱：dbts@ esp. com. cn）

目　　录

第1章　导论 ……………………………………………………………… 1

　1.1　选题背景 ……………………………………………………………… 1

　1.2　研究意义 ……………………………………………………………… 7

　1.3　国内外研究综述 ……………………………………………………… 9

　1.4　研究思路和方法 ……………………………………………………… 21

　1.5　本书研究框架及主要观点 …………………………………………… 24

　1.6　创新点和有待进一步研究的问题 …………………………………… 27

第2章　概念界定与理论基础 …………………………………………… 30

　2.1　概念界定 ……………………………………………………………… 30

　2.2　理论基础 ……………………………………………………………… 44

第3章　中国农村土地制度与城乡建设用地制度概述 ………………… 59

　3.1　土地与中国土地资源现状 …………………………………………… 59

　3.2　中国农村土地制度 …………………………………………………… 67

　3.3　农村土地征收制度改革 ……………………………………………… 81

　3.4　城市建设用地制度的发展历程 ……………………………………… 89

　3.5　农村集体建设用地制度的演化 ……………………………………… 92

第4章　中国城乡建设用地市场二元结构分析 ………………………… 98

　4.1　城乡建设用地市场二元结构特征及形成原因 ……………………… 98

　4.2　城乡建设用地市场二元结构的弊端 ………………………………… 103

　4.3　建设用地市场发展现状 ……………………………………………… 105

　4.4　农村集体建设用地市场发展现状 …………………………………… 109

第5章 建立城乡统一建设用地市场的制约因素 ···················· 116

  5.1 现行农地产权制度制约 ······························· 116

  5.2 城乡建设用地土地二元结构制约 ······················ 119

  5.3 土地收益分配制度的制约 ···························· 123

  5.4 社会保障与农民自身的制约 ·························· 124

  5.5 地方政府职能定位的制约 ···························· 125

第6章 建立城乡统一建设用地市场的经验借鉴 ···················· 127

  6.1 国外建设用地市场模式经验借鉴 ······················ 127

  6.2 我国集体建设用地入市模式实践探索 ··················· 131

第7章 城乡统一建设用地市场的构建 ···························· 152

  7.1 建立城乡统一建设用地市场的总体目标和基本原则 ········· 152

  7.2 建立城乡统一建设用地市场的基本设想和制度框架 ········· 154

  7.3 建立城乡统一建设用地市场的模式探索 ·················· 159

第8章 建立城乡统一建设用地市场的路径选择与政策支撑 ·········· 166

  8.1 建立城乡统一建设用地市场的路径选择 ·················· 166

  8.2 建立城乡统一建设用地市场的配套政策措施 ··············· 174

参考文献 ··· 179

后记 ·· 188

第1章

导　　论

1.1　选题背景

　　土地是最重要的生产要素之一，是人类赖以生存与发展的物质基础。土地具有资源和资产的双重性质，既是人类生存的环境空间，也是重要的生产资料，既有自然特性，也有经济特性，尤其是对于社会保障还不健全的中国农村，土地更是农民生存的根本。发挥市场对资源配置中的决定性作用，建立城乡统一的建设用地市场，放活土地经营权，是我国农村土地改革的方向。

1.1.1　城镇化发展，对土地的需求急剧增加

　　改革开放以来，伴随着工业化进程加速，我国城镇化经历了一个起点低、速度快的发展过程。《国家新型城镇化规划（2014～2020）》关于城镇化率的硬指标特别引人关注：到2020年，全国常住人口城镇化率达到60%左右，户籍人口城镇化率达到45%左右。这意味着更多农民将走出农村，进入城镇。根据国家统计局公开的数据，从1978～2013年，我国城镇常住人口从1.72亿人增加到7.31亿，城镇化率从17.92%提升到53.73%。建制镇数量从2173个增加到20113个。2007年，建制镇镇区人口1.9亿人，占全国城镇人口的32.2%，至2010年，我国共有2856个县级行政区划单位，县域内人口（常住人口）总数约8.62亿人，占全国总人口的64.32%；县域人口（常住人口）平均43.17%万人。① 李克强在2014年政府工作报告中指出，今后一段时期内，着重解决好现有"三个1亿人"问题，即促进1亿农业转移人口落户城镇，改造约1亿人居住的

---

① 连玉明，武建忠. 大热点 ［M］. 北京：团结出版社，2015年版，第118页.

城镇棚户区和城中村，引导约 1 亿人在中西部地区就近城镇化。

随着我国经济社会以及城镇化的快速发展，城镇建设用地需求急速增加，城镇建设用地不足的问题愈发突出。根据国土资源部公布的数据，截至 2013 年 12 月，全国建设用地总量为 3745.64 万公顷，① 比第二次全国土地调查数据显示的 3500 万公顷增加了 245.64 万公顷，4 年间平均每年增加 61.41 万公顷。从总体上看建设用地增加与经济社会发展的要求是相适应的。但在国家保证 18 亿亩耕地红线的制度下，如何实现既能控制建设用地总量，又能满足城镇化建设需求的目标是我们面临的主要问题。

1.1.2　城乡二元土地所有制，形成城乡割裂的二元土地市场

我国在城乡二元土地所有制基础上，形成了城市建设用地和农村建设用地二元割裂的土地市场。城市建设用地市场规则已日益成熟，而农村集体建设用地因法律法规的限制性规定，导致不能直接入市，只能被政府征为国有土地后才能进入市场，这种"政府替代"的土地流转模式，② 将集体建设用地排斥在市场之外。一方面，导致大量的建设用地在农村集体手中不能流动，低效、闲置、浪费问题严重，农民也不能参与分享经济社会发展带来的土地增值和财富增长，使农民土地权益严重受损；另一方面，形成地方政府对"土地财政"的依赖，由于土地财政的巨大收益，使得地方政府不断强化征收理由，大肆侵占农村集体土地，助长了土地的低效扩张，导致城市"摊大饼"式粗放扩张、农地流失严重。从几次土地市场整顿的结果来看，非法用地量达 75% 以上，其中大部分为集体越级和违规用地。③ 农村集体建设用地的制度改革停滞不前，农村集体建设用地隐形市场出现，合法流转和非法流转同事发生，严重干扰了正常的土地市场秩序。由此可见，受市场不完善等因素的影响，尤其是受城乡建设用地市场制度割裂的制约，农村土地的重要作用不能得到充分和有效的发挥。如何通过制度创新，建立城乡统一的建设用地市场，盘活农村集体建设用地，成为深化改革的重点内容之一。

1.1.3　农村集体建设用地"入市"实践探索逐步展开

从 20 世纪 90 年代以来，伴随着我国经济体制的转型以及乡镇企业的改

---

① 中华人民共和国国土资源部网站，资源概况. http://data.mlr.gov.cn/gtzygb/2014/201506/t20150616_1354558.htm.

②③ 冯瑞琳. 法制视野下统一城乡建设用地市场研究 [M]. 北京：经济科学出版社，2015 年版，第 4 页.

制，我国农村集体建设用地流转的需求日益扩大。农村集体建设用地进入市场的探索一直没有停止，一些经济发达地区如长三角、珠三角、京津唐等地，地方政府为了发展经济，在国家缺乏集体建设用地使用权流转法律规定的情形下，开始探索和尝试集体建设用地流转入市问题。1999 年，安徽省芜湖市成为第一个经过国土资源部批准并在其直接领导下进行试点的地区，此后，国土部又先后在浙江、江苏、广东、山东等地开展试点。目前，在中国广东、浙江、安徽、河南、成都和重庆等地的农村建设用地流转试点或实验进行得如火如荼。例如 2001 年 9 月 11 日，湖州市政府通过了《湖州市区农村集体建设用地管理试行办法》；2011 年 12 月 25 日，山东临沂市人民政府印发《临沂市集体建设用地使用权流转管理办法》；2002 年 12 月 23 日，安徽省通过了《安徽省集体建设用地有偿使用和使用权流转试行办法》；2005 年 6 月 23 日，广东省正式颁布了《广东省集体建设用地使用权流转管理办法》，突破了法律的规定，规定农村集体建设用地使用权可以出让、出租、转让、转租和抵押，开创了农村集体建设用地使用权直接进入市场流转的先河。随后，全国其他试点地区也相继出台了本地区的集体建设用地流转制度。成渝统筹城乡综合配套改革试验区又在自身基础上大力发展集体建设用地流转试点工作，试办土地交易所，为统一建设用地市场构建的研究积累了经验。[①] 到目前为止，全国大部分省份都制定了相关的地方法规或者地方政府规章。地方集体建设用地流转的探索集中在突破法律禁锢，建立与国有建设用地同地同权、统一流转的建设用地使用权一体化的法律制度上。

1.1.4　农村集体建设用地实践倒逼土地政策改革

2008 年 10 月 12 日中国共产党第十七届中央委员会第三次全体会议通过的《中共中央关于推进农村改革发展若干重大问题的决定》（以下简称《决定（一）》）明确指出："改革征地制度，严格界定公益性和经营性建设用地，逐步缩小征地范围，完善征地补偿机制。依法征收农村集体土地，按照同地同价原则及时足额给农村集体组织和农民合理补偿，解决好被征地农民就业、住房、社会保障。在土地利用规划确定的城镇建设用地范围外，经批准占用农村集体土地建设非公益性项目，允许农民依法通过多种方式参与开发经营并保障农民合法权益。逐步建立城乡统一的建设用地市场，对依法取得的农村集体经营性建设用地，必须通过统一有形的土地市场、以公开规范的方式转让土地使

---

① 贾晶晶. 中国城乡统一建设用地市场构建研究［D］. 郑州：郑州大学，2012 年.

用权，在符合规划的前提下与国有土地享有平等权益。抓紧完善相关法律法规和配套政策，规范推进农村土地管理制度改革。"① 《决定（一）》首次提出要"建立城乡统一的建设用地市场"，同时指出"抓紧完善相关法律法规和配套政策，规范推进农村土地管理制度改革"。这一文件精神为我国城乡建设用地市场由割裂走向统一以及最终实现"集体土地与国有土地同地、同价、同权"提供了政策空间，也为推进相关领域的改革指明了方向。② 这是中国土地管理制度改革的一个重大举措，是中国今后农村土地改革的一个重大方向，它为我国农村集体建设用地进入市场和建立城乡统一的建设用地市场提供了契机并指明了方向。

2013 年 11 月 12 日中国共产党第十八届中央委员会第三次全体会议通过的《中共中央关于全面深化改革若干重大问题的决定》（以下简称《决定（二）》）指出："在符合规划和用途管制前提下，允许农村集体经营性建设用地出让、租赁、入股，实行与国有土地同等入市、同权同价。缩小征地范围，规范征地程序，完善对被征地农民合理、规范、多元保障机制。扩大国有土地有偿使用范围，减少非公益性用地划拨。建立兼顾国家、集体、个人的土地增值收益分配机制，合理提高个人收益。完善土地租赁、转让、抵押二级市场"；③ 与十七届三中全会提出的"逐步建立城乡统一的建设用地市场"相比，"逐步"一词被去掉。这种表述显然是要加大土地改革力度，早日让城乡建设用地市场实现统一。《决定（二）》还明确了深化农村土地制度改革的方向、重点和要求，对于全面建立土地有偿使用制度、构建现代市场体系、发挥市场在资源配置中的决定性作用；对于缓解城乡建设用地供需矛盾、优化城乡建设用地格局、提高城乡建设用地利用水平、促进政府职能和发展方式转变；对于切实维护农民土地权益、促进城乡统筹发展、保持社会和谐稳定，都将产生广泛而深远的影响（姜大明，2013）。

2014 年中央一号文件《关于全面深化农村改革加快推进农业现代化的若干意见》（以下简称《意见（一）》）进一步指出："在符合规划和用途管制的前提下，允许农村集体经营性建设用地出让、租赁、入股，实行与国有土地同等入市、同权同价，加快建立农村集体经营性建设用地产权流转和增值收益分配制度。"④ 农地确权登记颁证是实现农村集体建设性用地入市和建设城乡统一的建设用地市场的前提和基础，为此，《意见（一）》指出："切实加强组织领导，

---

① 《国家新型城镇化规划（2014～2020）》，www. gov. cn，2014 年 3 月 16 日。
② 张合林，郝寿义. 城乡统一土地市场制度创新及政策建议 [J]. 中国软科学，2007（2）：37 - 38.
③ 《中共中央关于全面深化改革若干重大问题的决定》。
④ 《关于全面深化农村改革加快推进农业现代化的若干意见》。

抓紧抓实农村土地承包经营权确权登记颁证工作，充分依靠农民群众自主协商解决工作中遇到的矛盾和问题，可以确权确地，也可以确权确股不确地，确权登记颁证工作经费纳入地方财政预算，中央财政给予补助。"有关加快推进征地制度改革意见征地过程在中维护好年会权益，《意见（一）》指出："缩小征地范围，规范征地程序，完善对被征地农民合理、规范、多元保障机制。抓紧修订有关法律法规，保障农民公平分享土地增值收益，改变对被征地农民的补偿办法，除补偿农民被征收的集体土地外，还必须对农民的住房、社保、就业培训给予合理保障。因地制宜采取留地安置、补偿等多种方式，确保被征地农民长期受益。"

2014 年 12 月 31 日中共中央办公厅、国务院办公厅印发《关于农村土地征收、集体经营性建设用地入市、宅基地制度改革试点工作的意见》（以下简称《意见（二）》），决定在全国选取 30 个左右县（市）行政区域进行试点。2015 年 2 月 25 日全国人大常委会审议相关决定草案，并且拟授权国务院在北京市大兴区等 33 个试点县（市、区）进行试点，这 33 个试点县市区分别是：北京市大兴区、天津市蓟县、河北省定州市、山西省泽州县、内蒙古自治区和林格尔县、辽宁省海城市、吉林省长春市九台区、黑龙江省安达市、上海市松江区、江苏省常州市武进区、浙江省义乌市、浙江省德清县、安徽省金寨县、福建省晋江市、江西省余江县、山东省禹城市、河南省长垣县、湖北省宜城市、湖南省浏阳市、广东省佛山市南海区、广西壮族自治区北流市、海南省文昌市、重庆市大足区、四川省郫县、四川省泸县、贵州省湄潭县、云南省大理市、西藏自治区曲水县、陕西省西安市高陵区、甘肃省陇西县、青海省湟源县、宁夏回族自治区平罗县、新疆维吾尔自治区伊宁市。试点行政区域暂时调整实施《土地管理法》《城市房地产管理法》关于农村土地征收、集体经营性建设用地入市、宅基地管理制度的有关规定。只允许集体经营性建设用地入市，非经营性集体建设用地不得入市。入市要符合规划、用途管制和依法取得的条件。入市范围限定在存量用地。《意见（二）》在农村土地征收改革方面提出了要探索缩小土地征收范围；规范制定征收目录，健全矛盾纠纷调处机制，全面公开土地征收信息；完善对被征地农民合理、规范、多元保障机制等。这标志着，我国农村土地制度改革即将进入试点阶段。

2015 年 8 月 27 日，全国首宗关于农村集体经营性建设用地使用权的拍卖在贵州省遵义市湄潭县拉开了帷幕。此次拍卖被拍宗地面积为 3332 平方米，规划用途为商业和服务业，最终以 80 万元成交。此次拍卖的顺利举行昭示着 2007 年党的十七大提出的"农村建设用地入市流转"，在经历了 8 年的理论准备后，正式走出理论融入了实践之中，昭示着中共中央关于土地改革的政策正式走出了中南海进入了基层农村，标志着农村土地制度改革试点取得了突破性进展。据不完全统计，截至 11 月 3 日，浙江、贵州、四川等省的试点县已经完成 6 宗共计 58.59 亩的农村集体经营性建设用地入市，成交总价为 2493.07 万元。① 农村土地改革制度的实践在理论指导之下，稳步向前迈进。

2015 年中共中央、国务院出台的一号文件《关于加大改革创新力度加快农业现代化建设的若干意见》在确保土地公有制性质不改变、耕地红线不突破、农民利益不受损的前提下，按照中央统一部署，审慎稳妥推进农村土地制度改革。分类实施农村土地征收、集体经营性建设用地入市、宅基地制度改革试点。建立兼顾国家、集体、个人的土地增值收益分配机制，合理提高个人收益。完善对被征地农民合理、规范、多元保障机制。赋予符合规划和用途管制的农村集体经营性建设用地出让、租赁、入股权能，建立健全市场交易规则和服务监管机制。依法保障农民宅基地权益，改革农民住宅用地取得方式，探索农民住房保障的新机制。加强对试点工作的指导监督，切实做到封闭运行、风险可控、边试点、边总结、边完善，形成可复制、可推广的改革成果。

2015 年 11 月 2 日中共中央办公厅、国务院办公厅印发的《深化农村改革综合性实施方案》对开展以农村土地征收、集体经营性建设用地入市、宅基地制度改革为主要内容的农村土地制度改革试点进行了全面部署，并对改革试点工作提出了系统而具体的要求。至此，土地改革的理论准备顺利进行并逐步成型，基于理论之上并验证理论可操作性的土地改革实践亟待涌现。

国土资源部部长、国家土地总督察姜大明（2015）指出：开展农村土地征收、集体经营性建设用地入市、宅基地制度改革，是党的十八届三中全会《决定（二）》提出的明确任务。土地制度是国家的基础性制度，在实践基础上形成的中国特色土地制度为我国经济社会发展作出了历史性贡献。随着实践发展和改革深入，现行农村土地制度与社会主义市场经济体制不相适应的问题日益显现，必须通过深化改革来破解。改革完善农村土地制度，有利于健全城乡发展一体化体制机制，有利于建立城乡统一的建设用地市场，有利于推进中国特色农业现代化和新型城镇化。

在这种实践和政策背景下，亟待对我国城乡统一建设用地市场建设问题进行更深一步的理论探究。建立城乡统一的建设用地市场是一项长期艰巨的任务，需要深入研究、系统设计，区分轻重缓急，分步实施、配套推进，不断把改革引向深入，从而更好地为我国建立城乡统一建设用地市场提供理论支撑。

---

① 王祎. 浅谈将集体经营性建设用地入市理论实践化的几点建议 [J]. 农业经济，2014（4）：60 - 61.

1.2　研 究 意 义

目前我国正处于工业化和城镇化不断深入发展的新阶段，土地问题关系到经济社会发展的方方面面。因此，在城乡统筹发展的背景下，在中国工业化、城镇化进程中充分考虑农民土地财产权、发展权的新视角下，探索和研究如何建立城乡统一的建设用地市场，对我国土地市场制度研究的理论分析和实证研究，将为我国有关土地市场制度创新提供理论与实践依据。

一是有助于城乡统一建设用地市场理论的形成与发展。自 20 世纪 90 年代学者开始对土地市场研究以来，国内外学者提出了大量的理论和观点。但面对越来越多的集体建设用地隐性市场的现状，理论建设远落后于实践的发展。总体上说，对于农村集体建设用地市场出现的很多问题，理论界都没能给出满意的解释，更不能提出前瞻性的建议，建立城乡统一的建设用地市场的研究还未形成成熟和系统的理论，没有对实践发挥应有的指导作用。本书拟对我国城乡二元土地市场问题进行深入分析，从制度变迁、土地产权、收益分配等方面进行理论解析，分析其形成原因、内在机理、发展趋势、障碍因素，以求认识建设用地市场的本质，并将农民权益保护和土地制度关系联系起来进行综合考察，丰富现有研究成果，促进我国城乡统一建设用地市场理论的形成与发展。

二是有助于破除城乡二元制结构。城乡二元制的实行，将国有建设用地市场和集体建设用地市场无形的分离。自推行国有建设用地市场制度改革以来，国有建设用地出让制度逐步形成了以挂、招、拍等方式，建设用地市场得到了很大完善。由于当前没有统一、规范的管理措施与办法，集体建设用地流转始终处于自发和无序状态，造成规划指标屡遭突破，建设用地供应总量很难有效控制，正常的土地市场秩序受到干扰。同时，集体建设用地的经济价值难以得到体现，相反只能以变相流转的方式出让土地，致使集体组织得不到应有的利益。随着工业化、城镇化的快速发展，以公开规范的方式转让农村集体建设用地土地使用权已经势在必行。这不仅能够防止以权力扭曲集体土地的流转价格，充分挖掘集体建设用地的巨大潜力，也有利于形成统一、开放、竞争、有序的城乡建设用地市场体系。因此，贯彻落实十八届三中全会精神，通过建立和实施严格规范的农村土地制度来规范集体建设用地交易行为，建立城乡统一建设用地市场，最终打破城乡二元结构，缩小城乡经济差距，促进区域协调发展，是当前和今后加强农村土地管理工作的重要任务。①

三是有助于进一步推进我国土地制度改革。建立城乡统一的建设用地市场面临诸多亟待解决的问题，如建设用地与耕地保护间的冲突？如果集体建设用地直接入市，那么入市主体该是谁？如何解决目前农村集体建设用地主体虚位的问题？对于宅基地使用权是否允许直接入市？征地制度如何改革？如何消除法律制度本身所蕴含的不公平和不经济，如何将一些乱象纳入国家正式法律的规制之下？对上述问题的回答将有利于推进我国新一轮土地制度改革，进一步完善农村集体建设用地使用权流转制度，满足城镇化、工业化、农业现代化对土地的需求，破解经济发展的"土地难"瓶颈，为制度设计和创新提供重要参考。

四是有助于提高集体建设用地使用效益，保障农民土地权益的实现。城乡二元结构下，集体建设用地不能直接进入城市建设用地市场，往往以政府征地的形式变为国有建设用地，征地实际产生的经济效益远大于给予农民的补偿，农民不能从中得到应有的利益。另外，近年来，进城务工的农民中有许多人在城市购置了房产，并长期定居城市，而在农村，他们还保留着承包地和宅基地。由于空心村现象存在以及乡镇企业用地大量闲置等原因，农村集体土地的利用一直处于一种低效率的状态，而在现行的土地法律制度规范下，这些土地既不能上市流通，也不能另作他用，造成了资源极大浪费。依照现行土地财产制度，这些土地既不能上市流通，也不能抵押，造成了资源的极大浪费。随着城市化和工业化进程的不断向前推进，社会对建设用地需求量也随之急剧增加。通过建立城乡统一的建设用地市场，可以把低效、闲置的农村集体建设用地投放到全国土地市场上去，用于城乡建设，从而盘活闲置的农村集体建设用地，实现土地与资本的市场流动，提高土地利用效率。同时，集体建设用地流转的价格要由市场来决定，农民可以与土地需求者按市场价格直接进行交易，即在符合规划和政策的前提下与国有土地享有同等权利。这样，既提高了集体建设用地效益，也保障了农民权益，使农民成为土地的真正主体。

五是有助于统筹城乡土地市场，缩小城乡差别。城乡统筹的土地市场协调发展主要表现为土地使用权在城乡间的流动，城镇土地市场和农村土地市场的全面、协调和可持续发展。在统筹城乡土地市场发展的过程中，按市场经济规律切实搞好城乡土地资源的整合，充分利用土地资源，全面提高资源配置效率，促进城乡土地市场的共同进步、全面繁荣。随着工业化、城镇化和新农村建设的推进，经济社会发展对非农建设用地需求不断扩大，农村土地尤其是城市郊区农地的价值日益提升，农地流转的隐形市场普遍存在。建立城乡统一的建设用地市

---

① 杜萌. 着力建立城乡统一建设用地市场 [J]. 大陆桥视野，2015 (24)：283 - 284.

场，可以规范和高效利用农村集体土地，促进土地资源在城乡之间合理配置，将流转收益留在集体经济组织内部，逐步消除城乡二元结构，减少城市边缘化人群，最终实现集体土地与国有土地"同地、同权、同价"的改革目标。

　　六是有助于控制建设用地进一步扩张，缓解城市建设用地紧张局势。国家确定了到 2020 年坚守 18 亿亩耕地红线，农用地转为建设用地必将受到严格的控制。而在城市化进程中，建设用地紧张的局面越来越严重。事实上我国 2005 年的城乡建设用地总规模已经突破了我国城镇化达到 75%、人口达到峰值时的标准。而且按照城镇化水平达到 75%、城乡居民点用地分别以上限进行估算，农村居民点建设用地在城乡建设总用地的比重应为 29.4%。[①] 这说明建设用地并不是紧张，而是资源配置不合理。通过统一的城乡建设用地市场，将农村建设用地通过市场流转进入城市建设用地，既能逐步消除社会对建设用地的投机和炒作，控制建设用地的进一步扩张，又可以缓解城市建设用地紧张的局面，使房地产价格逐步趋于理性。

　　本书在总结国内土地市场结构和土地资源市场化配置实践的基础上，构建出新的城乡统一土地市场理论，并基于城乡统一土地市场理论，提出若干政策建议组合，为政府相关决策提供科学参考，对完善我国现代市场体系，对土地资源的合理配置与高效利用，从根本上解决农民问题，促进我国工业化、城镇化的健康发展和城乡一体化协调发展具有重要现实意义。

1.3　国内外研究综述

1.3.1　国外研究

　　国外大部分国家实行土地私有制度，土地可以直接进入市场进行交易，因此，国外学者直接研究城乡统一建设市场的文献并不多，但有关土地流转研究更多体现在对土地市场、土地产权、土地政策等方面的研究中，对探讨我国城乡建设用地市场的建立具有借鉴意义。

1.3.1.1　土地产权的研究

　　马克思广泛研究了土地产权权能结合与分离理论、土地产权商品化、配置市

---

① 李景国. 建立全国性城乡建设用地市场可行性探讨 [J]. 国土资源, 2009 (7).

场理论、土地股份制理论等。在马克思看来，市场交易实质上是产权交易。对于土地市场而言，土地市场的发育实际上是土地产权市场的发育，土地产权应该商品化、配置市场化。"土地产权可以借助于商品的各小部分的所有权证书，商品能够一部分一部分地投入流通"。①

罗纳德·哈里·科斯（Ronald H. Coase）是产权理论界代表者，他于1937年发表的《企业的本质》一文中创造了"交易成本"（Transaction Costs）这一重要的范畴；科斯认为，当市场交易成本高于企业内部的管理协调成本时，企业便产生了，企业的存在正是为了节约市场交易费用，即用费用较低的企业内交易代替费用较高的市场交易；当市场交易的边际成本等于企业内部管理协调的边际成本时，就是企业规模扩张的界限。1960年发表的《社会成本问题》，该文重新研究了交易成本为零时合约行为的特征，他认为："如果交易费用等于零，则不管农地产权制度如何，市场交易均能实现资源的有效配置；如果交易费用大于零，则不同农地产权制度安排具有不同的资源配置效率。"这指明了土地市场交易与产权之间的重要关系。1982年诺贝尔经济学奖得主乔治·J·斯蒂格勒（George J. Stigler）将科斯的这一思想概括为"在完全竞争条件下，私人成本等于社会成本"，并命名为"科斯定理"。

美国的阿尔钦和德姆塞茨（Alchian & Demsets，1973）认为土地所有者若长期投资，稳定地权是非常重要的。这些权利受到的限制越多，投资激励就越弱，相应土地产权的稳定性就越低。菲特等（Feder et al.，1993）指出产权明晰在土地资源利用过程中很关键，明晰的土地产权将有助于提高农业投资、优化配置土地资源、降低交易成本，促进土地从不甚有效的使用和使用者转向更为有效的使用和使用者，最终实现规模经营，提高农业生产力，加快土地开发及基础建设投资。尼克·哈瑞柯等（N. Herrink et al.，1995）研究了中国农村集体土地产权制度，认为中国农村集体土地产权制度仍存在法律缺失、产权不清等问题，因此，应从厘清土地产权关系、完善土地流转机制等方面进行集体土地制度改革。洛兰·勃兰特（Loren Brandt，2001）等研究了中国土地产权制度，论述了土地转让权、经营权与生产效率之间的关系，并阐述了如何保障土地产权安全性。

总之，在土地产权研究方面，国外学者比较注重产权明晰对土地利用与流通的作用，认为产权明晰有利于提高土地的利用效率和降低市场交易成本。

1.3.1.2　土地市场的研究

米切尔·卡特等（Michael Carter et al.，2002）认为，农村非农劳动力生产

---

① 马克思恩格斯全集［M］. 北京：人民出版社，1980年版，第46卷（下），第446页.

的产生使得很多农民放弃耕种土地，如果金融市场体现能承认土地的担保功能，土地将对农民变得更重要。克劳斯·丹宁格（Klaus Deininger，2006）通过对土地租赁市场的研究发现，土地通过市场方式进行流转比传统的行政配置方式具有更高的土地利用率。汉斯·宾斯温格（Hans P. Binswanger，1994）指出，土地所有权和使用权的转移会使资源配置更有效，并刺激对土地资源开发利用的深度投资，减少农户的风险规避行为。克劳迪·费斯科（Claudi Fishcake，1995）提出政府干预会影响土地市场，导致土地市场的低效率和对穷人的歧视，主张土地交易改革制度。而道格拉斯·麦克米兰（Douglas Macmillan，2000）从经济学的角度分析土地市场，认为土地可以在公开市场进行自由交易。但是在交易过程中可能因为市场失灵而造成土地利用的动荡，因此政府应干预市场以弥补市场缺陷。

总之，通过引进市场机制和政府的宏观调控来优化配置土地资源是国外土地市场的主要方式，这对集体建设用地流转及市场的建设有很好的借鉴意义。

1.3.1.3　土地政策公平性的研究

国外学者从追求公平、提倡合理的政府管制的角度对土地制度进行了大量研究。拉维尼、德尔维尔（Lavigne，Delville，2000）指出，由于土地冲突给经济发展和政治稳定带来了巨大破坏，采取有效消除土地冲突和确保土地利用中的社会稳定显得十分重要。兰德尔·G·霍尔科姆（Randall G. Holeombe，2004）认为政府应当做出相应的规划，制定相应政策，允许非公有土地依据市场原则发展。丁成日（Chengri Ding，2003）分析了中国土地非农化过程中所产生的矛盾和利益冲突，认为中国应提高土地产权私有化程度，以杜绝行政腐败，解决社会公平问题。

1.3.2　国内研究

建立城乡统一建设用地市场涉及诸多因素，是一个系统工程。国内学者基于我国城乡关系与农村土地制度改革的探索与实践，对城乡建设用地市场存在问题的研究，建立城乡统一建设用地市场的重要性和必要性、发展动力、影响因素、征地制度、宅基地制度以及对策建议等进行了更为具体的研究，研究内容日益广泛、研究视野逐步开阔、研究思路渐趋成熟。

1.3.2.1　建立城乡统一的建设用地市场的重要性和必要性的研究

纵观已有研究，建立城乡统一的建设用地市场的重要性主要体现在以下几方面（洪运，2008；邰志勇等，2009）：一是有助于新农村建设和现代化农业发展，并顺应城市化的发展；二是有利于保护耕地和土地积聚集约利用，并实现集体土地资产的保值增值；三是能够缓解城市化土地市场紧张，较好地避免征地纠纷，同时让土地流转主体得到更多的实惠；四是搞好城乡土地资源的整合，全面提高资源配置效率，促进城乡土地市场的共同进步、全面繁荣，实现城乡统筹发展；五是打破城乡二元结构，保障农村主体权利价值，缩小城乡社会经济差距；六是有助于确立国有与集体土地所有权主体平等地位，明确农村集体经济组织主体形式，并使集体土地使用价值与交换价值得到充分实现。城乡统一的建设用地市场构建的必要性主要体现在，它是统筹城乡发展和缩小城乡差距的需求，是增加集体建设用地的经济效益，维护农民合法权益的需求，缓解城市建设用地紧张和控制建设用地的扩张的需要（田慧，2015）。

1.3.2.2 建立城乡统一建设用地市场影响因素的研究

对于如何实现集体建设用地直接入市，建立城乡统一建设用地市场，目前理论界主要从法律制度、产权、农村社会保障、政府职能、土地流转收益分配不合理而导致的难以遏制地方政府征地冲动等视角分析了建立城乡统一建设用地市场面临的困境及挑战。

一是产权障碍。我国农村土地的产权是残缺、虚位和模糊的（张合林、郝寿义，2007）。对于农村土地的产权主体，相关法律的规定本身就不明确。法律规定农村土地归农民集体所有，但是却没有规定属于哪一级的集体所有，而对于农村集体的规定，不同的法律规定不一致，导致农村土地产权主体不明确（张保健，2006；冀县卿、钱忠好，2007；李建建，2007）。农村集体只拥有农村土地的部分产权，具有使用、收益、自主经营以及维持农用的转让权等权利，却没有抵押、继承以及土地转用的权利，并且政府对农民土地的产权常常设置不当的限制，造成了农村集体土地产权的残缺不全（周其仁，2004；刘小玲，2005；冀县卿、钱忠好，2007）。而且集体土地产权由于是国家通过政治力量赋予的，其残缺性是与生俱来的（张合林、郝寿义，2007）。

二是现有法律、制度的障碍。在我国现有法律框架下，国家实行严格的土地用途管制，农民被排除在农地非农用之外。农地非农用的决策者和操纵者是各级政府机构，通过政府对农地实行征收（征用）并按农地原用途进行补偿，再由政府将征用来的土地出让用于城镇建设（北京天则经济研究所《中国土地问题课题组》，2007）。尽管法律保留农民利用自己土地进行建设的空间，但是由于1998年《土地管理法》的种种限制使得无论是将自己土地用于建设住宅还是用于兴办乡镇企业都更加难以得到上级部门的批准，以致出现集体土地国有化的趋势，集体建设用地只能"隐形"入市（高圣平、刘守英，2007）。我国农村出现的土地隐形市场，并在集体建设用地流转方面取得了初步的发展，但是我国实行的土地管理制度无法满足城乡统筹发展的需求，阻碍集体土地直接进入建设用地市场（田慧，2015）。

三是农地转用过程中收益分配的不合理，造成了难以遏制的地方政府征地冲动。多位学者的调查研究发现，农村土地征用以及出让过程中，农民所获得的补偿占土地增值收益的比重严重偏低，中央政府和省级政府在土地所得收益分配中的比例也较少，大部分土地增值收益集中在市县两级政府。这不仅造成了农民权益的大量流失，也给地方政府留下了巨大的土地增值收益空间，刺激了地方政府以地生财，经营土地财政的行为（诸培新、曲福田，2006；王小映、贺明玉、高永，2006）。

四是农村社会保障体系不完善。由于目前我国农村社会保障体系的不健全，农村土地还承担着农民基本社会保障的功能。由于大部分农民文化层次较低、专业技术能力较差，造成从事第二、第三产业的农民抗失业风险能力低，收入极其不稳定，土地成为农民的最后退路。因此，土地的社保功能必然成为土地市场化改革的一大制约因素（刘小玲，2005；张合林、郝寿义，2007）。

五是政府职能定位不准确，政府"错位"和"缺位"问题突出。一方面政府集土地财产所有者和土地管理者于一身，在土地资源配置中扮演多种角色并从自身利益最大化的角度制定相应的土地政策；另一方面政府在土地利用公共政策制定、土地利用者管理以及市场规范性建设方面严重"缺位"。政府的"错位"以及"缺位"大大降低了土地资源配置的效率，也造成了巨大的社会不公，阻碍了城乡土地市场的发育（石晓平、曲福田，2005）。

1.3.2.3　建立城乡统一建设用地市场中农民权益保障的研究

周玉等（2009）梳理了新中国成立以来的农地流转制度，认为我国农地流转的制度安排存在损害农民土地权益的可能性。龙开胜、龚继烈、孙鹤汀（2009）等学者从土地流转过程中出现的问题出发来考察农民的权益受影响情况，他们认为，在农地流转中，农民的知情权、参与权受到损害。许恒周等（2007）总结出土地流转中侵害农民权益的三方面：（1）土地流转操作不规范；（2）土地改变农业用途；（3）农地流转过程中过多的行政干预。李钢等（2009）认为农地产权法律制度的缺陷和民主制度的不完善，有效价格发现机制和监管及保障制度的缺失是导致农民土地权益受损的主要因素。李红波等（2007）和文晓波（2007）认为，农地征收制度和产权制度残缺是失地农民权益受到严重侵犯的主要根源。吕琳（2010）认为农地流转风险中最大的风险是流地农民的权益受到侵害。穆瑞丽（2010）以四川省成都市为例，认为农村土地流转存在政策风险、合同风险、市场风险和经营风险等，直接影响了农民权益。周玉（2009）认为土地流转中面临质量风险、抵押风险、市场风险，一旦国家的耕地补贴政策正式出台，就会发生契约风险，引发农民与业主的矛盾，需要多渠道构建农地流转风险防范机制，以保障农民和业主双方的权益。刘志文（2011）强调要对业主（企业）的咨询状况、农业经营能力进行审查，引入担保公司开展农地流转风险担保和农地承包经营权抵押担保。

1.3.2.4 农村集体经营性建设用地入市的研究

钱畅、徐泽欢、彭建超（2015）探讨了通过市场比较法和农民受偿意愿法来估算农村集体经营性建设用地入市的价格问题。研究结果显示，市场比较法的技术路线相对成熟，参考了国有经营性建设用地定价，计算方法较为传统，与国有经营性建设用地入市的估价程序、估价参数的选择等相近，有利于与"同权同价"的国家农村土地制度改革方针相互衔接，但该方法相对而言忽视了到企业和农民的意愿与偏好，在当前国有工业用地价格普遍压低的环境下，不利于农村土地资产的显化与农民收益分配的提高。受偿意愿法相对增加了农村集体经济组织和农民的土地收益，显化其土地财产权利，既考虑到农民的受偿意愿，也考虑到村集体利益分配的合理性，但这种方法易受多种人为因素的影响，企业的开发管理费用受企业的资质及用途规模等影响，因此价格浮动较高，入市价格难以确定，同时目前农村集体土地收益分配机制不够完善，无法保证入市的规范性。

练勇（2015）对贵州省凤冈县农村集体经营性建设用地情况进行了细致深入的调研，提出只有破除陈旧的制度体制以及思路上的障碍，农村集体经营性建设用地才能健康有序地入市，成为城乡统一市场的有机组成部分，从而不断优化城乡土地资源的配置，最大限度提高城乡土地资源配置效率，促进城乡统筹发展。孙阿凡、杨遂全（2016）分析了集体经营性建设用地入市与地方政府和村集体的博弈，通过构建完全信息动态博弈模型，运用逆向归纳法分析两者在上市中可能的决策倾向可能的决策倾向。研究表明，在现存税收、土地制度下，集体经营性建设用地入市会受到地方政府阻碍；要达到政策预期改革效应，须改革税费，提高征地成本，同时修订和补充现行物权法、土地管理法、税法和城市房地产管理法中涉及流转及利益分配原则和程序的条款，建立初次流转增值归公和城乡一体土地税制，为集体经营性建设用地入市提供制度保障，实现和规范博弈利益的分配。

黄建水（2015）总结了我国集体建设用地入市的实践，比较分析了南海模式、芜湖模式、杭州模式等典型的集体建设用地入市模式,[①] 认为这是在许多地方政府的主导或者默许下积极探索,寻找集体建设用地使用权交易的有效方式;宋迎昌、王建武等 (2015) 基于北京市昌平区郑各庄村、海淀区东升科技园、大兴区西红门镇村级工业大院综合改造三个案例进行调研分析,认为未来建立城乡统一的建设用地市场应该允许国家征地、农村自征自用、农村自主开发三种模式并存,国家、集体和农民收益分配大致均衡。[②] 马爱功、张万里等 (2015) 结合山东省临沂市的做法,认为集体土地所有权主体模糊、城乡土地产权权能不对等、"公共利益"的内涵不清、农民土地财产价值难以显现和农村土地资源利用效率低下,[③] 是目前城乡统一的建设用地市场建设中存在的主要问题。

1.3.2.5 关于农地征收的研究

纵观现有研究文献,关于土地征收的研究,主要围绕土地征收补偿原则、土地征收补偿标准、土地征收补偿范围以及征地过程中造成的失地农民等展开的研究。

一是关于土地征收补偿原则的研究。这方面的研究具有代表性的观点有:胡瓷红在《杭州师范大学学报 (社会科学版)》2011 年第 2 期发表的《论土地征收补偿原则——以比较法为视角》一文指出,为有效规制大规模滥用土地征收权的现象,未来的土地征收补偿原则应以完全补偿为标准,并围绕这一原则构建相对比较完善的土地征收补偿法制。田文淀在《兰州学刊》2007 年第 8 期发表的《农村土地征收补偿原则浅论》一文在论述各国 (地区) 关于土地征收基本原则的规定的基础上,指出我国应该以法律的形式明确规定土地征收补偿的原则,如在宪法中明确规定农村土地征收补偿的总原则、确立可持续发展原则为我国土地征收制度的基本原则、相关法律法规中明确"公共利益"的范围。

二是关于土地征收补偿标准的研究。这方面的研究具有代表性的观点有:张学英、卢海元在《天津职业技术师范大学学报》2012 年第 1 期发表的《我国被征地农民土地征收补偿标准问题研究》一文指出,我国现有土地征收补偿标准存在理论层面上土地收益的计算依据选择不当、在实践层面就低不就高的补偿思想导致补偿水平偏低的问题,并提高土地征收补偿标准应考虑补偿应对失地后的非

① 黄建水. 建立城乡统一建设用地市场的问题及对策研究 [J]. 华北水利水电大学学报 (社会科学版), 2015, 31 (5): 58 – 63.

② 宋迎昌, 王建武. 建立城乡统一的建设用地市场研究——基于北京若干案例的调查分析 [J]. 杭州师范大学学报 (社会科学版), 2015, 37 (2): 34 – 36.

③ 马爱功, 张万里等. 临沂市建立城乡统一建设用地市场存在的问题及对策分析 [J]. 山东国土资源, 2015, 31 (7): 77 – 79.

农基本生活方式给予保障、科学确定补偿倍数、以就业为切入点重建被征地农民的长远生计三个因素。李增刚在《学术月刊》2011 年第 12 期发表的《经济学视角下的土地征收补偿标准》一文从经济学的角度研究土地征收补偿标准确定的依据，即效率是土地征收的经济学依据、地租理论和产权理论是土地征收补偿标准确定的理论基础、各种土地的产权属性和产权主体是了土地征收补偿的法律依据、其他土地交易方式的价格提供了土地征收价格或补偿标准确定的参考依据、土地征收补偿标准确定的现实背景是工业化和城市化。

三是关于土地征收补偿范围的研究。这方面的研究具有代表性的观点有：申建平在《比较法研究》2013 年第 2 期发表的《对农村集体土地征收补偿范围的反思》一文认为：征收补偿范围应与提高补偿标准一样值得关注，建议将宅基地使用权应作为独立征收客体纳入征收补偿范围、土地承包经营权应作为独立补偿对象、房屋不应按照地上附着物予以补偿。毕建超在《山东行政学院山东省经济管理干部学院学报》2009 年第 6 期发表的《国内土地征收补偿范围存在的问题及对策探讨》一文指出，在我国现行立法中，关于土地征收补偿范围的规定非常狭窄和笼统，概括来说，主要存在三个方面的不足，它未涉及间接损失的补偿、没有对土地承包经营权进行补偿、没有全面补偿失地农民的社保权益损害，应从以上三个角度来完善我国土地征收补偿范围的立法。唐健在《中国土地科学》2011 年第 11 期发表的《征地制度改革的回顾与思考》中建议可以从缩小征地范围、改革征地定价方式、完善征地程序等三方面对征地制度进行改革。在补偿标准的制定上采取市场定价，征地程序由"单边程序"到位向"双边程序"到位转变。① 苏玉娥在《学术交流》2012 年第 11 期《论土地征收后农民收益的制度保障》中认为我国土地征收制度不完善是征地纠纷频发的一个重要原因。建议借鉴国外较为完善的土地征收制度，健全合理的补偿制度、规范征地程序和实现补偿方式多样化等方面对土地征收制度进行改革。

四是关于征地过程中失地农民的研究。综观现有研究，关于失地农民的研究，主要围绕失地农民现状调查、失地农民问题和失地农民权益保护进行。就失地农民现状调查而言，代表性的观点有：何林生在《中共福建省委党校学报》2012 年第 12 期发表的《大城市郊区失地农民现状及对策思考——来自福州市仓山区的实证分析》一文指出，有些失地农民生活状况良好，比较稳定，但也有一些农户没有稳定的收入，生活比较困难；失地农民的家庭收入和结构在征迁前后也发生了较大变化；失地农民对征地安置保障的满意度不高；失地农民市民化过程中存在心理适应问题。方爱清、陶慧君在《江汉大学学报（社会科学版）》

---

① 唐健. 征地制度改革的回顾与思考［J］. 中国土地科学，2011（11）.

2012 年第 4 期发表的《城郊社区失地农民生活现状及其社会支持网络建构——以武汉市阳逻经济技术开发区 Z 村和 X 村为例》一文指出，失地农民生活现状表现为部分家庭的收入下降、生活水平和幸福感有所弱化、就业率相对种地而言降低、社会保障没有落实到位、熟人社会变迁，居民情感弱化等。此外，还有众多学者从失地农民市民化现状、权益保护现状、就业现状等方面进行研究。

就失地农民问题研究而言，代表性的观点有：黄建伟在《江西农业大学学报（社会科学版）》2012 年第 1 期发表的《近十年我国失地农民问题研究的现状与研究建议——基于对相关国家社科基金项目及其成果的分析》一文专门对近十年我国失地农民问题的研究进行了梳理。方艳在《今日中国论坛》2013 年第 6 期发表的《城乡发展一体化背景下的失地农民问题的新特点及对策分析》一文指出，失地农民问题呈现出失地农民权利意识有所提高，但部分权利还是无法得到保障、失地农民社会保障有所完善，但保障的程度有待提升、失地农民征地补偿有所增加，但仍不足以保障农民的生活、失地农民就业意识有所提高，但仍表现出很大盲目性和盲从性生活四个新特点，并挖掘了失地农民问题形成的原因和提出了破解对策。

1.3.2.6　建立城乡统一建设用地市场的对策研究

建立城乡统一的建设用地市场是一项长期艰巨的任务，需要深入研究、系统设计。对于如何建立城乡统一建设用地市场，学者们从农地产权、土地价格、农地流转、法律制度、征地制度、社会保障土地增值收益分配以及政府职能等方面提出了建立城乡土地市场一体化的对策。

一是在土地产权方面。成立土地股份合作社，明确集体土地所有权代表，解决农村土地产权主体不明确的问题（李建建，2007）。赋予集体和国家这两个所有权主体平等的地位，实现农村集体土地和城市国有土地同权，在符合土地利用规划的前提下二者享有相同的抵押、出租和转让的权利（高圣平、刘守英，2007）。钱忠好、曲福田、冀县卿等人（2007）认为政府对农地产权的不当限制直接损害了当事人的土地权益，并从产权的角度提出了通过重构农地产权制度，约束政府行为，保护农民的土地权益，最终逐步实现城乡土地市场的一体化。谭文兵等人（2010）在分析构建城乡统一建设用地市场的制度性影响障碍的基础上，提出了重塑集体建设用地所有权产权主体——村集体；赋予集体建设用地完整土地所有权；改革农村宅基地使用制度和规范集体土地使用权出让市场管理等对策建议。田慧（2015）强调一定要做好农村集体土地确权登记发证工作，并赋予农民完整的土地产权，避免集体建设用地流转过程中出现纠纷，维护农民的合法权益。

二是城乡土地价格方面。刘小玲（2006）认为，建立城乡协调的地价体系，培育城乡土地所有权市场，盖尔土地征用制度是建立城乡统一建设用地市场体系的关键。刘金国（2011）在对集体建设用地流转价格扭曲原因深入剖析的基础上，从价值的本质入手，构建了一个反映资源稀缺程度、环境损害出版、市场供求关系的土地价格机制和集体建设用地流转价格模型，建立了与城镇地价向衔接的集体建设用地地价体系。刘玲等（2015）认为，从目前的制度约束和集体建设用地的实际情况来看，集体经营性建设用地入市后，其价格从经济学角度来看只能随行就市。"保护价"等违背市场规律的措施可能会造成"有价无市"的资源浪费现象。会造成"有价无市"的资源浪费现象。因此，必须有效规范地方政府的土地征收行为、设定合理的工业用地与商住用地比例，并完善各项入市的基础性工作，才有可能扩大农村集体经营性建设用地的定价空间，切实提高农民的土地收益。

三是建立健全相关土地管理法律法规。建立健全相关土地管理法律法规是统一城乡建设用地市场构建的重要保障：（1）应严格制定土地执法标准以及进入交易市场的建设用地范围；（2）建立完善的征地制度，并制定相关的法律法规，严格规范农村集体建设用地交易市场；（3）为了城乡建设用地更好地发展，还要建立完善的市场配套机制，合理配置市场资源（田慧，2015）。修改相关的法律条款，为城乡土地市场一体化提供法律依据。修改损害农民土地权益的法律条款，修改相关法律中禁止农村土地出租、转让的条款，让农民享有土地转用过程中的所有权、收益权、转让权。尽快出台规范集体建设用地流转的法律法规，促进城乡统一建设用地市场健康有序地发展（北京天则经济研究所《中国土地问题课题组》，2007；高圣平、刘守英，2007）。从法律上允许和鼓励农民通过各种形式参与土地的开发和建设（张合林、郝寿义，2007）。马小友等人（2009）借鉴广东、重庆等先进地区的经验，结合济宁市实际，提出了改革集体建设用地管理体制；出台济宁农村土地交易管理办法；先积极试点，后稳步推进等建设城乡统一土地市场的举措。中国统一城乡建设用地市场的法律路径：建立城乡统一建设用地市场，需要理顺公权力与公权力之间的关系，确认和保护集体建设用地的权利；理顺私权利与私权利之间的关系，实现统一市场中主体平等；理顺公权利与私权利之间的关系，促进统一市场中城乡建设用地的竞争（操小娟，2015）。

四是深化征地制度改革。改革现行征地制度，对政府的征地行为进行规范和限制，才能防止城市化进程中土地国有化的趋势。逐步缩小征地范围，制定"公共利益征地否定式目录"，将征地严格限制在公共利益的范围之内，非公共利益目的不得征用。提高补偿标准，进行某些公共目的用地按市场价格进行补偿的试点（北京天则经济研究所《中国土地问题课题组》，2007）。

五是健全农村社会保障体系。对因土地直接流转而离开土地的农民，应借鉴城市居民和企业建立社会保障的做法，政府强制与市场引导相结合（张合林、郝寿义，2007）。要积极稳妥地推进农村社会保障制度改革，逐步将农村的社会保障由依靠承包地转变为依靠社会和制度，多渠道、多层次、多方式地兴办养老、医疗、生育、伤残等保险（刘小玲，2005）。另外要谨慎对待以土地换社保的做法，防止个别地方变相侵占农民的土地（北京天则经济研究所《中国土地问题课题组》，2007）。

六是合理分配土地增值收益。应允许农村集体土地进入建设用地市场，保障农民获得土地级差收益的权利，同时完善相关的税收制度，还要对农村集体所有制进行改革，确保农民成为土地增值的主要受益者（高圣平、刘守英，2007）。必须建立现代土地税收制度，对土地增值收益进行合理的分配，可通过土地增值税、不动产保有税、土地用途调节税对土地增值收益进行合理分配和调节（张合林、郝寿义，2007）。土地收益的合理分配是集体建设用地流转的核心，通过地方政府、农村集体组织与用地企业的三方博弈模型的分析，指出农村集体建设用地公开流转势在必行，而流转的重点在于土地增值收益的分配，找到了集体建设用地流转的关键，为集体建设用地流转的制度创新提供了借鉴（袁枫朝、燕新程，2009）。

七是转变政府职能，加强政府对土地市场的宏观调控。要实现政府从房地产经营者到监督管理者角色的转变，运用各种手段对土地市场进行宏观调控（张合林、郝寿义，2007）。编制科学合理的土地利用规划，落实国家耕地保护政策。建立城乡统一建设用地市场，需要各级政府从本地区经济发展的实际出发，对本地区经济发展的未来态势作出科学合理的预测与分析，并在此基础上编制统一的城乡土地利用规划，将土地利用规划与城市规划结合起来。将符合规划用于建设用途的土地进行统一的造册登记，明确可以进入建设用地市场交易的土地范围（郑云峰，2009）。要把政府对土地市场的管理重点放在强化建设用地总量和结构调控、加强规划管理上（刘小玲，2005）。

此外，谭文兵、刘彩霞等（2010）在分析构建城乡统一建设用地市场的制度性影响障碍的基础上，提出重塑村集体这一级的集体建设用地所有权主体、赋予集体建设用地更为完整的土地所有权、改革农村宅基地使用制度以及规范集体土地使用权出让市场管理等建议。① 郑云峰、李建建等（2013）提出修改

① 谭文兵，刘彩霞等. 浅析城乡统一建设用地市场构建的障碍因素与对策［J］. 广东土地科学，2010，9（3）：8－10.

土地管理法规、合理分配土地专用收益、完善土地产权制度以及转变地方政府职能等对策与建议。① 姜大明（2013）认为建议城乡统一的建设用地市场要从法制建设、用途管制、确权登记、市场管控、共同责任等方面整体设计、配套推进。② 王欢、杨学成（2015）通过农村集体经济组织与政府博弈分析，认为建立城乡统一建设用地市场的顺利，根源在于政府行为的转变，以及农村集体经济组织的角色转变，应充分发挥税收在土地交易中的杠杆作用，调整我国土地收益的分配格局，使政府与农村集体经济组织的行为与建立城乡统一建设用地市场的目标相适应。③

1.3.3   研究评述

国内外研究现状表明，目前学术界对城乡统一的建设用地市场的研究成果颇多，相关研究方兴未艾，特别是经济学家们对土地制度变迁引发的农村产权制度、农村土地市场制度、征地制度、流转制度等深刻分析，反映了学者们对相关理论的理解和对实践的洞察，为解决我国城乡建设用地和城乡统一建设用地市场建立的难点问题和重点问题提出了富有启迪性的观点、思路和主张，有些理论已经转化为国家政策，对推动城乡建设用地市场改革作出了重要贡献。本成果从中获得了很多理论营养和启示。但总体看来，现有的研究与亟待建立的城乡统一建设用地市场的现实需要还有很大差距，存在一些研究不足：

一是国外学者的研究主要涉及土地的买卖、租赁和抵押；研究方法多采用定量分析法；研究角度较为微观和具体，比较有利于研究的进一步深入，值得学习和借鉴。但他们并未通过对制度进行深入的剖析来寻找适宜的制度设计，研究结果也仅仅是某些制度等方面的一种定性判断，这对于制度反思的深度和范围都是远远不够的，研究成果缺乏实用性和针对性。

二是国内学者对城乡统一的建设用地市场的研究主要集中在城乡统一的建设用地市场建立的意义、可行性、制度障碍以及对策建议等方面。从已有的研究可以看出改变现有土地资源配置方式，促进城乡土地市场一体化已经成为大部分学者的共识，市场配置土地资源的方式取代征地方式可以说已经得到了大部分学者的赞同。学界已经对影响城乡统一建设用地市场构建的客观因素做了大量详尽并且符合现实的研究，并且从各个角度提出了促进城乡土地市场一体化的政策建

① 郑云峰，李建建. 城乡建设用地市场一体化问题探究 [J]. 上海房产，2013，9（2）：28 - 30.
② 姜大明. 建立城乡统一的建设用地市场 [J]. 南方国土资源，2013（12）：14 - 17.
③ 王欢，杨学成. 城乡统一建设用地市场中农村集体经济组织与政府博弈分析 [J]. 科学决策，2015（7）：37 - 45.

议，具有重大的参考价值。然而仍有许多不足和可改进之处：

（1）现有研究大多从宏观或土地制度层面探讨城乡统一建设用地市场构建的阻碍因素，较少微观地从农民的角度出发探讨农民对于城乡土地市场一体化的态度、意愿。作为城乡土地市场一体化参与主体之一的农民却被广大的学者所忽视，必然会造成研究过程中忽略掉了一些重要的变量，从而得出似是而非的结论。（2）目前的研究大多忽视了村委会对城乡土地市场一体化的影响。村委会在法律上作为村民的自治组织，然而在实践中受乡镇一级政府的影响极大，同时也是农村土地所有权的拥有者。因此在讨论城乡土地市场一体化的问题上，任何忽视村委会的探讨都会不同程度地脱离事实。现有讨论极少对村委会在城乡土地市场一体化进程中的角色进行讨论，未能从村委会自身利益出发，探讨村委会在构建城乡统一建设用地市场中的作用。（3）目前的讨论更多地集中于城乡土地市场一体化实现的必要条件的分析上，而对于具体地如何构建城乡统一建设用地市场、城乡土地市场一体化进程中应注意的哪些问题等还未能进行深入地研究和探讨。（4）建立城乡统一的建设用地市场是我国当前农地制度改革的方向，是工业化、新型城镇化和农业现代化发展的必要要求，在建立城乡统一的建设用地市场的实践中还存在诸多制约因素需破解，特别是实现路径的研究还不足，更需创新探索。（5）政策建议仍有待进一步细化，现有的政策建议大多不具有可操作性，仍需进一步细化研究。制定科学合理的土地利用规划、完善农村土地产权制度、修改相关的法律法规、改革征地制度、合理分配土地转用收益以及完善农村社会保障制度等都是城乡土地市场一体化健康发展的必备条件，然而这些建议只指明了改革的方向，仍未形成可操作的政策建议，有待进一步的研究和探讨。

针对国内外研究中存在的这些缺憾，本书主要从建立城乡统一建设用地市场构建和实现路径探索为中心，结合已有的实践，并在借鉴前人研究成果的基础上，致力于在目前研究中的薄弱环节上有所进展。

1.4 研究思路和方法

1.4.1 研究思路

本书遵循从一般到具体的研究脉络，在对国内外城乡建设用地市场相关理论和概念、制度变迁等进行探讨和历史回顾的基础上，概述了我国农村土地制度和城乡建设用地制度，分析了城乡建设用地制度市场二元结构，找出了建立城乡统一建设用地市场的制约因素，在借鉴国内外建设用地市场经验的基础上，提出了我国建立城乡统一建设用地市场的动力机制、总体目标和基本原则、基本设想和制度框架以及建立城乡统一建设用地市场的路径选择和政策支撑。具体而言：

首先，本书交代了选题背景和意义，简要评述了国内外对建立城乡统一的建设用地市场的研究现状，交代了本书的研究思路和方法以及研究的创新点和不足，并且对研究对象进行了界定，包括产权、建设用地、城乡建设用地使用权、城乡二元结构、土地市场、城乡统一建设用地市场等概念及特征，同时概括介绍了研究相关的理论基础，包括产权理论、中国土地制度、制度变迁理论、地租地价理论等；在此基础上，重点梳理了我国城市建设用地的发展历程、农村集体建设用地制度的演化以及我国农村土地征收制度改革的历程。

其次，本书从城乡二元制度出发，通过对我国城乡建设用地市场二元结构描述，包括城乡建设用地市场二元结构的制度安排、特征及形成原因，阐述了我国城市建设用地市场发展现状和农村集体建设用地市场发展现状，从而揭示出我国城乡建设用地市场二元结构的弊端和缺陷，包括阻碍了土地资源合理优化配置、损害了农民正当的权益、助长了土地财政与土地寻租、削弱了政府的宏观调控能力等，进而从理论和现实角度提出建立城乡统一建设用地市场的必要性。然而，在目前我国割裂的城乡建设用地市场二元结构下，建立城乡统一的建设用地市场还面临着诸多制约因素和障碍，包括现行农地产权制度的制约、土地收益分配不合理的制约、社会保障制度的制约、农民自身素质的制约以及地方政府在农地问题上的职能定位制约等，导致城乡土地市场割裂及建立城乡统一建设用地市场制约因素和障碍的最根本原因在于制度问题即产权问题。由此，赋予集体建设用地与国有建设用地"同地同权"的产权权能，是建立城乡统一建设用地流转市场的基础。

再其次，本书在上述理论阐述基础上，对国外建设用地及土地市场简要考察，选取了英国的土地确权改革、美国的土地价值评估和俄罗斯的土地改革；对国内四个典型试点地区的集体建设用地流转实践经验进行了考察，主要选取了安徽省的政府主导到"保权让利"芜湖模式、广东省的地方推动的"土地股份制"南海模式、四川省的城市建设用地"增减挂钩"的成都模式和重庆市的农村土地交易所下"地票交易"的重庆模式，以期对规范集体建设用地流转制度，进而建立城乡统一建设用地市场提供经验借鉴。

最后，本书基于前面对城乡建设用地市场制度的相关研究，提出了建立城乡统一建设用地市场的总体目标、基本原则及动力之源，勾勒出了城乡统一建设用地市场基本框架和可能性模式，并在此基础上提出了建立城乡统一建设用地市场的路径选择；并提出宏观政策建议和配套制度设计，以期形成城乡建设用地两市场的成功对接，并对今后城镇化背景中的城乡一体化建设提供可操作性的制度建议。本书试图在确保"土地公有制性质不改变、耕地红线不突破、农民利益不受损"的前提下，以农村集体经营性建设用地入市为突破口，审慎稳妥推进农村土地制度改革，构建城乡统一建设用地市场的制度安排和相关配套制度设计，最终实现城乡建设用地市场的对接和统一，促进城乡土地资源的优化配置，实现城乡社会和谐、经济统筹发展。

1.4.2　研究方法

建立城乡统一的建设用地市场问题涉及经济、政治、法律、社会等多学科多领域，需要采取多种研究方法进行综合研究，本书主要采取以下研究方法。

（1）系统分析法。对建立城乡统一的建设用地市场的研究不能孤立地只对其中的某个问题进行研究，而应将国有土地流转和集体土地流转的各种政策、制度、机制等综合起来进行全面研究，将其纳入整个土地制度乃至新型城镇化、工业化、农村发展、城乡统筹、农民权益保障等大系统去研究，从中找出建立城乡统一建设用地市场可行性、制约因素、制度框架、可能性模式以及实现路径等。

（2）演绎分析法。演绎分析法所涉及的只是从其他已知陈述中进行逻辑变换而获得新的陈述（结论），其中的断言演绎法是从一般到个别（特殊）的推理方法。具体到本研究，演绎法主要依据已有的有关土地市场理论，城乡一体化理论，从理论到理论研究，并将有关理论应用推广到适用于建立城乡统一建设用地市场的一般情况。

（3）比较分析法。比较分析法是将客观事物加以比较，以认识事物的本质和规律并做出正确的评价的逻辑思维方法。本书运用此方法，从两个方面进行比较分析：一是对国外的农地产权制度、土地交易制度和征地制度进行了考察和比较，以期对我国农村集体建设用地使用权流转制度的建立与实施有所借鉴；二是对国内部分地区集体建设用地使用权流转的地方实践模式进行了比较分析，特别是重点比较分析了重庆的地票交易模式，透过相关制度的实践，分析各地在体制、机制、模式和方法上的优缺点，揭示"共同规律"，得出我国产权制度下建立统一建设用地市场可借鉴的模式、方法和手段等，为建立城乡统一的建设用地市场节约成本、提高效率提供借鉴。

（4）历史分析法。历史分析法是指遵循历史发展的基本规律，根据事物发展的历史线索，揭示事物发展必然性的研究方法。本书用此方法考察了我国农村土地制度、农地征收制度、城市建设用地制度和农村集体建设用地制度的发展历程，在研究国有建设用地从起步到发展的渐进的市场化过程的同时，沿着历史脉络和改革进程分析集体建设用地政策制度的变迁过程，通过分析建设用地在我国不同历史阶段的特征，找出农村建设用地资源配置存在的基本问题，并提出有针对性的建设方案，从而使城乡统一的建设用地市场统一化的理论研究建立在尊重我国土地资源配置国情的现实基础之上。

1.5 本书研究框架及主要观点

1.5.1 研究框架

本书共分八章。

第1章 导论。主要阐述本书的研究背景、国内外研究现状评述、研究意义、研究思路和方法、研究主要创新点和不足，并简要介绍本书的结构安排和主要部分内容。

第2章 概念界定与理论基础。概念界定主要包括本书涉及的基本概念，如"产权""建设用地""城乡建设用地使用权""城乡二元结构""土地市场""城乡统一建设用地市场"等概念的界定和特征描述。相关理论主要概括介绍了产权理论、制度变迁理论、地租理论等，为我国建立城乡统一建设用地市场找到了经济学的理论根据。

第3章 中国农村土地制度与城乡建设用地制度概述。本章概述了我国土地资源、农村土地制度安排及历史沿革，分析了土地征收制度的法律特殊、历史回顾及制度缺陷，在此基础上，重点梳理了我国城市建设用地的发展历程、农村集体建设用地制度的演化。

第4章 我国城乡建设用地市场二元结构分析。本章从城乡二元制度出发，通过对我国城乡建设用地市场二元结构描述，包括城乡建设用地市场二元结构的制度安排、特征及形成原因，阐述了我国城市建设用地市场发展现状和农村集体建设用地市场发展现状，从而揭示出我国城乡建设用地市场二元结构的弊端和缺陷，包括阻碍了土地资源合理优化配置、损害了农民正当的权益、助长了土地财政与土地寻租、削弱了政府的宏观调控能力等，进而从理论和现实角度提出建立城乡统一建设用地市场的必要性。

第 5 章 建立城乡统一建设用地市场的制约因素。目前，我国割裂的城乡建设用地市场二元结构下，建立城乡统一的建设用地市场面临着诸多制约因素和障碍，本部分剖析了建立城乡统一建设用地市场的制约因素和障碍，主要包括现行农地产权制度的制约、土地收益分配不合理的制约、社会保障制度的制约、农民自身素质的制约以及地方政府在农地问题上的职能定位制约等，导致城乡土地市场割裂及建立城乡统一建设用地市场制约因素和障碍的最根本原因在于制度问题即产权问题。认为赋予集体建设用地与国有建设用地"同地同权"的产权权能，是建立城乡统一建设用地流转市场的基础。

第 6 章 建立城乡统一建设用地市场的经验借鉴。本章在上述理论阐述基础上，首先，对国外建设用地及土地市场进行了简要考察，主要选取了英国的土地确权改革、美国的土地价值评估和俄罗斯的土地改革，总结了国外发达国家土地流转市场理论和做法；其次，对国内四个典型试点地区的集体建设用地流转实践经验进行了考察，主要选取了安徽省的政府主导到"保权让利"芜湖模式、广东省的地方推动的"土地股份制"南海模式、四川省的城市建设用地"增减挂钩"的成都模式和重庆市的农村土地交易所下"地票交易"的重庆模式，对这些地区在实践过程中取得的经验和存在的不足进行了总结，以期开拓对规范集体建设用地流转制度，进而建立城乡统一建设用地市场提供经验借鉴。

第 7 章 城乡统一建设用地市场的构建。本章基于前面对城乡建设用地市场制度的相关研究，提出了建立城乡统一建设用地市场的总体目标、基本原则及动力之源，提出了建立城乡统一建设用地市场的基本设想、勾勒出了城乡统一建设用地市场制度框架、提出了农村集体建设用地入市的"间接模式"和"直接模式"、构建了建立城乡统一建设用地市场的可能性模式。

第 8 章 建立城乡统一建设用地市场的路径选择与政策支撑。本章试图在确保"土地公有制性质不改变、耕地红线不突破、农民利益不受损"的前提下，以农村集体经营性建设用地入市为突破口，提出了建立城乡统一建设用地市场的路径选择；为顺利推进路径的实现，本成果提出应审慎稳妥推进农村土地制度改革，构建城乡统一建设用地市场的制度安排、立法建议和相关配套制度设计，最终实现城乡建设用地市场的对接和统一，促进城乡土地资源的优化配置，实现城乡社会和谐、经济统筹发展。最后得出本书的研究结论。本书的研究框架如图 1 - 1 所示。

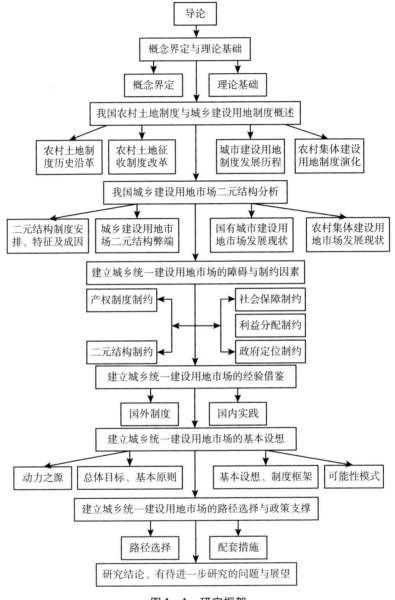

图 1 – 1　研究框架

1.5.2　主要观点

本书得出以下主要观点：一是建立城乡统一的建设用地市场必将成为新时期我国土地制度领域的热点和重点。但建立城乡统一建设用地市场进程中，将面临着诸多障碍因素。这些障碍因素既有法律法规及土地管理体制问题，以及农民生活安全保障制度的缺失，又有农村集体建设用地所有权不明确的因素，还有广大农民与农村集体经济组织的"以土为本"的恋土情结而不肯轻易让渡土地的原因。

二是建立城乡建设用地统一市场，不仅有着坚实的理论依据，还有良好的政策背景。建设城乡土地统一市场是建设现代市场体系的关键环节，是现代市场体系的本质要求。土地产权市场制度在本质上是统一的，土地使用权能在性质上是一致的，相同的利用方式下其土地经济属性和政策应该是一致的，从而对于土地市场的建立，土地价格内涵的确定应该在同类型的用地中达到一致，这是城乡土地市场统一的关键。另外，党的十六大所提出的一重要发展理念与战略就是统筹城乡经济社会发展，调整国民收入分配格局，构建城乡统筹协调发展的体制和机制；而且十七届三中全会已明确指出建立城乡统一的土地市场。因此，城乡土地制度改革既顺应了这种发展大势，又对统筹城乡发展起到重要支撑作用。

三是在确定城乡建设用地统一市场的实现路径基础上，要明确其功能定位。打破政府对土地市场的行政垄断，以城乡土地使用权权能一致性为基础，以农村集体建设用地直接入市为突破口或路径，建立城乡统一的土地市场制度，实现两种产权、一个统一的土地市场。这样，具有生产要素属性的城乡建设用地，一旦进入城乡建设用地统一市场上进行公开交易，则该市场就要承担对其配置、价值发现、调节经济的功能，同时，为交易的顺利进行而提供一些便利功能。

四是城乡建设用地统一市场的有效运行，要建立相应的运作机制与服务体系。土地市场运行机制，一方面是价值规律在土地市场中的体现，另一方面又是土地使用制度的实现机制，同时还是政府实施宏观调控和行政管理监督的重要载体，其运行机制主要包括价格机制、供求均衡机制、市场交易机制和宏观调控机制；而服务于城乡建设用地统一市场的体系主要包括市场服务中介体系、市场调控与管理体系、城乡基准地价体制与信息披露制度和法律及规章制度体系。

1.6　创新点和有待进一步研究的问题

1.6.1　主要创新点

一是研究视角的创新性。以往有关研究大都从宏观或土地制度层面或法律制度层面探索建立城乡统一的建设用地市场中的动因、必要条件、制约因素、体系构建等，而较少微观地从农民的角度出发探讨农民对于建立城乡统一建设用地市场的态度、意愿等。本书以共享发展的理念，以党的十八届三中全会精神作为我国农村土地制度改革的方向，始终把维护好、实现好、发展好农民土地权益贯穿于整个城乡统一的建设用地市场建设过程中，克服了已有研究中忽视农民权益这一重要主体的不足。

二是研究内容的创新性。运用制度变迁理论分析我国城乡二元土地市场产生的社会经济背景；运行土地产权理论和发展权理论分析其产权结构，并将城乡融合发展理论和土地制度理论联系起来进行综合考察，创造性地构建了城乡统一建设用地市场框架，提出了建立城乡统一建设用地市场的总体目标、基本原则、可能性模式、实现路径，并在此基础上进行相关政策设计与创新，这将为以往的城乡统一建设用地市场研究内容提供一定的有益补充、丰富现有研究成果，具有一定的理论创新。

三是研究体系的创新性。本书将建立城乡统一的建设用地市场作为一个由多个相关联系、相关影响的子系统构成的整体来审视，而不是把它当作一个孤立的个体研究；在此基础上，从农村土地产权制度、农地征收制度、农村土地使用权流转、城乡割裂的建设用地市场等多个视角点对建立城乡统一的建设用地市场进行系统分析，并有针对性地进行制度设计，旨在实现土地资源市场化的优化配置，以集体经营性建设用地为突破口，稳步推进农地制度改革，逐步建立起城乡统一的建设用地市场。

1.6.2 有待进一步研究的问题

由于建立城乡统一建设用地市场是一个复杂、综合且艰巨的经济、政治、社会和法律问题，它涉及诸如新城城镇化与农地流转、政府与市场、城镇与乡村、产权制度与二元结构等各个方向的内容，因此，这一问题的解决不仅会面临理论难点，更会碰到许多实践麻烦。因此，本书还存在一些问题需要进一步研究。

一是建立城乡统一的建设用地市场中，法律上作为村民的自治组织的村委会，也是农村土地所有权的拥有者发挥着重要的作用。因此，在探讨建立城乡统一的建设用地市场的问题上，任何忽视村委会的探讨都会不同程度地脱离事实。本研究对村委会在城乡统一建设用地市场进程中的角色讨论的较少，且未能从村委会自身利益出发，探讨村委会在建立城乡统一建设用地市场中的作用。

二是建设城乡统一的建设用地市场是一个系统工程。由于我国东、中、西部地区经济社会发展水平差异较大，自然禀赋、市场发育、社会分工、城市化进程以及交通物流等基础存在明显的区域差异，建立城乡统一的建设用地市场应因地制宜，凸显区域优势，探索不同的市场化模式和实现路径，而这方面仍需继续研究。

三是制定科学合理的土地利用规划、完善农村土地产权制度、修改相关的法律法规、改革征地制度、合理分配土地转用收益以及完善农村社会保障制度等都是建立城乡统一建设用地的必备条件，然而这些政策建议只指明了改革的方向，可操作还不强，有待进一步的研究和探讨。

四是农村建设用地主要包括宅基地、公共基础设施用地和经营性建设用地，目前改革的主要方向是在符合相关规划的前提下允许经营性建设用地与国有土地同权入市。集体建设用地使用权流转主要通过将土地按一定的年限评估作价转让、出租、出资或入股。完善的土地价值评估系统是其前提条件。在农地价值评估实践中，农村集体经营性建设用地在价值影响因素、评估目的、价值类型选择和评估方法上都有一定的特殊性，借鉴国外的研究经验，探索适用于中国的农地估价体系，需要在理论方面加以分析。

第 2 章

概念界定与理论基础

2.1 概念界定

明确界定相关概念，是探讨一项制度安排和进行研究的前提基础。这里对于本书反复出现的关键概念，如产权、建设用地、建设用地使用权、土地市场以及城乡统一建设用地市场进行了界定，并对其特征进行了阐述。

2.1.1 产权的内涵

产权（Property Rights）是经济学中的一个常用概念，但到目前为止，理论界对于产权并没有形成一个权威的、能被普遍接受的定义。[①]

西方诸多经济学家对产权进行了定义。产权经济学家 E. 菲吕博腾认为："产权不是指人与物之间的关系，而是指由物的存在及关于他们使用所引起的人们之间相互认可的行为关系。它是一系列用来确定每个相对于稀缺资源使用时的地位的经济和社会关系。"[②] 这一分析揭示了产权的本质，认识到了产权的表象是人与物的关系，实质是人与人的之间的权利关系。新制度经济学派代表人物阿尔钦（Alchian）将产权视为一种权力，"产权是一个社会强制实施的选择一种经济品的使用的权力，产权是授予特定的个人某种权威的方法，利用这种权威科研从不被禁止的使用方式中，选择任意一种对待物品的使用方式。"[③] 阿尔钦指出：产

① 林翊. 中国经济发展进程中农民土地权益问题研究 ［M］. 经济科学出版社，2009 年版.

② 科斯等. 财产权利与制度变迁 ［M］. 上海：上海三联书店，1994 年版，第 204 页.

③ R. 科斯，A. 阿尔钦，D. 诺斯等. 财产权利与制度变迁——产权学派与新制度经济学派译文集 ［M］. 上海：上海三联书店，1991 年版，第 166 页.

权是一个社会所强制实施的选择一种经济品的适用的权利。私有产权是对必然发生的不相容的使用权进行选择的权利分配。①

《牛津法律大辞典》把产权定义为："产权也称为财产权，是指存在于任何客体中或客体之上的完全权利，包括占用权、使用权、出借权、用尽权、消费权和其他与财产有关的权利。"② 著名的《新帕尔格雷夫经济学大词典》对产权的定义为：产权是一种通过社会强制而实现的对某种经济物品的多种用途进行选择的权利。

H. 德姆塞茨（H. Demsetz）关于产权的定义被西方经济学界广泛引用。他在其经典文献《关于产权的理论》一文中对产权的定义为："所谓产权，是指使自己或他人受损和收益的权利，它是界定人们如何收益及为何受损，因而谁必须向谁提供补偿以使他修正人们所采取的行动。"③ 很显然，德姆塞茨同样强调产权是财产权利的权能属，也就是围绕或通过财产（客体）而形成人们（主体）之间的经济利益关系。

巴斯夏认为："产权是建立在价值基础之上的一种关系，它的任务是为了人们的利益去不断扩大共同体的范围，进而引导所有的人从原始的平等，即穷困与愚昧的平等走向拥有福利和真理的最终的平等。"④

我国经济学家刘诗白是这样对产权进行定义的，他认为："财产权简称产权，是主体拥有的对物和对象的最高的、排他的占有权。"⑤ 经济学家于光远则认为："产权（财产权）也就是所有权，它是某个主体拥有作为财产的某个客体所得到的法律上的承认与保护。"⑥ 还有其他一些观点：如认为产权是出资者依法对其投入的资本金的企业的各种财产享有的占有、处置、支配、使用和收益的排他性权利。⑦ 产权是指财产的所有权、实际占有权、使用权、受益权和处置权这样一组权利组成，其中财产所有权是最本质意义上的产权关系，其他方面的财产权利都是由他派生出来的。⑧

由此可见，产权囊括了丰富的内涵，涵盖了各种各样的或大或小的权利，它是一组"权利束"，但从最根本上归纳和分类，它包括狭义的所有权、占有权、

————————

① R. 科斯，A. 阿尔钦，D. 诺斯等. 财产权利与制度变迁 [M]. 三联书店，1994 年版.

② 叶建平. 中国土地产权制度研究 [M]. 北京：中国农业出版社，2000 年版，第 54 页.

③ R. 科斯，A. 阿尔钦，D. 诺斯等. 财产权利与制度变迁——产权学派与新制度经济学派译文集 [M]. 上海：上海三联书店，1991 年版，第 97 页.

④ 巴斯夏. 经济和谐论 [M]. 许明龙，译. 北京：中国社会科学出版社，1995 年版，第 9 页.

⑤ 刘诗白. 产权新论 [M]. 成都：西南财经大学出版社，1993 年版.

⑥ 刘伟等. 经济体制改革三论 [M]. 北京：北京大学出版社，1990 年版.

⑦ 王殿凯等. 产权理论探析 [J]. 山东财政学院学报，1995（1）.

⑧ 王齐，王丽等. 关于企业所有制与、经营权关系问题研究综述 [J]. 东岳论丛，1995（2）.

支配权、使用权。它们指的是产权主体对客体拥有的不同权能和责任，以及由它们形成的人们的利益关系。① 产权是社会认同的经济权利，包括所有权以及在此基础上派生的一系列权利。它是界定各经济主体权、责、利的内容及边界的范畴，实质是人们之间的权、责、利关系。② 有关产权的定义看，存在几个共同点：一是产权是一种排他性权利，并可以平等交易；二是产权是由物的存在及使用所引起的人们之间相互认可的行为关系的基本规则：三是产权是一组权利束，包括所有权、占有权、收益权和转让权等权利。③

2.1.2　土地制度与土地流转

2.1.2.1　土地制度

狭义的土地制度仅仅指土地的所有制度、土地的使用制度和土地的国家管理制度；广义的土地制度，是指包括一切土地问题的制度，除狭义的土地制度外更增加了诸如土地利用制度、土地流转制度、征地保护制度、土地用途管制制度，等等。总体来说，农村土地制度主要包括农地的产权制度，农地的经营制度，农地的流转制度和农地的管理制度四个方面。

2.1.2.2　土地流转

流转，又称商品流通中的周转。土地作为一种特殊的商品，流转形式和流转内容也比较特殊。土地具有空间的不可移动性，因此土地流转的内容也只能是土地使用权由一个主体向另一个主体转移。其中，土地所有权流转只能通过国家征用这种唯一的方式，由农民集体向国家转出土地所有权。在流转后，除法律允许外，原则上不可以改变土地的用途。

对农村土地承包经营权流转的概念，立法上没有明确的界定，学术界也未形成统一的意见。很多学者都曾对土地承包经营权流转的概念进行定义。有的学者认为，"土地承包经营权的流转，是指土地承包经营权在市场机制的作用下，在集体经济组织内部承包经营户之间、非同一集体组织承包经营户之间以及承包经营户的组织个人之间所产生的，以转让、出资、出租、抵押、继承、赠与为主要

---

① 吴宣恭等. 产权理论比较——马克思主义与西方现代产权学派［M］. 北京：经济科学出版社，2000 年版，第 5 页.
② 林广瑞. 论产权社会化［J］. 河北学刊，2006（2）：18 - 20.
③ 陈雅彬. 西方产权理论综述［J］. 商情，2012（24）：121 - 122.

方式的积极作为的土地承包经营权财产权发生转移的行为"。① 还有的学者认为,"农村土地承包经营权流转指的是农村土地承包经营者以一定的条件依法将土地承包经营权的全部或一部分转让给第三者从事生产经营活动的行为"。② 有的学者认为,"现阶段我们通常所说的农村土地流转,是指农地使用权的流转,农地产权在现有制度下被分解为三种权利:集体拥有土地的所有权、农民拥有土地的承包权和土地的经营权(使用权)。

土地流转是指农村土地流转应包括这两者之间的关系,土地所有权的流转和土地利用方面的流转。土地所有权关系的转移,是指土地所有权关系的变化,如土地的买卖、赠与、征收等,农民在土地流转后,土地的所有权不再归农民所有。土地利用关系的流转,是指在土地所有权关系不变的前提下,土地利用关系发生转变,如承包地的转包、出租、建设用地使用权的转让,这种方式的流转,即所有权归农民,使用权归其他人所有。③

农村土地所有权的首要前提是要明确土地的归属,弄清楚土地的归属,从而使土地流转得到法律的保障。我国农村土地属于农村集体所有或国家所有,土地所有权的转变只能是单向性转变,把农村集体所有的土地转变为国家所有,对这种土地征收制度加以规范和优化,不作为土地流转机制。④

2.1.3 建设用地及特征

2.1.3.1 建设用地的内涵

建设用地是指人类通过工程建设手段,为生产、生活等社会经济活动提供操作场地和建筑空间的土地,具有重复开发性、空间利用弹性、需求无限性的特点。根据1998年修订的我国《土地管理法》的第四条按照土地用途,将土地分为农用地、建设用地和未利用地。其中农用地是指:"直接用于农业生产的土地,包括耕地、林地、草地、农田水利用地、养殖水面等";建设用地是指:"建造建筑物、构筑物的土地,包括城乡住宅和公共设施用地、工矿用地、交通水利设施用地、旅游用地、军事设施用地等;未利用地是指农用地和建设用地以外的土地"。根据我国2015年实施的《城市用地分类与规划建设用地标准》,建设用地

① 刘国超. 农村土地承包经营权流转问题研究 [J]. 理论月刊, 2006 (1): 68-70.
② 丁秋菊. 我国土地承包经营权流转中的问题厦对策 [J]. 资源与产业, 2006 (3): 36-39.
③ 孟勤国. 中国农村土地流转问题研究 [M]. 北京:法律出版社, 2008 年版.
④ 华彦玲,施国庆,刘爱文. 国外农地流转理论与实践研究综述 [J]. 世界农业, 2009 (6): 90-92.

包括：城乡居民点建设用地、区域交通设施用地、区域公用设施用地、特殊用地、采矿用地及其他建设用地等。

我国城乡用地具有多样性，见表 2 - 1 所示，其中城乡建设用地在我国包括农村集体建设用地、农村集体经营性建设用地和城市建设用地：（1）农村集体建设用地。农村集体建设用地是指因农村集体经济组织、村民兴办乡镇企业、村民建设住宅、乡村公用设施和公益事业建设需要使用所在农村集体经济组织农民集体所有的土地（王永生，2013）。由此可见，农村集体建设用地是集体土地的一类，必须依法批准才能使用的土地。它主要包括：宅基地；乡（镇）村企业用地；乡（镇）村公益事业用地，例如：中小学、卫生所、幼儿园、敬老院用地；乡（镇）村公共设施用地，例如道路、桥梁等用地。按农村集体建设用地的不同用途，农村集体建设用地可分为兴办乡镇企业、村民住宅、乡（镇）村公共设施、公益事业建设用地等几种类型。农村集体建设用地具有权属具有特殊性[①]以及特有的转化审批程序等特点。[②]（2）农村集体经营性建设用地。农村集体经营性建设用地是指现存的具有生产经营性质的农村建设用地，包括集体经济组织使用乡（镇）土地利用总体规划确定的建设用地，兴办企业或者与其他单位、个人以土地使用权入股、联营等形式共同举办企业、商业所使用的集体建设用地，如过去的乡镇企业用地（黄建水，2015）。（3）城市建设用地。根据我国 2015 年实施的《城市用地分类与规划建设用地标准》，城市建设用地包括：城市内的居住用地、公共管理与公共服务设施用地、商业服务业设施用地、工业用地、物流仓储用地、道路与交通设施用地、公用设施用地、绿地与广场用地。

2.1.3.2 建设用地的特征

从建设用地的概念和使用情况来看，建设用地具有以下特征：一是建设用地是生活场所、操作空间和工程的承载者，与土壤的好坏没有直接关系；二是建设用地与农业地相比，农业地转变为建设用地较为容易，建设用地转变回农业地较为困难，成本也相对较高；三是建设用地与耕地相比，几十年用地往往可以产生更高的经济效益；四是建设用地的使用功能及经济价值受地理位置、地缘环境的影响较大，且建设用地的用途及价值与土壤无关，社区配套、交通状况、环境状况等因素直接决定建设用地的利益与开发成本及经济效益。

---

① 《中华人民共和国土地管理法》第 10 条，2004 年 8 月 2 日修订；《中华人民共和国土地管理法》第 11 条第 2 款，2004 年 8 月 2 日修订。

② 《中华人民共和国土地管理法》第 44 条，2004 年 8 月 2 日修订。

表 2 - 1　2015 年实施的《城乡用地分类与规划建设用地标准》用地分类和代码一览表

类别代码			类别名称	内容
大类	中类	小类		
H			建设用地	包括城乡居民点建设用地、区域交通设施用地、区域公用设施用地、特殊用地、采矿用地及其他建设用地等
	H₁		城乡居民点建设用地	城市、镇、乡、村庄建设用地
		H₁₁	城市建设用地	城市内的居住用地、公共管理与公共服务设施用地、商业服务业设施用地、工业用地、物流仓储用地、道路与交通设施用地、公用设施用地、绿地与广场用地
		H₁₂	镇建设用地	镇人民政府驻地的建设用地
		H₁₃	乡建设用地	乡人民政府驻地的建设用地
		H₁₄	村庄建设用地	农村居民点的建设用地
	H₂		区域交通设施用地	铁路、公路、港口、机场和管道运输等区域交通运输及其附属设施用地，不包括城市建设用地范围内的铁路客货运站、公路长途客货运站以及港口客运码头
		H₂₁	铁路用地	铁路编组站、线路等用地
		H₂₂	公路用地	国道、省道、县道和乡道用地及附属设施用地
		H₂₃	港口用地	海港和河港的陆域部分，包括码头作业区、辅助生产区等用地
		H₂₄	机场用地	民用及军民合用的机场用地，包括飞行区、航站区等用地，不包括净空控制范围用地
		H₂₅	管道运输用地	运输煤炭、石油和天然气等地面管道运输用地，地下管道运输规定的地面控制范围内的用地应按其地面实际用途归类
	H₃		区域公用设施用地	为区域服务的公用设施用地，包括区域性能源设施、水工设施、通信设施、广播电视设施、殡葬设施、环卫设施、排水设施等用地
	H₄		特殊用地	特殊性质的用地
		H₄₁	军事用地	专门用于军事目的的设施用地，不包括部队家属生活区和军民共用设施等用地
		H₄₂	安保用地	监狱、拘留所、劳改场所和安全保卫设施等用地，不包括公安局用地
	H₅		采矿用地	采矿、采石、采沙、盐田、砖瓦窑等地面生产用地及尾矿堆放地
	H₉		其他建设用地	除以上之外的建设用地，包括边境口岸和风景名胜区、森林公园等的管理及服务设施等用地

续表

类别代码			类别名称	内容
大类	中类	小类		
E			非建设用地	水域、农林用地及其他非建设用地等
	E₁		水域	河流、湖泊、水库、坑塘、沟渠、滩涂、冰川及永久积雪
		E₁₁	自然水域	河流、湖泊、滩涂、冰川及永久积雪
		E₁₂	水库	人工拦截汇集而成的总库容不小于 10 万 m³ 的水库正常蓄水位岸线所围成的水面
		E₁₃	坑塘沟渠	蓄水量小于 10 万 m³ 的坑塘水面和人工修建用于引、排、灌的渠道
	E₂		农林用地	耕地、园地、林地、牧草地、设施农用地、田坎、农村道路等用地
	E₉		其他非建设用地	空闲地、盐碱地、沼泽地、沙地、裸地、不用于畜牧业的草地等用地

城市建设用地分类和代码

类别代码			类别名称	内容
大类	中类	小类		
R			居住用地	住宅和相应服务设施的用地
	R₁		一类居住用地	设施齐全、环境良好，以低层住宅为主的用地
		R₁₁	住宅用地	住宅建筑用地及其附属道路、停车场、小游园等用地
		R₁₂	服务设施用地	居住小区及小区级以下的幼托、文化、体育、商业、卫生服务、养老助残设施等用地，不包括中小学用地
	R₂		二类居住用地	设施较齐全、环境良好，以多、中、高层住宅为主的用地
		R₂₁	住宅用地	住宅建筑用地（含保障性住宅用地）及其附属道路、停车场、小游园等用地
		R₂₂	服务设施用地	居住小区及小区级以下的幼托、文化、体育、商业、卫生服务、养老助残设施等用地，不包括中小学用地
	R₃		三类居住用地	设施较欠缺、环境较差，以需要加以改造的简陋住宅为主的用地，包括危房、棚户区、临时住宅等用地
		R₃₁	住宅用地	住宅建筑用地及其附属道路、停车场、小游园等用地
		R₃₂	服务设施用地	居住小区及小区级以下的幼托、文化、体育、商业、卫生服务、养老助残设施等用地，不包括中小学用地

续表

类别代码			类别名称	内容
大类	中类	小类		
A			公共管理与公共服务设施用地	行政、文化、教育、体育、卫生等机构和设施的用地，不包括居住用地中的服务设施用地
	A₁		行政办公用地	党政机关、社会团体、事业单位等办公机构及其相关设施用地
	A₂		文化设施用地	图书、展览等公共文化活动设施用地
		A₂₁	图书展览用地	公共图书馆、博物馆、档案馆、科技馆、纪念馆、美术馆和展览馆、会展中心等设施用地
		A₂₂	文化活动用地	综合文化活动中心、文化馆、青少年宫、儿童活动中心、老年活动中心等设施用地
	A₃		教育科研用地	高等院校、中等专业学校、中学、小学、科研事业单位及其附属设施用地，包括为学校配建的独立地段的学生生活用地
		A₃₁	高等院校用地	大学、学院、专科学校、研究生院、电视大学、党校、干部学校及其附属设施用地，包括军事院校用地
		A₃₂	中等专业学校用地	中等专业学校、技工学校、职业学校等用地，不包括附属于普通中学内的职业高中用地
		A₃₃	中小学用地	中学、小学用地
		A₃₄	特殊教育用地	聋、哑、盲人学校及工读学校等用地
		A₃₅	科研用地	科研事业单位用地
	A₄		体育用地	体育场馆和体育训练基地等用地，不包括学校等机构专用的体育设施用地
		A₄₁	体育场馆用地	室内外体育运动用地，包括体育场馆、游泳场馆、各类球场及其附属的业余体校等用地
		A₄₂	体育训练用地	为体育运动专设的训练基地用地
	A₅		医疗卫生用地	医疗、保健、卫生、防疫、康复和急救设施等用地
		A₅₁	医院用地	综合医院、专科医院、社区卫生服务中心等用地
		A₅₂	卫生防疫用地	卫生防疫站、专科防治所、检验中心和动物检疫站等用地
		A₅₃	特殊医疗用地	对环境有特殊要求的传染病、精神病等专科医院用地
		A₅₉	其他医疗卫生用地	急救中心、血库等用地

类别代码			类别名称	内容
大类	中类	小类		
	A_6		社会福利用地	为社会提供福利和慈善服务的设施及其附属设施用地，包括福利院、养老院、孤儿院等用地
	A_7		文物古迹用地	具有保护价值的古遗址、古墓葬、古建筑、石窟寺、近代代表性建筑、革命纪念建筑等用地。不包括已作其他用途的文物古迹用地
	A_8		外事用地	外国驻华使馆、领事馆、国际机构及其生活设施等用地
	A_9		宗教用地	宗教活动场所用地
B			商业服务业设施用地	商业、商务、娱乐康体等设施用地，不包括居住用地中的服务设施用地
	B_1		商业用地	商业及餐饮、旅馆等服务业用地
		B_{11}	零售商业用地	以零售功能为主的商铺、商场、超市、市场等用地
		B_{12}	批发市场用地	以批发功能为主的市场用地
		B_{13}	餐饮用地	饭店、餐厅、酒吧等用地
		B_{14}	旅馆用地	宾馆、旅馆、招待所、服务型公寓、度假村等用地
	B_2		商务用地	金融保险、艺术传媒、技术服务等综合性办公用地
		B_{21}	金融保险用地	银行、证券期货交易所、保险公司等用地
		B_{22}	艺术传媒用地	文艺团体、影视制作、广告传媒等用地
		B_{29}	其他商务用地	贸易、设计、咨询等技术服务办公用地
	B_3		娱乐康体用地	娱乐、康体等设施用地
		B_{31}	娱乐用地	剧院、音乐厅、电影院、歌舞厅、网吧以及绿地率小于65%的大型游乐等设施用地
		B_{32}	康体用地	赛马场、高尔夫、溜冰场、跳伞场、摩托车场、射击场，以及通用航空、水上运动的陆域部分等用地
	B_4		公用设施营业网点用地	零售加油、加气、电信、邮政等公用设施营业网点用地
		B_{41}	加油加气站用地	零售加油、加气、充电站等用地
		B_{49}	其他公用设施营业网点用地	独立地段的电信、邮政、供水、燃气、供电、供热等其他公用设施营业网点用地
	B_9		其他服务设施用地	业余学校、民营培训机构、私人诊所、殡葬、宠物医院、汽车维修站等其他服务设施用地

续表

类别代码			类别名称	内容
大类	中类	小类		
M			工业用地	工矿企业的生产车间、库房及其附属设施用地，包括专用铁路、码头和附属道路、停车场等用地，不包括露天矿用地
	M₁		一类工业用地	对居住和公共环境基本无干扰、污染和安全隐患的工业用地
	M₂		二类工业用地	对居住和公共环境有一定干扰、污染和安全隐患的工业用地
	M₃		三类工业用地	对居住和公共环境有严重干扰、污染和安全隐患的工业用地
W			物流仓储用地	物资储备、中转、配送等用地，包括附属道路、停车场以及货运公司车队的站场等用地
	W₁		一类物流仓储用地	对居住和公共环境基本无干扰、污染和安全隐患的物流仓储用地
	W₂		二类物流仓储用地	对居住和公共环境有一定干扰、污染和安全隐患的物流仓储用地
	W₃		三类物流仓储用地	易燃、易爆和剧毒等危险品的专用物流仓储用地
S			道路与交通设施用地	城市道路、交通设施等用地，不包括居住用地、工业用地等内部的道路、停车场等用地
	S₁		城市道路用地	快速路、主干路、次干路和支路等用地，包括其交叉口用地
	S₂		城市轨道交通用地	独立地段的城市轨道交通地面以上部分的线路、站点用地
	S₃		交通枢纽用地	铁路客货运站、公路长途客运站、港口客运码头、公交枢纽及其附属设施用地
	S₄		交通场站用地	交通服务设施用地，不包括交通指挥中心、交通队用地
		S₄₁	公共交通场站用地	城市轨道交通车辆基地及附属设施，公共汽（电）车首末站、停车场（库）、保养场，出租汽车场站设施等用地，以及轮渡、缆车、索道等的地面部分及其附属设施用地
		S₄₂	社会停车场用地	独立地段的公共停车场和停车库用地，不包括其他各类用地配建的停车场和停车库用地
	S₉		其他交通设施用地	除以上之外的交通设施用地，包括教练场等用地

类别代码			类别名称	内容
大类	中类	小类		
U			公用设施用地	供应、环境、安全等设施用地
	U₁		供应设施用地	供水、供电、供燃气和供热等设施用地
		U₁₁	供水用地	城市取水设施、自来水厂、再生水厂、加压泵站、高位水池等设施用地
		U₁₂	供电用地	变电站、开闭所、变配电所等设施用地，不包括电厂用地。高压走廊下规定的控制范围内的用地应按其地面实际用途归类
		U₁₃	供燃气用地	分输站、门站、储气站、加气母站、液化石油气储配站、灌瓶站和地面输气管廊等设施用地，不包括制气厂用地
		U₁₄	供热用地	集中供热锅炉房、热力站、换热站和地面输热管廊等设施用地
		U₁₅	通信用地	邮政中心局、邮政支局、邮件处理中心、电信局、移动基站、微波站等设施用地
		U₁₆	广播电视用地	广播电视的发射、传输和监测设施用地，包括无线电收信区、发信区以及广播电视发射台、转播台、差转台、监测站等设施用地
	U₂		环境设施用地	雨水、污水、固体废物处理等环境保护设施及其附属设施用地
		U₂₁	排水用地	雨水泵站、污水泵站、污水处理、污泥处理厂等设施及其附属的构筑物用地，不包括排水河渠用地
		U₂₂	环卫用地	生活垃圾、医疗垃圾、危险废物处理（置），以及垃圾转运、公厕、车辆清洗、环卫车辆停放修理等设施用地
	U₃		安全设施用地	消防、防洪等保卫城市安全的公用设施及其附属设施用地
		U₃₁	消防用地	消防站、消防通信及指挥训练中心等设施用地
		U₃₂	防洪用地	防洪堤、防洪枢纽、排洪沟渠等设施用地
	U₉		其他公用设施用地	除以上之外的公用设施用地，包括施工、养护、维修等设施用地
G			绿地与广场用地	公园绿地、防护绿地、广场等公共开放空间用地
	G₁		公园绿地	向公众开放，以游憩为主要功能，兼具生态、美化、防灾等作用的绿地
	G₂		防护绿地	具有卫生、隔离和安全防护功能的绿地
	G₃		广场用地	以游憩、纪念、集会和避险等功能为主的城市公共活动场地

资料来源：《城市用地分类与规划建设用地标准》GB50137－2011－城乡/园林规划－工程科技－专业资料。

2.1.4 建设用地使用权

根据《物权法》和《土地管理法》，建设用地使用权是指自然人、法人或其他组织依法利用国有或者集体所有的土地来建造建筑物、构筑物及其附属设施，并享有占有、使用和收益的权利。依据建设用地的所有权主体的不同，建设用地使用权可分为国有建设用地使用权和集体建设用地使用权。目前，我国《物权法》仅对国有建设用地使用权的设立、效力、处分等作了具体规定，对集体建设用地使用权则采取了回避的态度，通过设定引致性条文的立法技术，将其交由《土地管理法》① 予以规制。

2.1.5 土地市场及特征

2.1.5.1 土地市场的内涵

市场商品和服务交换的场所。是社会分工和商品经济发展到一定程度的产物。土地市场是以土地权益作为交换对象的场所。由于土地的这种商品的特殊性，它不能像其他商品那样将实物集中于市场进行转让，只能是土地权益的集中于流转，因此，狭义的土地市场仅指土地流转的场所，如土地交易所等。广义的土地市场不仅包括土地权益的集中于流转，还包括土地权益流转的各种关系及管理、监督机制等的总和，具体则包括交易主体、交易对象、交易行为、交易价格、交易制度、交易法规、管理监督以及市场调节等。

2.1.5.2 土地市场的特征

土地市场相对于一般商品市场，具有一定的特征：（1）交易实体的非移动性，即土地的实际交易中，交易的对象为土地使用权的流转，其实质是土地产权契约的交易，而非土地本书的交易；（2）土地市场的区域性，即土地市场的交易场所基本上是在一定的地方市场进行，这是由土地位置的固定性决定的；（3）土地市场的垄断性，即土地交易市场一般难以形成充分的竞争，极易由某

---

① 在《物权法》起草过程中，学者普遍建议将集体建设用地使用权与国有建设用地使用权统一进行规定，但最后出台的《物权法》并未采纳这一建议。王利明.《中国物权法草案建议稿及说明》［M］. 北京：中国法制出版社，2001 年版，第 343 页，立法者的理由是，集体建设用地制度如何改革，尚需通过修改《土地法》等法律从根本上予以解决，目前《物权法》对此作出规定的时机还不成熟。梁慧星等.《中国物权法草案建议稿附理由》［M］. 北京：中国社会文献出版社，2007 年版，第 388－441 页.

些主体垄断土地市场，土地市场价格也并不完全反映市场供给变化，这是由土地资源的稀缺性和土地位置的固定决定的；（4）土地供给弹性小，即土地价格主要由需求决定，土地市场经常表现出非理性，这是由于土地数量有限，土地自然供给完全无弹性，但所在经济社会的发展，对土地资源需要的不断增加，土地资源的稀缺性更加明显，而态度价格就会不断上升，当供给却相对稳定；（5）流通方式的多样性，即流通方式多为买卖、租赁、招标、拍卖、挂牌、抵押等多种形式。

2.1.6　二元结构及特征

二元结构源于刘易斯的二元经济模型，是指农村自我消费传统经济部门与现代经济部门两者共存的结构。城乡二元结构是指某个国家或区域城乡生产发展状态不协调，现代工业和传统农业并存、繁荣的城市与较为落后的农村并存，经济、社会状态存在明显差距的社会格局，包括城乡二元经济结构和城乡二元社会结构。

中国城乡二元结构是在我国社会制度发展中形成的二元经济结构与二元社会结构及二元管理体制的综合体，它既不是农民自主选择的制度性结果，也不是市场经济优胜劣汰的市场化结果，而是长期行政强制力的结果，是旨在保证优先发展城市和工业，采取"农业哺育工业"政策阻止农民进入城市分享城市文明成果而人为设计并赋予行政强制力的历史产物。

2.1.7　城乡统一建设用地市场及特征

2.1.7.1　城乡统一建设用地市场的内涵

对于城乡统一建设用地市场的内涵，不同学者有着不同的表述。张合林等（2007）认为城乡统一建设用地市场的含义是"打破国家对土地一级市场的行政垄断，实现城乡土地产权的对等和城乡土地市场的对接（统一），在国家科学宏观调控下，允许农村建设用地直接合法进入市场，充分发挥市场对土地配置的基础性作用。"[①] 王小映（2009）认为"建立平等开放、城乡一体的土地市场体系，就是要在统一规划管制下对经营性用地，无论是国有还是集体所有，不分城乡居民身份和城乡企业身份，只要土地使用性质相同，土地使用权的市场开

---

① 张合林，郝寿义. 城乡统一土地市场制度创新及政策建议 [J]. 中国软科学，2007（2）：80–83.

放范围就应当一致，在市场开放上对国有土地使用权和集体土地使用权实行同等待遇。"① 刘小玲（2005）认为城乡一体的土地市场是指"建立以土地用途管制、区分公益性和经营性两类不同性质的农地转用、实行农用地与非农建设用地市场相分离、非农建设用地与城市用地市场全面接轨的城乡一体化的土地市场体系。"②

本书探讨的城乡统一的建设用地市场是指两类建设用地市场在运行机制和管理制度上的统一，具体而言，就国有土地和集体土地两种建设用地使用权使用同等的交易程序，并共同受土地利用规划、建设用地年度计划的约束和统一的地价体系、税收体系的调控，使两种建设用地使用权，在同一个土地市场，运用统一的土地市场隐性规则进行交易流转，使土地资源通过市场化配置流动到能产生最高收益的用途，进而使土地所有者获得均衡合理的土地收益，打破国有土地垄断建设用地市场的格局，使两类市场的土地使用权能趋于一致，是农民集体可以直接与农民集体成员以外的用地者直接进行交易，享有与国有建设用地"同地、同价、同权"的法律待遇，真正实现城乡土地要素的平等交换，保护农民权益。

2.1.7.2 城乡统一建设用地市场的特征

城乡统一的建设用地市场特征主要有：（1）平等性，即在国家统一规划管制下，制定对等的法律制度和政策体系，使城市和农村建设用地享有平等的用益权，使农民作为产权主体与国有土地产权一样享有实实在在的完整土地权益，包括占用权、使用权、发展权、收益权以及转让权、抵押权、入股权、租赁权等处置权，改变目前因土地所有者不同而产生不同土地权益差异的状况。（2）一体性，即改革增大制度，实现城乡建设用地市场的产权一体化、税收一体化、收益一体化、法律一体化、中介服务机构一体化，使农村建设用地依法直接进入土地市场，进而形成统一、开发、竞争、有序的规范化的城乡建设用地市场。（3）市场性，即还集体建设用地商品、资本属性，把其纳入市场管理体系，根据市场需求配置建设用地资源，改变政府依靠行政手段调配土地资源的畸形市场格局，让市场成为控制建设用地交易数量，形成以供求关系为基础的价格形成机制。

---

① 王小映. 平等是首要原则——统一城乡建设用地市场的政策选择 [J]. 中国土地, 2009 (4)：78 – 81.

② 刘小玲. 制度变迁中的城乡土地市场发育研究 [M]. 广州：中山大学出版社, 2005, 2 (10)：110 – 113.

2.2 理 论 基 础

2.2.1 土地产权理论

中国最大的问题是农民问题，在农民问题的认识上，应从土地问题、增收问题上升到权利问题，特别上升到农民的土地产权问题上。农民土地产权的实现，需要土地制度的改革，以现代产权理论为指导，推动中国土地制度改革，是建立城乡统一的建设用地市场的前提和基础。梳理马克思主义的产权理论、借鉴西方现代产权理论、总结中国土地产权理论，对于保护农民权益、指导我国农村土地制度改革创新具有重要的理论和现实意义。

2.2.1.1 马克思的产权理论

虽然部分学者认为马克思只有所有制理论而没有产权理论，但无论国内还是国外大多数学者认为马克思所有制理论就是其产权理论。马克思的著作译本中虽然很少出现"财产权"或"产权"的字眼，但马克思研究了复数形式的财产权或产权，甚至论述了复数形式的财产权或产权中所包括的各项权利：所有权、占有权、使用权、支配权、经营权、索取权、继承权、不可侵犯权等一系列法的权利。① 西方学者 S. 平乔维奇（1988）认为："尽管产权的重要性已为马克思之前的社会主义者所承认，但是马克思第一次提出了产权理论"，"马克思是第一位有产权理论的社会科学家。"② 吴易风（1995）认为："马克思产权理论经历了逻辑检验、历史检验和实践经验，已经被证明并将继续被证明是社会科学史上的第一个系统的产权理论，而且是迄今为止社会科学史上的唯一科学的产权理论。"③ 程恩富（1997）也强调，《资本论》第一次构建了人类思想发展史较完整的产权经济体系。④

马克思产权理论明确区分了公有产权和私有产权的不同起源，提出私有产权是在生产力发展基础上由公有产权演变而来的，公有产权是产权形成的起点。于鸿军指出，人类社会最初的产权关系是公有产权，是与当时低下生产力结合的原

---

① 付场. 关于马克思产权理论的研究综述 [J]. 管理智库，2013（30）：80 - 83.
② 平乔维奇. 产权经济学——一种关于比较体制的理论 [M]. 北京：经济科学出版社，2004 年版.
③ 吴易风. 马克思的产权理论与国有企业产权改革 [J]. 中国社会科学，1995（1）：56 - 58.
④ 程恩富. 西方产权理论评述——兼论中国企业改革 [M]. 北京：当代中国出版社，1997 年版.

始公有产权，它是自然形成的产权安排。私有产权是在公有产权的基础上随着生产力的发展而形成的。私有产权的产生和发展与原始社会晚期家庭的行为方式及其演变密切相关，当以血缘关系为纽带的血亲民族部落在原始共同体内部成长并导致后者的分裂从而产生具有独立经济意义的家庭时，私有产权的产生也就成为必然和可能。①

马克思主义产权理论还有一个鲜明的特色，那就是马克思提出了产权权能结合与分离理论。认为产权不是单一的权利，而应看作是一组权利的集合，不仅涉及所有权，也涉及占有权、支配权、使用权、经营权、继承权和剩余索取权及不可侵犯权等一系列权利。他不仅研究了产权"权利束"统一运作的情况，也研究了它们分离运作的情况。产权的统一与分离的思想是马克思主义产权理论的重要内容。产权由多种权利构成，多种权利之间既可统一，又可以分离。当权利统一时，形成完整的产权。产权分离有多种表现形态：首先是土地所有权与使用权经营权的分离。其次是劳动力所有权与使用权的分离。在劳动力与劳动条件分离的状况下，劳动力所有权与使用权分离，所有权归工人，使用权归雇佣资本家。最后是资本所有权与使用权的分离。在借贷资本和股份公司产权关系中，资本所有权与使用权分离。借贷资本所有权归借贷资本家，而使用权归而使用权归属执行职能资本家。②

马克思主义的产权理论认为，产权不是抽象、永恒的，它是历史发展的产物。原始的土地财产阶段，产权主体是共同体，产权客体是土地财产，存在所有制，不存在所有权。在劳动工具产权阶段，产权主体是拥有劳动工具的劳动者，产权客体由自然条件发展为劳动生产要素，产权性质是劳动者所有权。在生活资料产权阶段，劳动者只是生活资料的所有者，土地、劳动工具，甚至劳动者本身也不归劳动者所有。③ 马克思指出，社会分工的发展，引起社会生产方式的变化，为适应生产方式的变化，产权形态也随之发生演变。"分工发展的各个不同阶段，同时也就是所有制的各种不同形式。"④

马克思的产权理论还揭示所有权既有平等的一面，又有不平等的一面。马克思在《资本论》中通过商品生产的所有权规律说明了权利主体之间的平等关系，从资本主义生产的所有权规律揭示了权利主体之间的不平等关系。"不平等的个

---

①　于鸿军. 产权与产权的起源——马克思主义产权理论与西方产权理论比较研究［J］. 马克思主义研究，1996（6）：120－123.

②　吕天奇. 马克思与西方学者产权理论的观点综述与分析［J］. 西南民族大学学报，2004（3）：120－123.

③　付场. 关于马克思产权理论的研究综述［J］. 管理智库，2013（30）：80－83.

④　马克思恩格斯选集［M］（第1卷）. 北京：人民出版社，1995年版.

人天赋，因而也就默认不同等的工作能力是天然特权"，"这种平等的权利，对不同等的劳动来说是不平等的权利"，"所有就它的内容来讲，它像一切权利一样是一种不平等的权利"。① 马克思揭示的权利平等与不平等性相统一的原理，说明所有制作为最基本的制度对社会公平具有重大影响，在社会主义国家的农村土地制度创新中必须充分注意到社会的公平问题。

林岗和张宇（2000）在《产权分析的两种范式》这篇文章中通过比较，较全面地分析了马克思产权理论与现代西方产权理论的联系，他们指出两者的联系表现在：一是研究对象相同，都是以产权和制度为研究对象；二是两者都强调产权和制度现象的重要性，把制度安排当作影响经济绩效的重要因素；三是都把产权关系看作是人与人之间的一种经济关系，把利益问题当作产权关系的核心问题；四是都对资本的所有权、土地的所有权、股份公司的所有权以及所有权与支配权的分离等产权现象，以及商品所有权之间的等价的交易关系进行了研究。② 马克思主义产权理论与前人的产权思想也存在很大的不同。马克思指出："私有财产是生产力发展到一定阶段上必然的交往形式"，③ "财产最初无非意味着这样一种关系：人把他当生产的自然条件看作是属于他的、看作是自己的、看作是与它自己的存在一起产生的前提。"④ "私有财产作为外化劳动的物质的、概括的表现，包含着这两种关系：工人同劳动、自己的劳动产品和非工人的关系，以及非工人同工人和工人的劳动产品的关系。"⑤ 在马克思那里，财产一词往往理解为"财产权利关系"，即产权关系。⑥ 由此可见，马克思主义产权的直接形式是人对财产的关系，实质上却是产权主体之间的关系。此外，马克思产权理论与现代西方产权理论在内容体系上也有所不同。（吕天奇，2004）认为马克思主义产权理论研究的切入点是"商品"，核心范畴是"资本"和"剩余价值"，而现代资方产权理论研究的切入点是"企业"，核心范畴是"交易"和"交易费用"；马克思主义产权理论历史地认为产权关系随着经济关系的变迁和经济条件的变化而发展，而现代西方产权理论则认为产权关系是由超历史的法律所决定的。⑦

① 马克思恩格斯选集 [M]（第 19 卷）. 北京：人民出版社，1963 年版.
② 林岗，张宇. 产权分析的两种范式 [J]. 中国社会科学，2000（1）：85－87.
③ 马克思恩格斯选集 [M]（第 3 卷）. 北京：人民出版社，1972 年版.
④ 马克思恩格斯选集 [M]（第 46 卷）. 北京：人民出版社，1979 年版.
⑤ 马克思恩格斯选集 [M]（第 42 卷）. 北京：人民出版社，1979 年版.
⑥ 吴宣恭等. 产权理论比较——马克思主义与西方现代产权学派 [M]. 北京：经济科学出版社，2000 年版，第 5 页.
⑦ 吕天奇. 马克思与西方学者产权理论的观点综述与分析 [J]. 西南民族大学学报，2004（3）：120－123.

2.2.1.2　西方现代产权理论

西方现代产权理论是"新制度经济学"的流派之一，它的奠基人和最重要的代表是美国经济学家科斯，科斯的《企业的性质》（1937）、《社会成本问题》（1960）等论文被公认为西方产权理论的开山之作。之后，阿尔奇安（Alchian）、德姆塞茨（H. Demsetz）、威廉姆森（Williamson）、诺斯（North）、舒尔茨（Schultz）、斯蒂格勒（Stigler）和张五常（Steven Cheung）等进一步丰富、发展并完善西方产权理论。

交易费用理论是西方现代产权理论的一个基础理论支撑。交易费用，亦称交易成本（Transaction Cost），是科斯最早在 1937 年的《企业的性质》一文中提出的一个重要概念。他认为"市场的运行是有成本的，通过形成一个组织，并允许某个权威（一个企业家）来支配资源，就能节约某些市场运行成本。""当我们考虑企业应该多大时，边际原理就会顺利地发挥作用。这个问题始终是，在组织权威下额外交易要付出代价吗？在边际上，在企业内部组织交易的成本或者等于在另一个企业中的组织成本。或者等于由人格机制'组织'这笔交易所包含的成本。"① 该理论认为，企业和市场是两种可以相互替代的资源配置机制，虽然人们借助于"市场"组织经济生活、配置经济资源非常有效，但由于存在有限理性、机会主义、不确定性环境等使得市场交易费用高昂，为节约交易费用，"企业"作为替代市场的新型交易形式营运而生。企业存在的理由就在于节约市场交易费用，但是，企业组织的费用又不可避免地会增加，因而其余的最佳规模取决于两种费用边际上的比较。② 交易费用概念是对经济学的巨大贡献，它架起了产权、制度与新古典经济学之间至关重要的联系。如何通过界定、变更和合理安排产权，降低交易费用，提高市场运作效率，优化资源配置，成为产权经济学的核心。③

科斯定理是产权经济学重要的一个内容。1960 年科斯在《社会成本问题》一文中提出了"科斯定理"。他说："我们说某人拥有土地。并把它当作生产要素，但土地所有者实际上所拥有的是实施一定行为的权力。土地所有者的权力并不是无限的。对他来说，通过挖掘将土地移到其他地方也是不可能的。虽然他可能阻止某人利用'他的'土地，但在其他方面就未必如此"。④ "科斯定理"，即

---

① 科斯 . 企业的性质，收于《企业、市场与法律》［M］. 上海：上海三联书店，1990 年版 .

② Coase, Ronald. The Nature of Firm. In Cosase, 1988. The Firm, the Market and the Law, 33 - 35. Chicago：The University of Chicago Press, 1937, 33 - 55.

③ 陈雅彬 . 西方产权理论综述［J］. 商情，2012（24）：121 - 122.

④ R. H. 科斯 . 社会成本问题［J］. 法律与经济学，1960，3（10）.

交易费用为零，不论权利如何被界定，都可以通过市场交易事项资源的最佳配置。但是现实生活中不存在交易为零的情况，由此人们提出了"科斯第二定理"，即在交易费用为正的情况下，不同权利的界定会带来不同效率的资源配置。换言之，只要交易成本为零，那么无论产权归谁，都可以通过市场自由交易达到资源的最佳配置。施蒂格勒（1982 年诺贝尔经济学奖得主）将科斯的这一思想概括为"在完全竞争条件下，私人成本等于社会成本"，并命名为"科斯定理"。但"科斯定理"这一术语并非科斯本人首先使用的。科斯定理这一术语的首创者乔治·斯蒂格勒将该定理概括为："在完全竞争的条件下，私人成本和社会成本将会相等"。

关于企业契约理论张五常（1983）认为企业和市场的不同只是个程度问题，寻找交易定价的成本会自动在市场定价和企业代理人定价两种契约安排中做出选择。① 资产专用性理论创始人威廉姆森等出：如果交易中包含一种关系的专用性投资，则事先的竞争性交易将被事后的垄断和买方独家垄断所取代，从而导致专用性资产的准租金据为已有的"机会主义"行为。这种机会主义行为会导致专用性资产投资无法达到最优并使合约的谈判和执行面临更大困难，造成现货市场的高成本。而且，资产的专用性越高，这一趋势越明显，因此，纵向一体化管理的企业可以替换现货市场。②

关于不完全契约理论主要体现在 GHM 模型，GHM 模型即 Grossman—Hart—Moore 模型，由桑福德·格罗斯曼（Sanford Grossman）和奥利弗·哈特（Oliver Hart，1986）等开创，国内学者一般把他们的理论称之为"不完全合约理论"或不完全契约理论。GHM 模型直接承继科斯、威廉姆森等开创的交易费用理论。并对其进行了批判性发展。其中，1986 年的模型主要解决资产一体化问题。1990 年的模型发展成为一个资产所有权一般模型。不完全契约是基于如下分析框架：以合约的不完全性为研究起点，以财产权或（剩余）控制权的最佳配置为研究目的。是分析企业理论和公司治理结构中控制权的配置对激励和对信息获得的影响的最重要分析工具。不完全契约理论认为，由于人们的有限理性、信息的不完全性及交易事项的不确定性，使得明晰所有的特殊权力的成本过高，拟定完全契约是不可能的，不完全契约是必然和经常存在的。由于 GHM 模型的特殊地位和影响，加之对其存在不同的理解，对它进行重新审视，并厘清其渊源和发展趋向，无疑具有重要的理论和实践意义。

---

① 张五常. 企业的契约性质［M］. 上海：上海三联书店，1983 年版.
② 奥利弗·威廉姆森. 生产的纵向一体化：市场失灵的考察. 企业制度与市场组织［M］. 上海：上海人民出版社，1996 年版.

与马克思主义产权理论不同，西方现代产权理论不是也根本不会从整个社会经济关系中去考察产权问题，它只是基于资源的稀缺性，以个体理性主义的分析方法来研究产权，以达到资源有效配置的要求。西方经济学派把产权制度纳入经济学分析的对象，从制度的视角分析了资源配置效率，提出通过调整产权制度解决外部性而并非依赖国家干预的新思路，促成近代产权理论向产权经济学的转变。开拓性地创立交易成本这一分析工具，探讨产权制度与经济行为、经济效益、产权组织、产权结构和资源配置的内在联系，突出了产权制度对市场运作的重要意义，形成以产权为标志的新制度经济学。西方产权理论的共同局限性在于：一是主要研究私有产权；二是产权神化趋向，把产权制度明晰视为解决一切经济问题的万能药；三是普遍存在着产权客体的实物化偏向；四是产权概念的各种权能因素并重的折衷主义倾向，从而否认生产资料归属权的决定意义，甚至认为决定企业性质的是财产权如何被支配和使用的问题。[①]

2.2.1.3　土地产权理论

土地产权理论就是土地产权商品化及土地产权配置市场化理论。土地产权是土地所有权演变、发展的必然结果。当社会经济的日益发展，使土地所有权的占有、使用、收益、处分等内在权能不断分离派生并独立化为各个特殊权益时，量变导致质变，原来的土地所有权就只保留了最终处分权能，即土地的最终所有权，它已经不能包容各个独立化的土地权益了。[②]

一是土地产权的内涵。土地产权就是关于土地财产权利的问题。土地产权是土地所有权演变、发展的必然结果。当社会经济日益发展，使土地所有权的占有、使用、收益、处分等内在权能不断分离派生并独立化为各个特殊权益时，量变导致质变，原来的土地所有权就只保留了最终处分权能，即土地的最终所有权，它已经不能包容各个独立化的土地权益了。[③] 在国外，不论是以土地私有为基础的完全交易模式，还是以国有土地为基础的市场竞争模式都比较注重土地交易，注重土地财产权利。[④]

具体而言，土地产权主要包括如下内容：（1）土地所有权，即土地所有权主体在国家法律规定的范围内所享有的充分完整的产权，包括对土地的占有、使用、收益、处分的权利。就我国而言，城市市区的土地属于全民所有即国家所有，农村和城市郊区的土地，除法律规定属于国家所有的以外，属于集体所

①　屈斐. 西方产权理论研究综述 [J]. 知识经济, 2013 (6): 81-83.
②③　杨毅. 集体建设用地市场化流转的制度设计 [D]. 福建师范大学硕士学位论文, 2007 年.
④　张合林. 中国城乡统一土地市场理论与制度创新研究 [M]. 北京: 经济科学出版社, 2008 年版.

有；宅基地和自留地、自留山，属于集体所有。（2）土地使用权，即依法对土地加以利用并获取一定收益的权利，土地使用权主体一旦通过法律确认，以出让、租赁、买卖、承包等方式获得一定年限的土地使用权，则同时享有土地的收益权和部分处置权，除有特殊规定外，土地使用权主体所拥有的土地使用权和收益权则是充分的、独立的和具有排他性的，土地使用权主体在使用期限内可以对其拥有的部分土地产权进行处置，如通过租赁、买卖、继承等形式将土地使用权转让出去，一定年限的土地使用权可以充作土地信用担保品，通过抵押取得贷款或用作其他财产抵押，亦可以入股联营。此外，土地使用权主体应遵循一定的规则，接受土地所有权主体的监督和约束。（3）土地收益权，即土地投入经济活动后，土地所有者主体和使用者主体对产生的利润进行分割的权利。正是因为土地能够带来收益，所以它成为人们争夺的对象，无论是所有者还是经营者，都有权要求得到土地的收益。因此，在某种意义上，收益权是一种连带产权权能，它是和所有权、使用权紧密联系在一起的，并从属于所有权和使用权。土地投入经济活动后，土地所有者主体和使用者主体对产生的利润进行分割的权利。对土地赋予这样的权利，是因为一般来说土地经过适当的使用后，可以带来收益。而正是因为土地能够带来收益，所以它成为人们争夺的对象，无论是所有者还是经营者，都有权要求得到土地的收益。应当处理好这种经济关系赋予土地以收益权能，从而使其所有者和使用者获得收益的权利。因此，在某种意义上，收益权是一种连带产权权能，它是和所有权、使用权紧密联系在一起的，并从属于所有权和使用权。（4）土地处置权，即土地所有者有权在法律许可的范围内具有对其财产（土地）进行处置的权能，而这种权利只能由所有者和使用者掌握，因此就出现了所有者和使用者争夺财产处置权的问题，究竟如何分配这种权利，只能根据民事法律或社会契约加以确定。同土地收益权一样，处置权也是一种连带产权权能，给财产赋予处置权能，是出于经济活动的需要。因为在社会主义市场经济背景下，各种财产利益一般要通过市场进行商品交换才能实现，随之也就产生了对财产（土地）进行处置的问题，而这种权利只能由所有者和使用者掌握，因此就出现了所有者和使用者争夺财产处置权的问题，究竟如何分配这种权利，只能根据民事法律或社会契约加以确定。

二是土地产权的基本属性。现代土地产权理论具有一系列的基本点，这些理论的基本点，显示了现代土地产权理论的精髓。（1）土地产权是各个权益主体对土地资产的权利束，它是一个广义概念。土地产权是指当事人对土地的一组权利，而不是一种权利，包括土地所有权、使用权、收益权、处置权，以及这些权能的细分与组合等等。① 这些土地产权要素是可以界定和分离的，因而能在不同权益主体之间形成多种不同的排列组合状的分割或配置，形成多种不同的土地产权组合形式或产权结构。（2）土地产权是土地市场的交易对象。土地产权与土地市场交易具有内在的必然联系。土地市场中交易行为的基本特征，是各种土地权利的转让，而不是土地物质的转让和移动。土地具有区位固定性，是不可移动的，但以它为载体的土地产权则是活化和流动的。权益主体参与土地市场活动，表面上看是在土地交易中竞争，但实质上只是获得某些规定的权利，以便在经济上有效利用这宗土地，而不是为了土地物质本身。要进行土地产权的交易，就要求作为交易对象的土地产权，具有客观性和可分割性。（3）土地产权具有明显的排他性。资源的稀缺性决定了资源产权排他性特点。只要当土地资源稀缺、存在两个或两个以上使用者争相拥有和使用，因此在他们之间需要分清确认的权利时，土地产权才会存在。土地产权理论普遍性认为要使产权有效发挥作用，必须使资产普遍有其所有者。土地产权理论排他性认为在大多数情况下，产权越是独占和完整，资源配置越有效，只有当交易费用极高，使得独占性排斥了产权的转移时，产权的独占性才会降低资源配置的效率。② 通过排他性，个人能独自拥有土地财产权，也可以同其他某些人共同享有土地财产的权利，而排斥所有其他人对土地财产的权利。产权的排他性是现代产权制度的基础，对土地产权界定的合理性是以土地产权的排他性来衡量的。土地产权的排他性可以分为土地的排他性使用产权和拥有产权的合法转让性两个层面。土地的排他性使用产权，是指土地使用者在被允许的范围内，对该资源具有不受限制的选择权利。只有这样，才能保证土地产权主体在运用产权的过程中获得稳定的经济预期，并促进土地资源的有效利用。土地产权的合法转让性是指土地使用者所拥有的利用土地资源的资格和权益是可以自由转让的；在这种情况下，土地资源才能投入最有效益的使用范围，从而实现资源优化配置的期望值。因此，必须根据土地产权的排他性来规范界定土地产权，明晰它的运作界区。（4）土地产权体现为一种法律规范。现代市场经济体制下，土地产权是以法律规范的形式加以界定和保障的。也就是说，土地产权是以法律的形式来明确规定人们关于土地的各种权利和对这些权利的限制以及破坏这些权利的处罚。但是，土地产权又不仅仅是一种法律形式，而是受法律所规范的、可操作并藉以获得利益的一种资格。或者说，土地产权是一种实际的权利，是可以运作的，并且这种权利的运作是受法律约束和保障的。③

① 钱忠好. 中国农村土地制度变迁和创新研究［M］. 北京：中国农业大学出版社，2000 年版.
② 黄建水. 建立城乡统一建设用地市场的问题及对策研究［J］. 华北水利水电大学学报（社会科学版），2015（5）：213－215.
③ 杨毅. 集体建设用地市场化流转的制度设计［D］. 福建师范大学硕士学位论文，2007 年.

2.2.2 制度变迁理论

制度变迁理论分为马克思主义制度变迁理论与新制度经济学制度变迁理论。马克思主义经济学和新制度经济学都对制度以及制度变迁进行系统分析，形成了各自完整的制度变迁理论。

2.2.2.1 马克思主义的制度变迁理论

制度研究是马克思经济学的核心。[1] 马克思主义创始人虽然没有从一般意义上给"制度"（Institution）下过明确的定义，但他们的著作从不同的方面、不同的层次使用了制度概念。马克思主义将制度视为依存于社会生产关系，反映其要求的规则，是历史的产物。[2] 马克思在对资本主义基本矛盾以及发展趋势进行深刻剖析的基础上，揭示了人类社会制度发展、演变的普遍规律，建立了马克思主义制度变迁理论（Institution Change Theory）。所谓制度变迁，是指制度创立、变更及随着时间变化而被打破的方式。[3]

在解释制度的起源时，马克思从人类与自然界的矛盾出发，从生产力的发展导出了第一个层次的制度的起源，即社会生产关系的形成过程，进而又从社会生产关系中不同集团和阶级的利益矛盾和冲突出发，从社会生产关系中导出第二个层次的制度的起源，即包括政治、法律、道德规范等等在内的上层建筑。[4]

对于制度变迁的动因，马克思用生产力与生产关系、经济基础与上层建筑的矛盾运动关系来解释社会制度的变迁。马克思认为生产力决定生产关系，而生产关系对生产力具有反作用。认为制度变迁的需求来自于生产力的发展，随着生产力的不断发展，原有的与落后生产力相适应的各项社会制度必然成为生产力进一步发展的障碍，从而导致变革社会制度的需求产生，因而生产力是推动社会制度变迁的根本力量。正如马克思所指出的："社会的物质生产力发展到一定阶段，便同它们一直在其中活动的现存生产关系或财产关系（这只是生产关系的法律用语）发生矛盾。于是这些关系便由生产力发展的形式变成生产力的

---

① 吴宣恭等. 产权理论比较——马克思主义与西方现代产权学派 [M]. 北京：经济科学出版社，2000 年版，第 295 页.

② 吴宣恭等. 产权理论比较——马克思主义与西方现代产权学派 [M]. 北京：经济科学出版社，2000 年版，第 277 页.

③ 诺斯（1994）在《制度变迁理论纲要——在北京大学中国经济研究中心的演讲》中认为，制度变迁是一个制度不均衡时追求潜在获利机会的自发交替行为.

④ 杨依山，刘宇. 制度变迁理论评述 [J]. 理论学刊，2009（6）：32 – 36.

桎梏。那时社会革命的时代就到来了。随着经济基础的变更，全部庞大的上层建筑也或慢或快地发生变革。"① 所以，制度变迁的最终原因和根本动力是社会生产力的发展。

对于制度变迁的方式，马克思主义认为，制度变迁可以采取暴力与和平、革命与改良两种不同的方式。在新制度与旧制度的斗争中，代表新制度的进步阶级和代表旧制度的落后阶级之间，往往要进行激烈的阶级斗争，甚至采取暴力革命的方式。例如，在资本主义制度代替封建制度的过程中，代表资本主义新制度的资产阶级和代表封建旧制度的地主贵族阶级之间的矛盾冲突日益激化，并最终采取资产阶级革命的形式。在革命中，资产阶级用暴力推翻封建贵族阶级的政治统治，取得对国家政权的控制权，通过变更旧的上层建筑，在政治上为资本主义的发展扫清了道路。当然，如果只是个别具体的非根本制度的调整，则可以采取和平改良的方式。② 可见，马克思主义把制度变迁的根本动力归结为生产力的发展，特别是其中的技术进步。

另外，从研究对象来看，马克思主义制度变迁理论从整体的角度分析了根本制度的演变，新制度主义制度变迁理论则从局部的角度分析了具体的制度安排的演变。这些分析是相互补充、相互融合的。③

文献的研究表明，马克思的制度变迁理论侧重于研究制度变迁的"临界点状态"及该状态下制度冲突的实质和表现形式，而较少关注制度变迁的各种复杂因素的量的积累过程，以及马克思的制度分析偏重于研究宏观整体的社会结构演化的动态及其规律，而没有发展出有关微观局部的交易结构研究的理论工具。所以，在研究中国具体制度变迁过程中，个体主义也应该是马克思制度变迁理论的方法论基础，这样不仅有助于研究我国体制转轨下微观主体的产权制度变迁，而且也使社会转型中制度的累积性演化有一个更有力的解释基础。④

2.2.2.2　新制度经济学制度变迁理论

以美国经济学家道格拉斯·C·诺思（Douglass C. North）为代表的新制度经济学家在制度变迁理论的研究方面取得了很多的成果，一定程度上弥补西方主流经济学的缺陷。他在研究中重新发现了制度因素的重要作用，他的新经济史论和制度变迁理论使其在经济学界声名雀起，成为新制度经济学的代表人物之一，并因此获得了 1993 年度诺贝尔经济学奖。诺思的制度变迁理论是由以下三个部分

---

① 马克思，恩格斯选集．第 8 卷［M］．北京：人民出版社，1972 年版．

②③ 刘小怡．马克思主义和新制度主义制度变迁理论的比较与综合［J］．南京师大学报（社会科学版），2007（1）：5-9．

④ 张福军．马克思制度变迁理论述评［J］．经济学家，2008（3）：113-117．

构成的：描述一个体制中激励个人和团体的产权理论；界定实施产权的国家理论；影响人们对客观存在变化的不同反映的意识形态理论。诺思所讲的制度变迁和制度创新都是指这一意义上的制度。

诺思还把前人关于技术演变过程中的自我强化现象的论证推广到制度变迁方面，提出了制度变迁的路径依赖（Pathdependence）理论。诺思把路径依赖解释为"过去对现在和未来的强大影响"，指出"历史确实是起作用的，人们今天的各种决定、各种选择实际上受到历史因素的影响"。诺思认为，制度变迁过程与技术变迁过程一样，存在着报酬递增和自我强化的机制。这种机制使制度变迁一旦走上了某一路径，它的既定方向会在以后的发展过程中得到自我强化。所以，人们过去作出的选择决定了他们现在可能的选择。沿着既定的路径，经济和政治制度的变迁可能进入良性的循环轨道，迅速优化；也可能顺着错误的路径往下滑，甚至被"锁定"（lock-in）在某种无效率的状态而导致停滞。一旦进入锁定状态，要摆脱就十分困难。

对于制度变迁的动因分析，也是诺斯等新制度经济学家研究的核心内容。诺思认为："按照现有的制度安排，无法获得某些潜在的利益。行为者认识到，改变现有的制度安排，他们能够获得在原有制度安排下得不到的利益，这时就会产生改变现有制度安排的需求，"[①] "正是获利能力无法再现存的安排结构内实现，才导致了一种新的制度安排（或变更旧制度安排）的形式"。[②] 也就是说，当一种制度存在外部利润时，推动制度变迁的主体[③]可以是个人、政府、阶级或者其他别的任何组织，他们基于期望获得最大的"潜在利润"，即"外部利润"的动机，会积极主动地去推动制度的变迁，目的在于获得无法在现有制度安排下实现的"潜在利润"。

对于制度变迁的主体，有不同的观点。以诺斯为代表的新制度经济学家则认为制度变迁的过程中人的意志起着决定性的作用。制度是人发明、设计和创造出来的，制度变迁是人们主观设计、选择的结果。那么哪些人可以成为制度变迁的主体呢，诺斯进一步并指出，制度变迁的主体并不一定是制度的直接设计者或摧毁者，[④] 只要是有意思地去推动制度的变迁，那么任何政府、阶级、企业、组织，

---

① 戴维·菲尼. 制度安排的需求与供给 [J]. 引自：奥斯特罗姆、D. 菲尼、H. 皮希特. 制度分析与发展反思 [M]. 北京：商务印书馆，1992 年版，第 138 页.

② 诺斯、戴维斯. 制度变迁的理论 [J]. 引自：R. 科斯，A. 阿尔钦等. 财产权利与制度变迁 [M]. 北京：商务印书馆，1991 年版，第 264 页.

③ 制度变迁过程既可以由政府引入法律、政策和命令强制进行，也可以由个人或自愿团体为响应获利机会自发倡导、组织和实行（林毅夫，1989），即国家在追求租金最大化目标下通过政策法令实施的强制性制度变迁和人们在制度不均衡时追求潜在获利机会的诱致性制度变迁两种类型.

④ 徐加胜. 论会计准则的稳定性与变迁 [J]. 山东经济，2000（5）：76 - 78.

甚至是个人都可以成为制度变迁的主体，制度变迁对经济增长的影响正是通过对个人参加各种经济活动的积极性的影响来实现的。以哈耶克（Hayek，1899～1992）为代表的一些学者则持与诺斯等为代表的经济学家截然不同的观点，提出了演进主义的变迁观，认为制度变迁的过程是一个自然演进的、自发的过程，制度变迁无主体而言。因此，个人本身也是受某些制度因素决定，并随着制度一起变迁的。由此可见，哈耶克主张的制度变迁观认为制度变迁是不存在主体的或者说主体在决定制度变迁的方向和结果上是不发挥作用的，社会制度变迁是人们在相互交往的行动过程中，通过不断实践而形成的一个自发演进和扩展的过程。诺斯和哈耶克在制度变迁主体的观点上各有其合理的一面，但又都不完全符合客观实际。因此，在对制度变迁主体的认识上，我们既要承认客观规律的作用，又必须意识到个人、团体，尤其是国家在制度演变过程中所发挥的积极作用。在今天我们的农地制度变革中农民作为最大的变革主体，其作用不可忽视，必须充分保障农民的权益，发挥农民的主体作用，以此获取改革的支持力量，推动农地制度改革向更深层次推进。

　　对于制度变迁的方式，可以从各种不同的角度可以做出多种划分。例如可划分为渐进式制度变迁与激进式制度变迁、诱致性制度变迁与强制性制度变迁、需求诱致型制度变迁与供给主导型制度变迁等。其中最为典型的，也是制度经济学对制度变迁的最重要的一种划分，是幼稚制度变迁和强制性制度变迁。"幼稚性制度变迁是指一群（个）人在相应由制度不均衡引致的获利机会时所进行的自发性变迁。[①] 诱致性制度变迁是以微观经济行为主体（如农民、居民、企业等）为主体、自下而上进行的一种制度变迁类型。在这种制度变迁过程中，处于基层的行为主体因为发现潜在获利机会而先有制度需求，然后自下而上产生对制度的需求或认可，直至影响决策者安排更好的制度。所以，诱致性制度变迁具有边际革命和增量调整性质，是一种渐进的、不断分摊改革成本的演进过程。强制性制度变迁指的是由政府法令引起的变迁。"[②] 强制性制度变迁是以政府（包括中央政府或地方政府）为主体、自上而下、具有激进性质的制度变迁类型。由于政府制度安排的力量比较大，因此，制度出台的时间短、制度实施时推动力度大，政府的权威能保证制度安排较好的运行。但是，这种制度变迁方式不是相关利益主体通过重复博弈形成的，"决策者或影响决策的利益集团会利用制度供给的机会为自身牟利"，信息不对称下的"搭便车"行为不可避免。另外，政府的制度安排基于经验而有可能不是根据现实的需要，不适应制度环境而出现低效率的现象不

　　①② 林毅夫. 关于制度变迁的经济学理论——幼稚性变迁与强制性变迁 [J]. 引自：R. 科斯等. 财产权利与制度变迁 [M]. 上海：上海三联书店，1994 年版，第 374 页.

可避免。①

产权理论是制度变迁理论的基石之一，它为制度变迁理论由"抽象"到"具体"提供了方法基础。新制度经济学以产权为中心对制度变迁展开了研究，并指出制度变迁主要表现为产权制度的修正，认为建立和完善私有制是制度变迁的方向。② 产权关系归根结底就是一种社会利益分配关系，它界定人们在社会经济活动中如何受益，帮助一个人形成与他人进行交易时的收益预期。产权关系制约着整个社会关系，是社会利益关系核心和基础。因此，产权作为制度安排的一部分与制度有着相同的作用，产权的率先确立无疑为制度变迁的完成提供了必要的动力。

目前在建立城乡统一的建设用地市场中，应坚持以马克思主义制度变迁理论为指导，正视我国现有的城乡建设用地二元结构的制度安排对我国经济发展的阻碍作用，大力推进农地制度的改革；同时，也要合理借鉴新制度经济学的制度变迁理论，重视并适当满足土地制度变迁过程中各个经济主体的合理利益诉求，减少构建城乡统一建设用地市场的制度成本。而我国现行的农村土地制度因无法满足利益主体对潜在利润的追求，需要进行制度变迁，而农村土地制度变迁的过程中，稳定而清晰的产权关系显得至关重要。因为只有稳定而清晰的农村土地产权制度，才能实现农民土地收益的内部化，才能在发生农村土地产权交易即农村土地流转时，切实保障农民的土地权益，从而产生激励着农民不断增加劳动投入或生产性努力，采取符合我国国情的土地制度变迁方式，重视可能出现的制度变迁时滞以及路径依赖现象，促进城乡统一建设用地市场的合理、有序、健康开展。

2.2.3 地租理论

早在 17 世纪后期，英国重商主义学派的代表人物、资产阶级古典政治经济学的创始人威廉·配第（William Petty，1623～1687）在其名著《赋税论》中首次提出，地租是劳动产品扣除生产投入维持劳动者生活必须后的余额，其实质是剩余劳动的产物和剩余价值的真正形态。但是配第把地租与剩余价值混为一谈，其地租理论实际上是以地租形式表示的剩余价值。

---

① 结合我国农村土地制度变迁的发展历程来看，在 1956～1978 年间的合作社生产就是一种典型的强制性制度变迁；而 1978 年后实行的家庭联产承包制则完全是农民出于自身利益自发倡导和实施的，可以被认为是幼稚性制度变迁。

② 吴宣恭等. 产权理论比较——马克思主义与西方现代产权学派 [M]. 北京：经济科学出版社，2000 年版，第 315–321 页.

法国重农学派的代表人物之一杜尔哥（Turgot，1721～1781）在 1766 年发表的《关于财富的形成和分配的考察》一书中指出，由于农业中存在着一种特殊的自然生产力，所以能使劳动者所生产出来的产品数量，扣除为自己再生产劳动力所必需的数量还有剩余，这就是自然恩赐的"纯产品"，也是土地对劳动者的赐予。这种"纯产品"是由农业劳动者用自己的劳动向土地取得的财富，但却为土地所有者所占有，这就是地租。杜尔哥的地租理论虽然具有明显的局限性，但是他对地租的本质和根源有了更深的认识，认识到"纯产品"转化为地租是土地私有权的结果。英国古典政治经济学主要代表人物和创始人之一亚当·斯密（Adam Smith，1923～1970），在其 1776 年出版的《国富论》中系统地研究了地租。他认为，地租是作为使用土地的代价，是为使用土地而支付给地主的价格，其来源是工人的无偿劳动，是对工人劳动产品的直接扣除。斯密的地租理论把地租同土地私有权联系在一起，正确地确定了工人的无偿劳动是地租的源泉。马克思称赞这是亚当·斯密的巨大功劳之一。[①] 但是，受到重农学派以及研究方法两重要性的影响，再加上历史的局限性，斯密的地租理论比较混乱。[②] 英国古典政治经济学的杰出代表和理论完成者大卫·李嘉图（David Ricardo，1772～1823），运用劳动价值论研究了地租，他在 1817 年发表的《政治经济学与赋税原理》一书中，集中地阐述了他的地租理论。他认为，土地的占有产生地租，地租是为使用土地而付给土地所有者的产品，是由劳动创造的。地租是由农业经营者从利润中扣除并付给土地所有者的部分。李嘉图运用劳动价值论研究地租，第一次给地租理论提供了科学的基础，在一定程度上触及到了地租的本质。现代资产阶级经济学的权威代表人物之一保罗·A·萨缪尔森（Paul Samuelson，1915～2009）认为，地租是为使用土地所付的代价。土地供给数量是固定的，因而地租量完全取决于土地需求者的竞争。

尽管地租理论在古典经济学中得到一定程度的发展，其中也有不少科学的成分，但是由于阶级局限性，古典经济学的地租理论最终将不可避免地陷入绝境。马克思认为地租是土地所有权的实现形式，一切形式的地租，都是土地所有权在经济上实现自己、增值自己的形式。地租是土地使用者由于使用土地而缴给土地所有者的超过平均利润以上的那部分剩余价值，地租理论是土地经济学最基础的理论和核心部分。资本主义地租就是农业资本家为获取土地的使用权而交给土地所有者的超过平均利润的那部分价值。"地租作为一种土地权利主体间的收益支付，显示了各种权利之间的内在利益关系。可以说，地租是土地产权构成的连接

①②　高淑泽．谈谈古典经济学的地租理论［J］．山西高等学校社会科学学报，2000（10）：35－38．

器和润滑剂。"①

总之，根据上述观点，地租其实就是用来购买土地使用权利的价格。地租是土地所有者凭借土地所有权从土地使用者那里获得报酬。因为土地作为一种重要的稀缺的经济资源，人们对其所有的各种权利最终都要求在经济收益上得到体现。资本主义地租是指农业资本家由于租种土地而缴给土地所有者的、由农业工人创造的超过平均利润的那部分剩余价值，它反映了农业资本家和土地所有者共同剥削农业工人的关系。所以，资本主义地租的实质是农业工人创造的剩余价值，是剩余价值的一种转化形式及分割形式。通过对地租内涵的分析，可以看出地租背后的社会利益关系。

马克思在批判继承古典政治经济学家地租理论的基础上提出地租是土地所有权在经济上的实现形式，是为使用土地本身而支付的费用，即土地所有权的存在以及土地所有权和使用权的分离是地租存在的基础。根据地租产生的原因和条件，可以将地租划分为级差地租和绝对地租两种。级差地租（differential rent）是指由于土地肥沃程度不同和距离市场远近不同而形成的地租。"在农业生产中一切同类产品的价格取决于生产中使用劳动量最多的产品的价格"。② 由此可见，级差地租的实质是由于优等土地和中等土地生产的农产品的个别价格低于劣等土地所决定的社会生产价格而形成的超额利润。绝对地租是指租种任何土地都必须缴纳的地租。绝对地租的源泉也是农业工人的剩余价值。劣等土地没有级差地租，但却可以产生绝对地租。马克思在科学阐述地租的本质及其构成的基础上，分析了地租与地价之间的关系。认为土地不是人类劳动的产品，本身没有价值，然而在商品经济的条件下，土地可以买卖并且有一定的价格，这个价格就是资本化的地租。因此，土地价格并不是土地价值的表现形式，而是地租的购买价格，土地价格取决于每年地租的数量以及银行利息率的高低，等于每年地租的数量除以银行利息率。

---

① 石应、赵昊鲁. 马克思主义地租理论与中国农村土地制度变迁［M］. 经济科学出版社，2007年版，第63页.

② 马克思恩格斯选集［M］. 第1卷，人民出版社，1972年版，第146页.

第3章

中国农村土地制度与城乡
建设用地制度概述

3.1 土地与中国土地资源现状

3.1.1 土地与土地的分类

我国土地类别可以依据土地所有权的不同和土地用途的差异进行划分。依据土地所有权可以分为两类：一类是国有土地；另一类是集体所有土地。这是由《中华人民共和国宪法》（以下简称《宪法》）所规定的，《宪法》第十条规定的："城市的土地属于国家所有。农村和城市郊区的土地，除由法律规定属于国家所有的以外，属于集体所有。"国有土地分为国有农业地、国有未利用土地和城市建设用地；农村集体所有土地分为农村集体农用地（农业耕地）、农村集体建设用地和农村未利用地。按照《中华人民共和国农村土地承包法》第二条规定"本法所称农村土地，是指农民集体所有和国家所有依法由农民集体使用的耕地、林地、草地，以及其他依法用于农业的土地。"见图 3 - 1 所示。

依据土地用途可把土地划分为三类：农用地、建设用地、未利用地。这是由《土地管理法》所规定的，《土地管理法》第四条第一款规定："国家编制土地利用总体规划，规定土地用途，将土地分为农用地、建设用地和未利用地。"其中建设用地根据土地所有权不同，分为农村集体建设用地和城市国有建设有土地。农村的集体建设用地分为三大类，即宅基地、公益性公共设施用地和集体经营性建设用地。

宅基地是农村的农户或个人用作住宅基地而占有、利用本集体所有的土地。包括准备建房用的规划地、建了房屋的土地、建过房屋但已无上盖物或不能居住的土地三种类型。宅基地的所有权属于农村集体经济组织。农村宅基地具有无偿、无限期使用的特点，是国家对农民的一种福利性安排，其数量约占农村建设用地的70%（黄建水，2015）。

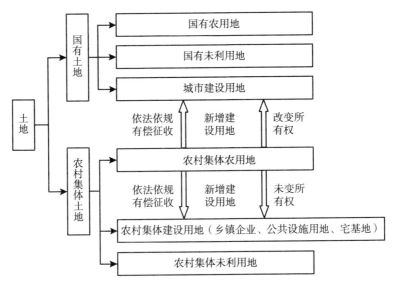

图 3 - 1　依据土地所有权的不同对土地的分类

资料来源：张志强. 农村集体建设用地入市研究，中共中央党校博士研究学位论文，2010 年 5 月。

公益性公共设施用地是指农村用于主办公益事业、建设公共设施的土地，包括所建学校、幼儿园、共用农作物收获晾晒场、祠堂、公墓等用地，其数量约占农村建设用地的20%左右。农村集体经营性建设用地包括集体经济组织使用乡（镇）土地利用总体规划确定的建设用地，兴办企业或者与其他单位、个人以土地使用权入股、联营等形式共同举办企业、商业所使用的集体建设用地，如过去的乡镇企业用地，农村供销合作社用地，其数量约占农村建设用地的10%左右（黄建水，2015），见图3 - 2所示。

土地的价值应当包括自身价值和外部性价值，其中自身价值主要由经济价值、生态价值和社会价值构成，外部性价值则主要包括了经济外部性价值和环境外部性价值，具体的价值体系见图3 - 3所示。

土地的稀缺程度、区位因素、产权状况和规划条件等影响的仅是土地的经济价值，随着人口、资源、环境问题的日益突出，土地之于人类已不仅仅作为单纯的生产要素发挥经济效用，土地的生态、景观、社会保障等价值也越来越受到关注与重视。①

———————————

① 霍雅勤，蔡运龙. 可持续理念下的土地价值决定与量化［J］. 中国土地科学，2003（2）：19 - 23.

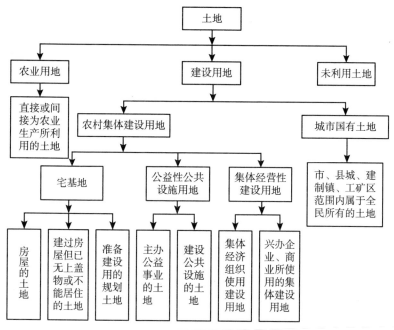

图 3-2　依据土地用途的不同对土地的分类

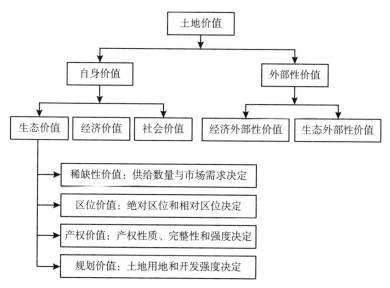

图 3-3　土地价值的构成体系

资料来源：张舟，吴次芳，谭荣. 城乡建设用地统一市场的构建：出发前的再审视 [J]. 西北农林科技大学学报（社会科学版），2015，15（3），整理创作而来。

3.1.2 我国土地资源现状

3.1.2.1 从土地利用现状来看

截至 2013 年底，全国未利用地最多（27.9%），其次是林地（26.7%），其他依次为牧草地（23.2%）、耕地（14.3%）、建设用地（4.0%）、其他农业地（2.5%）、园地（1.5%），见图 3 – 4 所示。

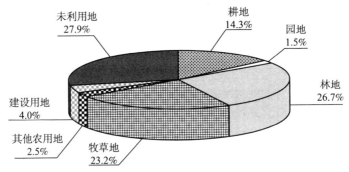

图 3 – 4　2013 年全国土地利用现状

从 2009 ~ 2013 年全国耕地变化情况来看，2009 年为 20.31 亿亩、2010 年为 20.29 亿亩、2011 年为 20.29 亿亩、2012 年为 20.27 亿亩、2013 年为 20.27 亿亩，全国耕地总体变化呈下降趋势，见图 3 – 5。

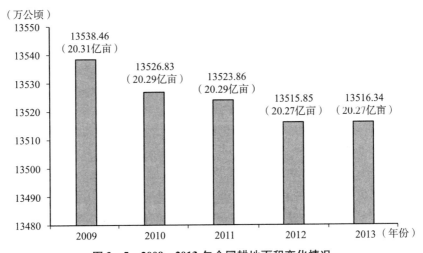

图 3 – 5　2009 ~ 2013 年全国耕地面积变化情况

从 2009～2013 年全国耕地增减变化情况来看，2009 年全国耕地面积增加耕地 31.3 万公顷、减少耕地面积 23.20 公顷，2010 年全国耕地面积增加耕地 31.49 万公顷、减少耕地面积 42.90 公顷，2011 年全国耕地面积增加耕地 37.73 万公顷、减少耕地面积 40.68 公顷，2012 年全国耕地面积增加耕地 32.18 万公顷、减少耕地面积 40.20 公顷，2013 年全国耕地面积增加耕地 35.96 万公顷、减少耕地面积 35.47 公顷。由此可见，全国耕地面积除 2009 年有所增加外，其余年份均为减少，见图 3 - 6 所示。

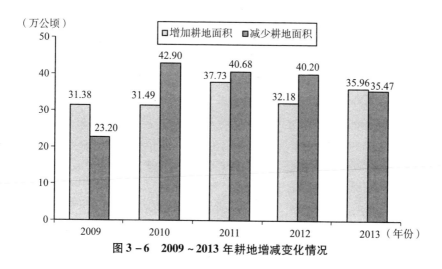

图 3 - 6　2009～2013 年耕地增减变化情况

3.1.2.2　从 2010～2014 年批准建设用地变化情况来看

2010 年国务院和省级政府批准建设用地 53.9 万公顷、2011 年国务院和省级政府批准建设用地 61.2 万公顷、2012 年国务院和省级政府批准建设用地 61.5 万公顷、2013 年国务院和省级政府批准建设用地 53.4 万公顷、2014 年国务院和省级政府批准建设用地 40.38 万公顷，见图 3 - 7、图 3 - 8 所示。

3.1.2.3　从 2010～2014 年国有建设用地供应变化情况来看

2010 年国有建设用地供应 47.26 万公顷（其中，工矿仓储用地 15.40 万公顷、商服用地 3.89 万公顷、住宅用地 11.53 万公顷、基础设施等其他用地 12.44 万公顷）、2011 年国有建设用地供应 59.33 万公顷（其中，工矿仓储用地 19.13 万公顷、商服用地 4.26 万公顷、住宅用地 12.65 万公顷、基础设施等其他用地 23.29 万公顷）、2012 年国有建设用地供应 61.03 万公顷（其中，工矿仓储用地

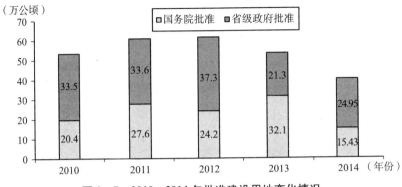

图 3 – 7 2010~2014 年批准建设用地变化情况

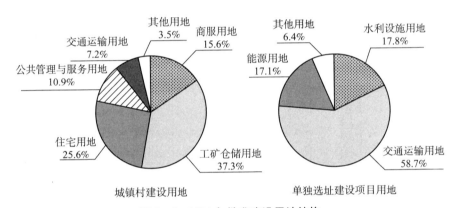

图 3 – 8 2014 年批准建设用地结构

20.72 万公顷、商服用地 5.09 万公顷、住宅用地 11.47 万公顷、基础设施等其他用地 33.85 万公顷)、2013 年国有建设用地供应 75.08 万公顷(其中,工矿仓储用地 21.35 万公顷、商服用地 6.70 万公顷、住宅用地 14.20 万公顷、基础设施等其他用地 32.83 万公顷)、2014 年国有建设用地供应 61.09 万公顷(其中,工矿仓储用地 14.73 万公顷、商服用地 4.93 万公顷、住宅用地 10.21 万公顷、基础设施等其他用地 31.12 万公顷),见图 3 – 9、图 3 – 10 所示。

3.1.2.4 从土地出让来看

2014 年,出让国有建设用地 27.18 万公顷,出让合同总价款 3.34 万亿元,同比分别减少 27.5% 和 27.4%。其中,招标、拍卖、挂牌出让土地面积 25.15 万公顷,占出让总面积的 92.5%;招标、拍卖、挂牌出让合同价款 3.18 万亿元,占出让合同总价款的 95.3%,见图 3 – 11 所示。

图 3-9　2010～2014 年国有建设用地供应变化情况

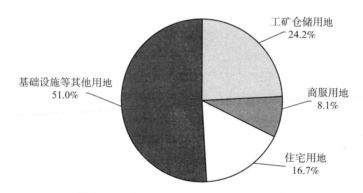

图 3-10　2014 年国有建设用地供应结构

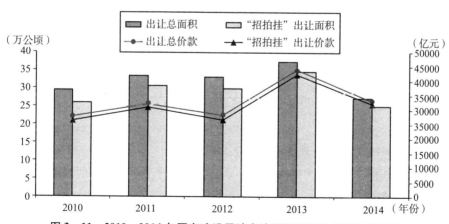

图 3-11　2010～2014 年国有建设用地出让面积和出让价款变化情况

3.1.2.5 从主要城市地价来看

2014 年第四季度末，全国 105 个主要监测城市综合地价、商服地价、住宅地价和工业地价分别为 3522 元/平方米、6552 元/平方米、5277 元/平方米和 742 元/平方米，同比分别增长 5.2%、3.9%、4.8%和 6.0%，环比分别增长 0.9%、0.4%、0.7%和 1.4%，见图 3 – 12 所示。

3.1.2.6 从重点城市土地抵押来看

截至 2014 年底，84 个重点城市处于抵押状态的土地面积为 45.10 万公顷，抵押贷款总额 9.51 万亿元，同比分别增长 11.7%和 22.5%。全年土地抵押面积净增 4.56 万公顷，抵押贷款净增 1.73 万亿元，同比分别下降 14.5%和 2.4%，见图 3 – 13 所示。

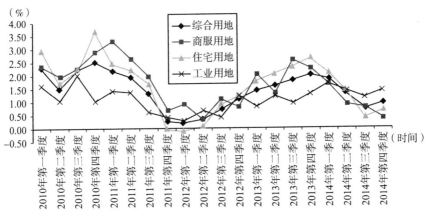

图 3 – 12 2010 ~ 2014 年全国主要城市监测地价环比增长率变化情况

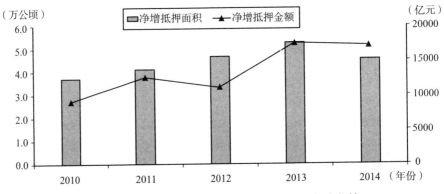

图 3 – 13 2010 ~ 2014 年 84 个重点城市土地抵押变化情况

3.2　中国农村土地制度

3.2.1　农村土地制度的历史沿革

新中国的农村土地制度经历了四次重大变革，每一阶段表现出不同的目标追求和制度绩效。

3.2.1.1　第一阶段：废除封建剥削的地主阶级土地所有制，实行农民的土地所有制阶段（1949 年 9 月～1953 年春）

土地改革是革命战争年代中国共产党关于农村土地问题的政策主张和根据地"分田分地"探索在夺取政权条件下的一次充分的实现，是抗日战争和解放战争时期解放区土地改革的延续、扩展和深化。1949 年 9 月 29 日通过的《中国人民政治协商会议共同纲领》规定："凡已实行土地改革的地区，必须保护农民已得土地的所有权。凡尚未实行土地改革的地区，必须发动农民群众，建立农民团体，经过清出土匪恶霸、减租减息和分配土地等项步骤，实现耕者有其田。"1950 年 6 月颁布实施《中华人民共和国土地改革法》，明确规定和阐述了土地改革的路线、方针和政策，指导全国开展土地改革。这是本阶段的标志性法规，标志着我国土地改革全面展开。这部法的主要内容是废除封建剥削的地主阶级土地所有制，实行农民的土地所有制。1953 年初，除了中共中央决定不进行土地改革的一些少数民族地区（约 700 万人）外，全国基本上完成了土地改革、生产资料和劳动者的直接结合，废除了封建土地所有制，大大地促进了农村经济的恢复和发展（姜爱林，2001）。3 亿多无地和少地的贫苦农民获得了 7 亿多亩土地，免除了 350 亿公斤的粮食地租，实现了几代人"耕者有其田"的夙愿。揭开了中国农村土地改革的序幕。

从新中国成立初期的历史文献看出："农民在分得土地以后，是作为小的私有主而存在的……"；农民私有土地可以买卖、租佃，但要受一定的限制。为保护农民土地私有财产权利，当时的县人民政府普遍给农民颁发了《土地房产所有证》，在这份全国基本统一法律文本中规定：农民土地房产"为本户（本人）私有产业，耕种、居住、典当、转让、赠与、出租等完全自由，任何人不得侵犯"。土地改革产生的深刻影响在随后几年的农业增长中已经表现得淋漓尽致。

3.2.1.2　第二阶段：变农民的土地所有制阶段为互助合作经营阶段（1953～1958 年）

基于农民个体生产经营的现状和国家经济发展的需要，政府认为必须提倡将农民"组织起来"，发展农民互助合作，引导农民走上共向富裕的道路，改变农业的落后面貌。同时也强调，在农村开展互助合作运动，[①] 全国各地开始试办初级农业合作社，社员的土地必须交给农业生产合作社统一使用，农民仍享有土地所有权，可以对土地进行处分。自 1953 年春起，各地开始普遍试办实行土地入股、统一经营，并有较多数量的初级农业生产合作社成立，同年末，中央强调初级农业生产合作社正日益变成领导互助合作运动继续前进的重要环节。[②] 于是揭开了农村第二次农村土地改革的序幕。

互助合作运动经历了从全国解放到 1955 年夏的互助组、初级社阶段和自 1955 年夏至 1957 年的高级社阶段。互助组有临时互助组和常年互助组等形式，按照自愿互利原则，在保留土地和其他生产资料农户私有制的基础上，农户间通过人工互换、人工变畜工、搭庄稼、并地种、伙种等形式，相互提供帮助，解决生产中的困难或者借此提高收入。初级农业生产合作社的最主要特点是，农民仍然拥有土地的所有权，但必须交给初级社统一使用，允许社员保留小块自留土地，年终分配时，农民土地股份参加分红，因此，初级社有时也称土地合作社。

1956 年，随着我国社会主义改造完成和高度集中的计划经济体制的建立，土地所有权由农民私有开始向集体所有转变。农民私有的土地、耕畜、大型农具等主要生产资料以及土地上附属的私有塘、井等水利设施，被一起转为合作社集体所有；土地报酬也被取消。至此，农村土地从个体农民所有转变为社会主义劳动群众集体所有。互助合作运动进入高级社阶段。1958 年，为扩大规模经营，中央实行"小社并大社"，进而又推行"政社合一"的人民公社制。[③] 并社过程中，自留地、零星果树等都逐步"自然地变为公有"。一个月内即结束了农民土地私有制，所有权与经营权统一归于合作社，农户家庭经营主体地位被农业基层经营组织与基本经营单位取代。高级社是在初级社基础上建立起来的社区集体经济组织，它实行土地、耕畜和大型农具作价（股份）入社，集体所有，统一经营，但仍允许农业合作社留下总耕地的 5% 由农户分散经营，自由种植蔬菜或其

---

① 《中共中央关于农业生产互助合作的决议（草案）》，1951 年 9 月。
② 《中共中央关于发展农业生产合作社的决议》，1953 年 12 月。
③ 《关于农村建立人民公社的决议》，1958 年 8 月。

他园艺作物。自留地归集体所有，不征公粮，不交集体提留，规定经营者不得私自出卖、出租和非法转让。综上可以清楚地看到，农户私人所有的土地被改造为社区（高级社）集体公有土地的过程和路径。

3.2.1.3　第三阶段：变合作经营为公社体制下的集体所有、统一经营阶段（1958～1978 年）

在从 1959 年开始的人民公社阶段，中国农村开始实行"三级所有，队为基础"的体制，确定了农村土地以生产队为基本所有单位的制度，并且恢复了社员的自留地制度。[①] 其做法是：原属于各农业合作社的土地和社员的自留地、坟地、宅基地等一切土地，连同耕畜、农具等生产资料以及一切公共财产都无偿收归人民公社三级所有。公社对土地进行统一规划、统一生产、统一管理，实行平均主义的"按劳分配"。

但在公社体制长达 25 年的运行过程中不断整顿和完善的，从"整顿和巩固公社的组织……"（1958 年 12 月），纠正"一平、二调、三收款"的"共产风"以及"浮夸风"等不良风气（1959 年 2 月），允许社员经营少量自留地和小规模的家庭副业，恢复农村集市贸易。[②] 到要求"各地人民公社在实行三级管理、三级核算……"（1959 年 4 月），再到颁布《农村人民公社工作条例修正草案》（即人民公社 60 条）（1962 年 9 月）。1962 年，中央农村土地政策针对农用地作了进一步的规定和明确：生产队范围的土地都归生产队所有，……定下来后，长期不变。[③] 1963 年中央又对社员宅基地进行了规定，社员宅基地都归生产队集体所有，一律不准出租和买卖，归各户长期使用；宅基地上的附着物永远归社员所有，但宅基地的所有权仍归生产队所有。[④] 标志着农村人民公社所有制关系，先后经历了人民公社所有、人民公社三级所有以生产大队所有为基础、人民公社三级所有以生产队所有为基础三个阶段，逐渐走向成熟和定型。人民公社 60 条最终将土地、劳力、牲畜、农具"四固定"到生产队，分配核算也以生产队为单位，形成分别以生产大队和生产队为基本单元的社区性全员共同所有、共同经营的农村经济管理格局。

总之，从新中国成立到 20 世纪 70 年代末期，我国从当时的政治、经济、社会发展目标出发，对国有土地采取无偿划拨的方式进行配置，全面排斥市场配置资源的机制，用地者只需极低的代价就可以获得长期的但不能流动的土地

① 中共中央《关于人民公社管理体制的若干规定（草案）》，1959 年 2 月。
② 中共中央《关于农村人民公社当前政策问题的紧急指示信》（即《十二条》），1960 年 11 月。
③ 中共中央《农村人民公社工作条例修正草案》，1962 年 9 月。
④ 中共中央转发《关于社员宅基地问题》，1963 年 3 月。

使用权。

3.2.1.4 第四阶段：变集体所有、家庭承包经营阶段（1978年至今）

"文化大革命"结束后，中国经济开始发生转变。特别是党的十一届三中全会以后，改革开放开始成为中国经济发展的主旋律。经济改革始于农村，核心就是土地政策。农村土地制度开始打破计划经济体制的约束，以人民公社"三级所有，队为基础"的经营制度全面解体，新的以"包产到户、包干到户"为标志的家庭经营体制确立。中国的农村土地政策发生了历史性的变迁，变迁主要围绕家庭联产承包责任制展开。

（1）1978～1983年是人民公社制度结束和家庭联产承包责任制确立的过渡时期。"文革"结束后，首先就是要稳定土地政策。1978年，中央强调继续和维持1959年以来"三级所有"的体制；① 同时指出，社员自留地是社会主义经济的必要补充部分；经营方式上肯定了"包工到作业组，联系产量计算劳动报酬"的责任制；但仍规定"不许包产到户，不许分田单干"。② 1979年政策开始放宽，初步肯定了"包产到户"的办法，允许某些副业生产的特殊需要和边远地区、交通不便的单家独户可以包产到户，但仍"不许分田单干"。③ 1980年春，关于"包产到户"的问题争议比较激烈。"农村政策放宽以后，一些适应搞包产到户的地方，搞了包产到户效果很好，变化很快"，同年5月，邓小平同志的正式表态统一了人们的认识，有力地将刚刚兴起的农村土地改革政策向前推进，同年9月，中央文件对联产承包责任制作了肯定。④

此后，以"包产到户、包干到户"形式为主的各种生产责任制如燎原之势，迅速推开，到1981年10月，全国农村基本核算单位中，建立各种形式生产责任制的已占97.8%，其中"包产到户"、"包干到户"的占到50%。1982年元月，中央以"一号文件"⑤ 的形式第一次明确了"包产到户"的社会主义性质，突破了传统的"三级所有、队为基础"的体制框框，指出"目前实行的各种责任制，……都是社会主义集体经济的生产责任制"。还特别指出，它不同于合作化以前的小私有的个体经济，是社会主义农业经济的组成部分。进一步消除了人们的思想疑虑，促进了"包产到户"的迅速发展。国家还颁布了《国家建设征用土地条例》，禁止任何单位直接向农村社队购地、租地和变相购地、租地。同年12月，修正后的《宪法》明确规定："城市的土地属于国家所有。农村和城

①② 中共中央《关于人民公社管理体制的若干规定（草案）》，1959年2月。
③ 中共十一届四中全会《中共中央关于加快农业发展若干问题的决定》，1979年9月。
④ 中共中央《关于进一步加强和完善农业生产责任制的几个问题》，1980年9月。
⑤ 中共中央《全国农村工作会议纪要》，1982年1月。

市郊区的土地，除由法律规定属于国家所有的以外，属于集体所有。"同时规定恢复原来的乡、镇、村体制。这标志着实行了 20 多年的人民公社开始解体。1983 年的"中央一号"文件，① 从理论上说明了家庭联产承包责任制"是在党的领导下中国农民的伟大创造，是马克思主义农业合作化理论在中国实践中的新发展"，并对家庭承包责任制给予了高度的评价：克服了管理过分集中和平均主义的弊病，继承了合作化的积极成果，坚持了土地等生产资料的公有制和某些统一经营的职能；这种分散经营与统一经营相结合的经营方式具有广泛的适应性，既可以适应当前手工劳动为主的状况和农业生产的特点，又能适应农业现代化的要求。

（2）1984～1991 年，稳定和发展时期。中央又连续发出 3 个"一号文件"，开始关注农村、农业的具体发展问题，农村经济体制改革向纵深发展。家庭联产承包责任制得到稳定，改革全面转入农业产业结构调整和农产品、农业生产资料流通领域，并进行了土地流转的探索和实践。连续 5 年的中央"一号文件"都是关于农村政策的，在中国农村改革史上成为专用名词——"五个'一号文件'"。1984 年，中央文件强调要继续稳定和完善联产承包责任制，延长土地承包期。② 为鼓励农民增加对土地的投资，规定土地承包期一般应在 15 年以上。是年中国粮食产量达到历史性的高峰，标志着家庭联产承包经营制度这一重大改革政策的成功，但也伴随着出现了第一次全国性的"卖粮难"的现象，家庭联产承包经营制度在思想上和实践中出现了波折和动摇。

针对这一现象，中央一方面提出调整农业产业结构，发展多种经营，并取消 30 年来农副产品统购派购的制度，将农业税由实物税改为现金税；③ 另一方面明确规定，以家庭联产承包为主的责任制、统分结合的双层经营体制，作为中国乡村集体经济组织的一项基本制度长期稳定下来，并不断加以完善。"这种双层经营体制，在统分结合的具体内容和形式上有很大的灵活性，可以容纳不同水平的生产力，具有广泛的适用性和旺盛的生命力。是集体经济的自我完善和发展，决不是解决温饱问题的权宜之计，一定要长期坚持，不能有任何的犹豫和动摇。"④ 针对农业面临的停滞、徘徊和放松倾向，中央强调要进一步摆正农业在国民经济中的地位。⑤ 1987 年在农村改革面临进退两难选择的时候，中央决定建立农村改革试验区，土地制度是主要的试验项目。1988 年 4 月，第七届全国人大常委会对 1982 年的《宪法》修正案规定："任何组织或者个人不得侵占、买卖或者以其他

① 中共中央《当前农村经济政策的若干问题》，1983 年 1 月。
② 中共中央《关于一九八四年农村工作的通知》，1984 年 1 月。
③ 中共中央、国务院《关于进一步活跃农村经济的十项政策》，1985 年 1 月。
④ 中共中央十三届八中全会《关于进一步加强农业和农村工作的决定》。
⑤ 中共中央、国务院《关于 1986 年农村工作的部署》，1986 年 1 月。

形式非法转让土地。土地的使用权可以依照法律的规定转让。"这一宪法修正，为土地转包从理论走进实践奠定了法律依据，进一步发展了这一阶段土地政策的内涵。农村土地承包制度使得土地的所有权与经营权相分离，但是农村集体建设用地使用权的可流转性一直没有得到确定，农村集体建设用地使用权的流转立法基本处于被限制状态。

（3）1992～1999年，稳定和深化时期。1992年，邓小平南方谈话和党的十四大的召开，极大地解放了人们的思想，农村经济发展又进入了一个新高潮。伴随着中国开始社会主义市场经济的探索，传统的农村经济也开始向现代市场经济转变。邓小平南方谈话对农村土地政策进一步指出："即使没有新的主意也可以，就是不要变，不要使人们感到政策变了。"稳定和深化家庭承包经营制度成为这一时期农村土地政策的主题。同年，国务院还印发了"关于发展房地产业若干问题的通知"，规定集体所有土地需先行征用转为国有土地后才能出让，国有土地垄断了建设用地一级市场，集体建设用地使用权依法流转的道路尚未真正开通。农村集体经济组织可以以集体所有的土地资产作价入股，但集体土地股份不得转让。造成这种局面的原因在于国家对国有土地和集体所有土地用途上的定位：国有土地主要用于建设，而农民集体所有的土地主要用于农业耕作，非农业建设仅是例外。

中央指出，要使家庭承包经营为主的责任制长期稳定，并不断深化，必须将其纳入法制的轨道；依法管理农村承包合同，这是稳定和完善家庭联产承包经营制度的重要保证。① 1993年4月，八届全国人大再次对《宪法》进行修正，将"家庭承包经营"明确写入《宪法》，使其成为一项基本国家经济制度，从而解决了多年来人们对家庭联产承包经营制度的争论。党中央和国务院进而规定"在原定的耕地承包期到期之后，再延长30年不变"，② 进一步稳定和完善土地承包政策。为了切实稳定家庭联产承包经营制度，中央提出了相应的对策和要求，指出"要通过强化农业承包合同管理等一系列措施，使农村的土地承包关系真正得到稳定和完善"，③ 并对合同严肃性、土地承包期、经营权流转、农民负担和权益等方面做出了规定。在第一轮土地承包即将到期之前，中央再一次宣布，④ 土地承包期再延长30年不变，提出"大稳定、小调整"；及时向农户颁发土地承包经营权证书；整顿"两田制"，严格控制和管理"机动地"，规定所占耕地总面积的比例一般不超过5%；并对土地使用权的流转制度做出了具体规定。同年，

---

① 国务院批转农业部《关于加强农业承包合同管理意见》的通知，1992年9月。
② 中共中央、国务院《关于当前农业和农村经济发展的若干政策与措施》，1993年11月。
③ 国务院批转农业部《关于稳定和完善土地承包关系意见的通知》，1995年3月。
④ 中共中央、国务院《关于进一步稳定和完善农村土地承包关系的通知》，1997年8月。

政府还发布了"关于当前农业和农村经济发展和若干政策措施",规定在坚持土地集体所有和不改变土地用途的前提下,经发包方同意,允许土地的使用权依法有偿转让。对后来国家放宽土地流转的相关政策具有一定的预见性。1997 年 9 月,中国共产党十五次全国代表大会报告中对"三农"问题的阐述,为农村土地政策的发展指明了方向。1998 年,"土地承包经营期限为 30 年"的土地政策上升为法律,① 稳定承包关系具有了法律的保障。同年 10 月,中国共产党第十五届三中全会决定② "长期稳定农村基本政策",第三次提出坚定不移地贯彻"土地承包再延长 30 年"的政策,土地使用权的合理流转,要坚持自愿、有偿的原则依法进行,不得以任何理由强制农户转让;同时也指出,少数确实具备条件的地方,可以在提高农业集约化程度和群众自愿的基础上,发展多种形式的土地适度规模经营。1999 年,延长土地承包期的工作已进入收尾阶段,中央对土地延包工作作了进一步的规定,③ 第四次提出承包期延长 30 年,并且要求承包合同书和土地承包经营权证"一证一书"全部签发到户,实行规范管理,确保农村土地承包关系长期稳定。从 1979 年至 1998 年,是限制集体建设用地流转阶段。

　　(4) 2000 年至今,完善和法制化时期。2000 年,中央《关于制定国民经济和社会发展第十个五年计划的建议》指出,要加快农村土地制度法制化建设,长期稳定以家庭承包经营为基础、统分结合的双层经营体制。此后,农村土地政策的法制化建设进入了快车道。进入 21 世纪,国家土地管理制度日益强化,各种必要法律法规逐步制定与完善。建立"世界上最严格的土地管理和耕地保护制度"成为中国政府追求的目标。2002 年 8 月,《中华人民共和国农村土地承包法》公布,明确规定了农村土地承包采取农村集体经济组织内部的家庭承包方式;国家依法保护农村土地承包关系的长期稳定,标志着从法律上规定了未来一段时期内农村土地产权政策的基本走向。2003 年,印发了"中共中央、国务院关于做好农业和农村工作的意见"规定各地要制定鼓励乡镇企业向小城镇集中的政策,通过集体建设用地流转、土地置换、分期缴纳土地出让金等形式,合理解决企业进镇的土地问题。随之,《中华人民共和国农村土地承包经营权证管理办法》(2004 年)、《中华人民共和国农业技术推广法》(2004 年)、《中华人民共和国农业法》(2004 年)、《农村土地承包经营权流转管理办法》(2005 年)等一系列相关法律法规公布实施。2004～2007 年,中央再一次连续四年以"一号文件"的形式发布了有关"三农"问题政策的意见。

---

① 第九届全国人大第十次会议《土地管理法》修订案,1998 年 8 月。
② 中共十五届三中全会《中共中央关于农业和农村工作若干重大问题的决定》,1998 年 10 月。
③ 中共中央、国务院《关于做好 1999 年农村和农业工作的意见》,1999 年 1 月。

其中,有关土地相关政策方面的规定指出,加快土地征用制度改革,严格遵守对非农占地审批权限和审批程序,严格执行土地利用总体规划;严格区分公益性用地和经营性用地,明确界定政府土地征用权和征用范围,严格区分公益性用地和经营性用地这一举措能有效加强对土地使用的监管,防止政府及其他组织滥用征收权,避免类似美国"凯洛案"等相关事件的发生。完善土地征用程序和补偿机制,提高补偿标准,改进分配办法,妥善安置失地农民,提供社会保障;积极探索集体非农建设用地进入市场的途径和办法。①

2006 年印发了"中共中央、国务院推进社会主义新农村建设的若干意见",强调要充分发挥市场配置资源的基础性作用,推进征地、户籍制度改革,逐步形成城乡统一的要素市场,增强农村经济发展活力。2008 年,党的十七届三中全会决定改革征地制度,严格界定公益性和经营性建设用地,逐步缩小征地范围,完善征地补偿机制,在土地利用规划确定的城镇建设用地范围外,经批准占用农村集体土地建设非公益性项目,允许农民依法通过多种方式参与开发经营并保障农民合法权益。2013 年,党的十八届三中全会决定,建立城乡统一的建设用地市场,在符合规划和用途管制前提下,允许农村集体经营性建设用地出让、租赁、入股,实行与国有土地同等入市,同权同价。2005 年以来,中央加大力度调整国民收入分配格局,扎实推进社会主义新农村建设,将农田水利设施建设作为农村基础设施建设的重要内容,建设标准农田;坚决落实最严格的耕地保护制度,切实保护基本农田,保护农民的土地承包经营权;加强宅基地规划和管理,大力节约村庄建设用地强化。②③ 土地管理制度得到了空前的强化。这一大时期又可分为两个阶段:从 1999 年至 2006 年是集体土地流转的政策松动阶段,从 2006 年至今则是探索集体建设用地直接入市的阶段。

3.2.2 农村土地制度变迁的特征

从中国农村土地制度变迁过程中不难发现,中国农地制度变迁呈现以下特征:

一是变迁方式的多样性。新中国成立以来,中国农村土地制度先后经历了多种变迁方式:强制性激进式—强制性渐进式—诱致性激进式—诱致性渐进式。新中国成立后,国家靠强大的专政力量采用强制性激进式的土地制度变迁方式,有力地将统治中国几千年的封建地主土地所有制转变为农民土地所有制。这种"暴

① 中共中央、国务院《关于促进农民增加收入若干政策的意见》,2004 年 1 月。
② 中共中央、国务院《关于进一步加强农村工作提高农业综合生产能力若干政策的意见》,2005 年 1 月。
③ 中共中央、国务院《关于推进社会主义新农村建设的若干意见》,2006 年 1 月。

风骤雨"式的变迁迅速地将新制度安排好并发挥了巨大的作用，降低了寻租机会，节约了制度变迁成本。把农民土地私有制转变为农村土地集体所有制采用的是分步推进的强制性渐进式变迁方式，经历了互助组—初级社—高级社—人民公社等阶段，每个阶段的变迁则是激进式变迁方式。农民土地私有制转变为农村土地集体所有制的过程采用了"强制性＋渐进式"这一组合模式，从而使得变革相对比较温和而又有力，既保证了国家意志的执行，又给国家留有时间对一定阶段的主体土地制度进行边际调整；制度安排有一定的调整余地，就避免了剧烈震荡，农民也有一定的时间来适应，从而减少了农民对新制度的抵制和制度安排的摩擦。

1978 年以来的农村土地制度改革则是诱致性制度变迁方式。其中，在家庭联产承包责任制的确立上体现了激进性质，而制度体系的其他配套制度则采取诱导性制度来逐步完善。自下而上的变革，使制度实施的阻力小，实施成本低；制度安排的可逆性大，便于制度修正和调整，是一种较为理想的制度变迁组合模式。该制度完全确立后转变为渐进式方式，通过农民内生的制度需求，来渐进地、缓慢地推动制度改革。因这一制度改革是强度较小的需求诱导性的，因而制度变迁的速度也较慢。

这一变迁方式也存在很大缺点：由于农村家庭责任制初期实施所产生的巨大制度绩效，使国家忽视了核心制度的再创新，这反过来又加大了制度供需缺口。虽然国家不断制定政策进行边际调整，但效果并不显著，问题依然存在，并且随着社会经济的发展，新问题不断显现。如不及时进行农村土地制度改革创新，便会逐渐步入供给陷阱。而土地制度变迁强度不够，变迁时间过长，使"搭便车"和利益集团寻租的机会增多，制度变迁成本加大。变迁成本向后累积推移，而且越往后越高，必然使矛盾和问题呈现积累态势。

二是理论和实践阶段划分的一致性。中国学术界关于农村土地制度的理论研究和政府的土地制度改革实践，从其演变历程来看，基本上是对应的。改革开放以前 30 年左右的时间，是理论研究的第一阶段，制度实践的第一、二阶段。在这一阶段，学术界理论研究内容与政府政策实践呈现不相关；理论和实践的内容都是单一的，理论研究表现纯学术性，鲜有与实践结合的文献，而制度实践深受苏联土地制度实践模式和政治制度的影响，短暂的农民土地私有转为单一的"一大二公"模式。该时期的政治氛围与对同期制度实践模式相左的讨论是不相容的，这可能是理论研究与实践相脱节的主要原因。

1978～1980 年是中国农村土地制度理论研究与实践的转折。20 世纪 70 年代末开始的农村经济体制改革，其核心内容就是农村土地制度的变革。中国现行的农村土地制度就是对那一时期所建立的家庭承包经营制度的继续和深化。该阶段的国家土地政策调整经历了四个时期，学术界的理论研究也相应出现了四个高潮，理论研究主题与实践紧密结合起来。理论界表现出了由事后调查、事中跟踪到事前研究的研究倾向。

通过对理论与实践各阶段的对比可以看出，改革开放以前，中国用来指导其农村土地制度变迁与土地政策调整的理论积累来自苏联农村土地制度模式的实践经验和马克思关于制度变迁及所有制的理论，而未能充分考虑中国的历史国情、地理国情、生产力水平。20世纪80年代初至90年代初，理论界紧跟制度实践，做了大量调查研究，并且针对实践中出现的问题，提出有针对性的对策和建议，其中较为成熟的观点得以上升为国家意志。理论界徘徊在发现问题、解决问题的循环中，而土地制度在探索中前进。由于土地政策稳定性差，加上执行中的偏差，农民对土地政策缺乏信心和预期。由这一过程的事实可以看出，没有超前性理论积累的指导，就不会产生长期稳定的土地政策，因而也难以向有效率的制度安排方向变迁。90年代后，理论界在跟踪研究实践的同时，开始探索未来制度变迁的方向，着手进行农村土地制度变迁方面的理论储备。这进而推动了土地政策的法制化进程。土地政策的法制化是土地制度成熟的重要标志，也是一个社会逐渐成熟的标志，但在理论研究积累不足的情况下，过快的法制化，反而会使政策固化，阻碍制度的变迁。

3.2.3 农村土地制度安排的不同观点

在现行农地制度安排下，中国农地产权实际包括所有权、承包权以及使用权，如何对这几种权利进行制度安排创新，众多的学者提出了很多不同的观点。

关于农地所有权制度。一是私有论。持这种观点的人认为，承包制无助于激发农民的长期投资愿望，因而其效率只能是越来越低，解决这一问题的根本办法是实行土地私有制。土地私有化可以加速土地的流动和集中（廖洪乐，1998）。[①]童英贵（2002）认为，正如两千年前孟子所言。"无恒产则无恒心"，产权不清晰的财产不会得到尊重和珍惜；产权不清晰的财产不会得到尽心的管理；产权不清晰的财产必然会遭到短期化行为的破坏。[②] 二是国有论。这一观点主要基于：一是土地资产的特殊性，二是中国国情的特殊性，实行国有化可以满足有效保护和高效利用现有农地资源。与国有化相联系的是给予农民长期的使用权，实行国

---

① 廖洪乐. 农村改革试验区的土地制度建设试验［J］. 管理世界，1998（2）：215－217.
② 童英贵. 中国农村研究网权，2003（1）：14－25.

有永佃制。这样既有利于国家直接管理土地，也有利于安定民心（廖洪乐，1998）。[①] 张德元（2005）提出，为使《农村土地承包法》的立法精神得到彻底贯彻，应该在实行土地国有化的基础上，以国际通行的永佃权来替代农民的"承包经营权"，在国家和农民之间，建立一种符合市场经济规律的新型社会主义土地租佃制度。[②] 三是多重所有权论。綦好东（1998）认为，合股所有是对传统土地集体产权制度改造的最佳选择，完成这种改造的关键是重塑产权主体。要在共同占有的条件下承认农民对农地资产的部分所有权，具体设想是：将土地资产折合成股份，划分公股和个人股两大部分；设立土地股份合作社；集体股的持有者是社区自治组织——村民委员会；土地股份合作再提取公积金。[③] 蔡继明（2003）建议，农地所有制多元化，应采取如下的原则及过渡措施：首先，将原国家、集体所有的土地划出一部分所有权归农民，使国家、集体所有的土地转化为国家、集体、农民所有，从而使我国的整个土地所有制形成多元化的格局。农民拥有了比较完整的土地所有权，成为土地的直接所有者，不再像以往那样只能作为土地的间接所有者。这样的土地所有权是明确的，所有者和其法人代表一般都是统一的。[④] 四是集体所有论。持此观点的人认为，土地国有和私有化都不可行。实行土地国有，一方面国家没有足够的财力赎买集体的土地，另一方面可能形成对农民的剥夺。实行私有制则受我国现有的政治经济制度的制约，是行不通的，而且也会阻碍土地的流转和集中。

　　农地所有权属集体所有，但对于集体所有权主体如何界定又有不同的看法。一种观点是维持集体所有制不变，将土地所有者主体由法律确定为村民小组。[⑤] 张红宇（1998）提出，将土地所有权界定到村民小组，在无村民小组的社区界定为行政村，而在由行政村行使土地承包的前提下，农户承包的土地区域范围应与村民小组相对应。[⑥] 许经勇（1999）认为，根据我国的实际情况，可以考虑将村民界定为农村集体土地的产权主体，以村民小组作为"集体"边界，保留村民小组对土地分配调整及其他处分权。[⑦]

　　关于农地的承包经营权。目前变农地承包经营者的债权性质为物权，已经成为法学界和农经学界的基本共识。许经勇（2009）提出，土地承包经营权作为一

① 廖洪乐. 农村改革试验区的土地制度建设试验 [J]. 管理世界，1998（2）：215–217.
② 张德元. 实行土地国有化赋予农民永佃权 [J]. 经济管理文摘，2003（2）：25–27.
③ 綦好东. 论我国农地产权结构调整与演进的目标 [J]. 经济体制改革，1998（1）：120–124.
④ 蔡继明. 土地所有制度应该多元化 [Z]. 中华工商时报，2003–03–17.
⑤ 晓静. 我国农村土地制度改革研究综述 [J]. 江西财经大学学报，2003（4）：217–219.
⑥ 张红宇. 中国农村土地产权政策：持续创新——对农村使用制度变革的重新评判 [J]. 管理世界，1998（6）：215–217.
⑦ 许经勇. 中国农村经济制度变迁六十年研究 [M]. 厦门：厦门大学出版社，2009 年.

种新的物权。应当用法律的形式予以确认，承包使用权不可独立存在，与其他物权一样，承包权在市场经济条件下必然表现为一种具有交换价值的资本。土地承包合作期限越长，土地承包权对所有权的分割程度越高，使农民由单一的田面耕作权演化为实际上的占有权、使用权、剩余产品的分配权及有条件的处分权。① 把农户对土地的单一的使用权拓展到占有、使用、收益和处分（转让、出租、入股、抵押）四权统一的承包经营权。

关于农地使用权。目前不少研究者都提出明确农地产权主体，赋予农民家庭长期稳定的土地使用权或完整的农地使用权，是解决问题的关键，但不同研究者的出发点、具体设想也有很大的不同。王西玉（1998）认为，农民的土地使用权应长期化，逐步切断人口变化与土地的联系，引入市场机制，培育农地使用权市场，利用地租、地价等经济杠杆调节土地供给，② 另有学者指出（《改革内参》，1998.19），中央政府更强有力地介入农地产权界定权的争夺过程，并限定土地经营规模。郑碧玲（1999）提出，以体制创新完善土地使用权的市场化流转速度。③

3.2.4 农村土地产权的特征

3.2.4.1 农民土地权利是层次分明、结构有序的一束权利

权益是权力和利益的简称。农民土地权利是层次分明、结构有序的一束权利（王景新，2005）。从法律制度和现行角度来看，农民土地权利是一个权利束。农民作为一个集体时，应该拥有土地所有权；家庭承包和其他方式承包的土地，农民分别拥有占用、使用、处分、收益、继承、转让、出租、入股、抵押等多项权利。

一是土地集体所有实质上是农民共有，这是集体成员获得一束土地权利的基础。按照《中华人民共和国宪法》第十条第一款规定："农村和城市郊区的土地，除由法律规定属于国家所有的以外，属于集体所有；宅基地和自留地、自留山，也属于集体所有。"《土地管理法》第八条规定："农村和城市郊区的土地，除由法律规定属于国家所有的以外，属于农民集体所有；宅基地和自留地、自留山，属于农民集体所有。"集体所有权又称劳动群众集体组织所有权，是集体组

---

① 许经勇. 中国农村经济制度变迁六十年研究 [M]. 厦门：厦门大学出版社，2009 年.
② 晓静. 我国农村土地制度改革研究综述 [J]. 江西财经大学学报，2003（4）：135 – 137.
③ 郑碧玲. 试析有中国特色的渐进式市场经济制度创新 [J]. 计划与市场，1999（3）：89 – 91.

织对其财产享有的占有、使用、收益、处分的权利。集体组织所有权是劳动群众集体所有制在法律上的表现。集体所有权的主体多种多样：既包括农村中的村集体经济组织、合作社、乡镇企业等，还包括城市中的城镇集体企业、合作社等。《土地管理法》第十条规定："农民集体所有的土地依法属于村农民集体所有的，由村集体经济组织或者村民委员会经营、管理；已经分别属于村内两个以上农村集体经济组织的农民集体所有的，由村内各该农村集体经济组织或者村民小组经营、管理；已经属于乡（镇）农民集体所有的，由乡（镇）农村集体经济组织经营、管理。"

农村社区集体所有制表现为农民集体所有权，应采取农村社区全体成员所有的形式，包括村民小组范围全体集体成员所有权、村范围的全体集体成员所有权、乡范围内的全体集体成员所有权。也就是说，农村社区集体所有权的主体分别是村民小组全体成员，村内全体集体成员，乡内全体集体成员。城镇社区集体所有制表现为城镇社区集体所有权，其主体应是城镇的社区居民的自治组织，主要是指城镇的街道办事处和居民委员会，各类专业集体经济组织范围的集体所有制表现为专业集体经济组织所有权，其主体是各类专业集体经济组织。集体土地所有权也可以划分为股份，由集体内成员平均持有；土地承包权可以资本化、股份化，土地承包权作为资本，可以参与社会资本重组，组建股份合作制企业。这样既符合国家《宪法》，也符合《土地管理法》的基本精神。

二是土地承包经营权是物权而不是债权。《民法通则》不是在"债权"一节中而是在"财产与财产所有权有关的财产权"一节阐述了土地承包经营权的。《民法通则》第八十条第二款规定："公民、集体依法对集体所有的或者国家所有由集体使用的土地的承包经营权，受法律保护。承包双方的权利和义务，依照法律由承包合同规定"；第八十一条第三款规定："公民、集体依法对集体所有的或者国家所有由集体使用的森林、山岭、草原、荒地、滩涂、水面的承包经营权，受法律保护。"这是《民法通则》把承包经营权当作物权看待的具体体现。按照《土地承包法》第十六条规定："承包方享有下列权利：依法享有承包地使用、收益和土地承包经营权流转的权利，有权自主组织生产经营和处置产品；承包地被依法征用、占用的，有权依法获得相应的补偿"；第二十条规定："耕地的承包期为三十年。草地的承包期为三十年至五十年。林地的承包期为三十年至七十年；特殊林木的林地承包期，经国务院林业行政主管部门批准可以延长"；第三十一条规定："承包人应得的承包收益，依照继承法的规定继承"；第四十九条规定："通过招标、拍卖、公开协商等方式承包农村土地，经依法登记取得土地承包经营权证或者林权证等证书的，其土地承包经营权可以依法采取转让、出租、入股、抵押或者其他方式流转"；第五十条规定："土地承包经营权通过招标、拍卖、公开协商等方式取得的，该承包人死亡，其应得的承包收益，依照继承法的规定继承；在承包期内，其继承人可以继续承包"。

三是宅基地使用权是农民一项重要的财产权。农村宅基地使用权是使用权人占有、使用集体所有的土地在该土地上建造住房及其他附着物的权利，是农民一项重要的财产权利。按照《中华人民共和国物权法》第一百五十二条规定："宅基地使用权人依法对集体所有的土地享有占有和使用的权利，有权依法利用该土地建造住宅及其附属设施"；《土地管理法》第六十二条规定："农村村民一户只能拥有一处宅基地，其宅基地的面积不得超过省、自治区、直辖市规定的标准"。由此可见，农民宅基地使用权是受法律保护的，任何单位或个人都不得侵犯，农民有权在法律许可的范围内，以各种方式行使宅基地使用权，实现其财产权益。

3.2.4.2 农民土地承包权是政治、经济和社会权利的综合体现

新型城镇化进程中赋予农民什么内容的土地权利，直接表明我国的土地制度设计的价值取向，关系到农民权利能否得到应有的保障。土地权益的保护已经超出了农民问题的范畴，它在很大程度上决定着在新型城镇化的进程中能否真正树立人的城镇化的理念，决定着农民能否真正享受到现代化和改革的成果，进而关系到社会的和谐稳定及小康社会的实现。

我国的土地承包权实际上是集体成员政治权利、经济和社会权利的综合体现。体现在政治权利上，无论年龄大小、贡献多少，凡是拥有农村集体的户籍，就可以平等地拥有一份土地承包权。土地承包权是农民获得民主权利的基础。为此《土地承包法》第五条规定："农村集体经济组织成员有权依法承包由本集体经济组织发包的农村土地。任何组织和个人不得剥夺和非法限制农村集体经济组织成员承包土地的权利"；第六条规定："农村土地承包，妇女与男子享有平等的权利"；第七条规定："农村土地承包应当坚持公开、公平、公正的原则"。尽管法律并没有界定"成员权"，但法律和事实上集体成员权都是存在的。

体现在经济权利上，土地是农民最基本的生产资料，也是农民最主要的经济收益来源；土地还承担着农民社会保障的功能，是农民重要的"避风港"。《土地承包法》第十六条第一款就承包方享有的权利规定：农民"依法享有承包地使用、收益和土地承包经营权流转的权利，有权自主组织生产经营和处置产品"；第二款规定："承包地被依法征用、占用的，有权依法获得相应的补偿"。同时承包方还有对承包的土地拥有获得经济受益的权利，如《土地承包法》第三十九条

规定："承包方可以在一定期限内将部分或者全部土地承包经营权转包或者出租给第三方"。

体现在社会权利上，土地承包经营权有利于稳定乡村结构、提高农民的社会归属感。有产阶级的广泛存在，是一个社会稳定的基础，这已经是政治学的共识。农民的土地财产权越是得到尊重，就越有利于农村社会的稳定（党国英，2014）。现实中，农民取得集体的户籍与获取土地承包权互为因果。在村社之间迁徙是以获得土地为前提的；拥有改村的房产并不等于拥有该村的户籍，但享受该村土地承包权，一定是或可以取得该村户籍，说明土地承包权是维系乡村社会稳定结构的最重要的纽带。

3.3　农村土地征收制度改革

3.3.1　征地的概念及其法律特征

何为征地？《宪法》第十条对征地这样概念作了明确的界定："国家为了公共利益的需要，可以依照法律规定对土地实行征收或者征用并给予补偿。"《土地管理法》第二条也做了规定："国家为公共利益的需要，可以依法对土地实行征收或者征用并给予补偿。"

从上述规定可以看出，征地具有以下法律特征：（1）征地主体的确定性；（2）征地目的的明确性；（3）征地行为的强制性；（4）征地补偿的合理性。

3.3.2　农村土地征收制度的历程回顾

中国现行的征地制度发端于计划经济时代，其历史可追溯到新中国成立初期，目前已初步形成以《宪法》为基础、以《土地管理法》及相关条例为中心的征地制度法律体系。从制度演进来看，目前征地制度的几大基本原则都来自于计划经济时代[①]颁布的法律法规，虽然有一些小的调整，比如征地补偿提高、土地审批权限上移等等，但是基本的制度框架没有改变。浙江大学房地产研究中心，浙江大学公共管理学院田传浩、杨鸿、周佳（2010）在《中国征

---

① 1982 年已经进入从计划经济向市场经济转型时期，但是城市土地市场和房地产市场还远远没有形成。

地制度：历史演变、现实问题与改革方向》一文中对我国农村土地征收制度改革进程进行了详尽的梳理。如表 3 - 1 所示。他们把我国征地制度改革进程划分为新中国成立初期的征地制度、去私有化阶段的征地制度和市场经济转型下的征地制度三个阶段：

表 3 - 1　　　　　　　　征地制度的基本规则及其法规来源

	基本原则	最早的法律规定	时间
用途原则	市政建设需要和其他需要原则	《城市郊区土地改革条例》	1950 年
	公共利益原则	《中华人民共和国宪法》	1954 年
补偿原则	政府定价原则	《土地改革法》	1950 年
	规定补偿上限	《关于国家建设征用土地办法》	1953 年
	保障被征地者收入和水平不下降	《国家建设征用土地条例》	1982 年
审批权限	分级审批制度	《国家建设征用土地条例》	1982 年

第一阶段：新中国成立初期的征地制度。1949 年 10 月 1 日中华人民共和国成立，此时民族资产阶级还是中国共产党的同盟军，私有制仍然受到保护。土地改革是当时土地制度的中心，在农村，土地作为生产资料进行重新分配，广大贫下中农第一次"无偿"地获得了土地所有权，这也使得随后的征地变得容易——既然土地是在国家政权的力量下无偿分配的，当国家需要时，也可以较低的代价征收和征用。土地改革从根本上动摇了中国人对财产权的信心，也挖掉了公民政治权利的财产权基础（杨小凯，2003）。

1950 年，新中国第一次在《土地改革法》第二章中提到了"土地的没收与征收"，不过《土地改革法》仅仅针对的是农村土地。对城市建设用地的征收与征用条例出现在 1950 年 11 月公布的《城市郊区土地改革条例》中，该条例对地主、工商业家以及学校、宗教团体等在城市郊区所拥有的农业土地全部进行征收，全部归国家所有，由当地地方政府管理。条例第十三条说明了征地："国家为市政建设及其他需要收回由农民耕种的国有土地时，应给耕种该项土地的农民以适当的安置，并对其在该项土地上的生产投资（如凿井、植树等）及其他损失，予以公平合理的补偿。"第十四条说明了征收情况："国家为市政建设及其他需要征用私人所有的农业土地时，须以适当代价，或以相等之国有土地调换之。"但是何谓公平合理补偿，何谓适当代价，并没有详细说明。

1953 年新中国出台了第一部专门针对"征地"的完整法规《关于国家建设征用土地办法》（以下简称《办法》）。《办法》第三条指出国家建设征用土地的基本原则是："既应根据国家建设的确实需要，保证国家建设所必需的土地，又应照顾当地人民的切身利益，必须对土地被征用者的生产和生活有妥善的安置。凡属有荒地、空地可资利用者，应尽量利用，而不征用或少征用人民的耕地良田。凡属目前并不十分需要的工程，不应举办。凡虽属需要，而对土地被征用者一时无法安置，则应安置妥善后再行举办，或另行择地举办。"由于我国是社会主义公有制国家，因此"国家需要"就等同于"公共利益"，而谁又能代表国家需要？这是中国大陆征地制度的起点，也是到现在为止讨论最多的一个话题。

对于被征地农民与居民的补偿，《办法》中采取了上限原则，指出"被征用土地的补偿费，在农村中应当由当地人民政府会同用地单位、农民协会及土地原所有人（或原使用人）或由原所有人（或原使用人）推出只代表评议上定制。一般土地以其最近三年至五年产量的总值为标准，特殊土地得酌情变通处理之。"由于"国家建设需要"太过含糊，而补偿标准过于低下，使得土地非农化速度加快，导致了土地低效利用的现象。

1954 年中华人民共和国制定第一部宪法，此时仍然承认私有制与公有制的并存，《宪法》第六条规定，"矿藏、水流，由法律规定为国有的森林、荒地和其他资源，都属于全民所有。"《宪法》第八条则指出，"国家依照法律保护农民的土地所有权和其他生产资料所有权。"第十三条规定，"国家为了公共利益的需要，可以依照法律规定的条件，对城乡土地和其他生产资料实行征购、征用或者收归国有。"毫无疑问，此时城乡地区都存在私人的土地所有权。

第二阶段：去私有化阶段的征地制度。随着社会主义改造的基本完成和第一个五年计划的成功，中国进入了去私有制阶段。在农村，从初级合作社、高级合作社到人民公社，农户的私人土地所有权、使用权和经营权被集体化，城市的私有住宅也通过上交、捐献、没收和征收等方式进一步被国有化。

随着农村土地由农户私有制变为社会主义集体所有制，为了适应国家建设的需要，处理由于土地审批相对宽松而导致的一些地方严重浪费土地现象及补偿不足问题，新中国又在 1958 年 1 月 6 日，在对原有 1953 年《关于国家建设征用土地办法》加以修订的基础上，重新颁布施行了《国家建设征用土地办法》。在安置失地农民方面强调了尽量以农业安置和就地安置为主。虽然《宪法（1954）》中已经指出必须为了"公共利益"才能征用、征购，然而 1958 年的《国家建设征用土地办法》中仍然延续了 1953 年关于征用的目的定义："国家兴建厂矿、铁路、交通、水利、国防等工程，进行文化教育卫生建设、市政建设和其他建设，需要征用土地的时候"，就可以征用土地。这里，"市政建设"与"其他建设"为一个可以无限定义和解释的广阔空间。显然，国家与地方政府的需要，不论在法规中，还是在实际操作过程中，都已经是，并将继续成为公共利益的代表。

"文革"时期由于国内经济建设基本停滞不前，导致征地相关工作基本处于停顿状态。关于征地的法律法规变化也不大，城乡仍然存在集体所有、全民所有和私人所有的土地所有权。1975年《宪法》规定，中华人民共和国的生产资料所有制现阶段主要有两种：社会主义全民所有制和社会主义劳动群众集体所有制。第六条规定："矿藏、水流，国有的森林、荒地和其他资源，都属于全民所有。国家可以依照法律规定的条件，对城乡土地和其他生产资料实行征购、征用或者收归国有。"

1978年《宪法》第六条规定："矿藏，水流，国有的森林、荒地和其他海陆资源，都属于全民所有。国家可以依照法律规定的条件，对土地实行征购、征用或者收归国有。"这个条款清楚地说明，至少在到"文化大革命"行将结束的时候，我国城市土地还没有全盘属于国家所有。

第三阶段：市场经济转型下的征地制度。1978年十一届三中全会确定了改革开放的经济背景，经济建设成为中国政府关注的重中之重。农村家庭承包制的推行，将土地使用权与经营权还给了农户，农业生产与投资急剧上升，农地对农户的价值也显化出来。计划经济体制开始向市场经济体制转型，城市土地有偿使用制度与无偿划拨制度双轨并行，并逐渐取消无偿划拨制度，[①] 城市房地产市场也开始发育。随着经济建设的发展和城市土地市场与房地产市场的发育，大量新增建设项目增多，土地的价值逐渐显现。

为了慎重处理在社会经济关系调整过程中特别是在农村经济关系中由于征地所引起的土地关系调整，1982年5月14日国务院制定并颁布了《国家建设征用土地条例》，此时所依据的仍然是1978年宪法，但是仅仅针对集体征地。由于路径依赖的作用，原有的征地制度并没有发生根本性的改变，但是由于农地价值上升，征地补偿标准也随之上升。《条例》第一次明确规定，征用土地的补偿费的制定原则是"保障被征地者的收入和生活水平不下降"，并规定征地补偿包括土地补偿费、青苗补偿费、土地附着物补偿费以及农业人口安置补偿费，与以前相比，适当地提高了补偿标准。其中，土地补偿费为被征耕地年产值的3～6倍，安置补助费为被征耕地年产值的2～3倍，最高不得超过10倍，土地补偿费与安置补助费之和最高不得超过被征土地年产值的20倍。[②] 对农村剩余劳动力的安置

---

① 1988年4月12日，第七届全国人民代表大会第一次会议根据我国土地使用制度改革的需要，通过了《中华人民共和国宪法修正案》，将宪法第十条第四款"任何组织或者个人不得侵占、买卖、出租或者以其他形式非法转让土地"修改为"任何组织或者个人不得侵占、买卖或者以其他形式非法转让土地。土地的使用权可以依照法律的规定转让"。修改过的宪法条款为我国土地市场的建立提供了法律依据。

② 有学者推断，20倍的补偿标准是因为当时的银行存款年利率为5%左右，根据收益还原法计算出来。

途径也做出了相应调整,主要有:就地农业安置,乡村企业安置,迁队或并队安置以及农转非——集体或国有企业安置等。由于当时的城乡隐性差距很大,能够农转非或者解决就业问题对农民而言是非常合算的交易,因此虽然征地补偿不高,也没有激发大的社会矛盾。《条例》第八条还首次提出了征地审批权限的问题,并且指出不能"化整为零"来进行征地报批。

很显然,当时中央已经意识到地方政府可能采取"化整为零"的方式突破征地审批权限的可能性,虽然以后的"征地审批权限"法律规范一改再改,现实操作过程中地方政府的违规现象仍然屡禁不止。究其根本原因,在于地方政府与中央政府在此问题上的利益不一致。对于地方政府而言,经济发展与城市化、工业化紧密相连,而城市化、工业化需要大量土地。相比而言,通过征用新增建设用地比旧城改造成本低得多,因此,农村土地的非农化速度也十分快捷。这造成了农地(尤其是耕地)的急剧减少,同时也导致了土地的低效利用。

随着民营经济的发展和国有企业改革进程的加快,大量的企业改制、兼并和破产,使得原来的劳动力安置途径基本上被堵死,失地农民变成了无就业、无保障、无耕地的"三无"人员,潜在的社会矛盾加剧。为了延缓耕地非农化的速度,保障被征地农民的利益,1998 年第九届全国人民代表大会常务委员会第四次会议对 1986 年《土地管理法》做出了全面修订,对征地制度做出了较大调整。除了随着经济水平的提高相应提高补偿标准,土地补偿费与安置补助费之和最高由不得超过被征土地年产值的"20 倍"改为"30 倍"(第四十七条)。将原有征地五级审批制改为中央级省级两级审批制(第四十五条)。

中国征地制度历史演变表明,我国征地制度的主要思路和框架都沿革于计划经济时代,在市场化转型的过程中,征地制度已经不能适应耕地保护、社会稳定的需要。财政分权体制下的地方政府竞争赋予了地方政府大规模征地的激励,而信息不对称使得中央政府难以有效地约束地方政府征地行为。随着工业化、城镇化步伐的加快,我国农村土地征收制度改革一直在不断探索,改革在不断深化。(1) 1999年 6 月 ~2001 年 8 月。前期理论研究及调查研究,形成《征地制度改革试点总体方案》。(2) 2001 年 8 月 ~2002 年 3 月。理论研究的同时,启动第一批征地制度改革试点(9 个城市),修改《征地制度改革试点总体方案》。(3) 2002 年 3月 ~2002 年 12 月。理论研究的同时,启动第二批征地制度改革试点(10 个城市),进一步深入调研,形成两大系列调研成果,并进一步修改《征地制度改革试点总体方案》。(4) 2003 年,试点情况调研及分析,起草关于征地制度改革的中央政策性文件,启动《土地管理法》修改工作。(5) 2004 年 10 月,发布《国务院关于深化改革严格土地管理的决定》,改进现行征地制度。

3.3.3 农村土地征收制度的缺陷

对于征地制度的缺陷，许多学者都做了深入的探讨，归纳起来大体有以下几个方面：

一是征地制度的宪法基础存在矛盾。1982 年的宪法是现行征地制度的基本依据，此后宪法的修改主要通过修正案的形式进行，没有进行大的调整。重要的是，1982 年《宪法》第十条规定，"城市的土地属于国家所有。农村和城市郊区的土地，除由法律规定属于国家所有的以外，属于集体所有；宅基地和自留地、自留山，也属于集体所有。国家为了公共利益的需要，可以依照法律规定对土地实行征用。任何组织或者个人不得侵占、买卖、出租或者以其他形式非法转让土地。"根据当时宪法修正案的说明，"草案第 10 条中原来是把镇的土地和农村、城市郊区一律看待（就是作为集体土地看待）"。讨论中有人指出，全国各地情况不同，有些地方镇的建制较大，今后还要发展，实际上是小城市。因此删去了有关镇的规定。就是说，建制较大的镇的土地，将来也属于国有，而不再是农民集体所有。

"城市土地属于国有"含义，不但是"全部现存城市土地属于国家"，而且是"所有将成为城市的土地全部属于国家"。后者既包括现有城市向其郊区和周围农村的扩展，也包括从原农村、小城镇和郊区形成的新城市（周其仁，2004）。不仅包括道路、桥梁、市政公共设施等公共用地，还包括城市住宅、商业、写字楼、工业开发区等经营性用地。

然而，宪法中还强调了征地的"公共利益"，如果仅仅强调宪法基础，"公共利益"与"城市土地属于国家"相互冲突，下位法和地方政府会根据自己的需要来进行选择。但是在地方政府的征地激励下，实践操作过程中"城市土地属于国家"成为地方政府的优先选择。"公共利益"征地这一条款就显得无用。毕竟沿着传统的计划体制转型，哪些国家和地方政府需要又不是"公共利益"[①] 呢？

1998 年的《土地管理法》首次指出，"任何单位和个人进行建设，需要使用土地的，必须依法申请使用国有土地"[②]。显然，下位法也采用了"城市土地属于国家"的宪法解释。

---

① 何谓公共利益至今仍然争论不休。最新的研究认为，公共利益必须是所有理性的个人通过公开的讨论所形成的共识（哈贝马斯，2000，2004）。然而当这种前提不存在的时候，公共利益又如何探寻？

② 兴办乡镇企业和村民建设住宅经依法批准使用本集体经济组织农民集体所有的土地的除外（第四十三条）。

　　二是征地范围过宽，没有体现"公共利益"的需要。法律未明确界定"公共利益"的范围，土地征收超出"公共利益"的范畴。针对这个问题，周其仁（2004）指出，中国征地制度的根源在于1982年颁布的宪法修正案，其中"城市的土地属于国家所有"（第10条）这一条款意味着所有未来的城市土地都属于国有，从而造成了征地范围过宽的困境。这个理论隐含的推论是，如果对《宪法》相应的条款以及对应的其他法规中的条款进行修改，就可以从根本上解决征地制度问题。具体体现在：（1）《土地管理法》第四十三条规定，任何单位和个人进行建设，需要使用土地的，必须依法申请使用国有土地。前款所称依法申请使用的国有土地包括国家所有的土地和国家征收的原属于农民集体所有的土地。（2）国家垄断建设用地一级市场。《土地管理法》第四十三条规定：任何单位和个人进行建设，需要使用土地的，必须依法申请使用国有土地；但是，兴办乡镇企业和村民建设住宅经依法批准使用本集体经济组织农民集体所有的土地的，或者乡（镇）村公共设施和公益事业建设经依法批准使用农民集体所有的土地的除外。（3）缺乏土地征收目的合法性的审查机制。土地征收申请批准前，事前审查土地征收被批准后，救济机制及事后审查。

　　三是征地补偿标准偏低，难以反映土地的价值。征地补偿标准偏低。《土地管理法》第四十七条规定：征收土地的，按照被征收土地的原用途给予补偿。征收耕地的补偿费用包括土地补偿费、安置补助费以及地上附着物和青苗的补偿费。土地补偿费：前3年平均年产值的6~10倍；安置补助费：前3年平均年产值的4~6倍；地上附着物和青苗的补偿费：如实补偿。土地补偿费和安置补助费，尚不能使需要安置的农民保持原有生活水平的，经省、自治区、直辖市人民政府批准，可以增加安置补助费。但是，土地补偿费和安置补助费的总和不得超过土地被征收前3年平均年产值的30倍。征收其他土地的土地补偿费和安置补助费标准，由省、自治区、直辖市参照征收耕地的土地补偿费和安置补助费的标准规定。被征收土地上的附着物和青苗的补偿标准，由省、自治区、直辖市规定。一般情况：建设用地：耕地的50%；木利用地：耕地的20%左右。我国东部地区一般耕地的年产值800元左右计算，就是按最高的30倍来补偿，也不过每亩2万多元。实际工作中，由于年产值不确定，倍数标准存在较大幅度，政府往往在法定范围内压低征地补偿费用。基本设施建设用地补偿标准更低（平均1万/亩~1.5万/亩）。南京、宁波、武汉、石家庄四城市的问卷调查，在包括农民、用地者、政府官员在内的所有受访者中，有71%以上的人认为目前农民所得征地补偿费较低或很低，而持这一观点的农民占受访农民的74%。据浙江省测算，按杭州市现行城镇职工最低生活保障费标准300元/人·月计算，农民所得补偿一般只能维持8年左右的生计。如果参加社会保险，每人所得补偿费还不够参保费用的 1/2。

征地成本中，税费比例偏高。新增建设用地土地有偿使用费、耕地开垦费、耕地占用税、新菜地开发建设基金、契税、征地管理费、地籍勘察费、森林植被恢复费、基础设施配套费等等，有的地方还有教育附加费、规划选址费、水利基本建设费等 10 多种部门收费。据历次调查，各种税费在征地成本中所占比例一般可达 30%~40%，有的地方可达 50%~60%。

征地没有考虑对农民的土地承包经营权的补偿。30 年土地承包经营权没有补偿与《农村土地承包法》的要求是不相符的。征地没有体现土地利用的潜在价值。按原用途进行补偿，被征地农民难以分享土地利用方式改变带来的增值，也难以分享经济和社会发展的成果。农地上能够创造的价值，不仅仅是农业经营收入，还有吸收农户劳动力就业、替代农村社会保障的基本职能，而农业经营收入会随着经济发展、人力资本水平提升、农产品结构调整而发生巨大的变化。而未来的土地收益如何，怎么能够用现在的土地收益来进行评估？更何况，当征地用于房地产开发项目时，巨大的土地增值收益基本上全部由地方政府和房地产开发商获取，而被征地农民被挡在土地增值收益分配之外。这是制度所造成的弊端。

四是征地安置不落实，难以解决被征地农民的长远生计。现行法规对被征地农民安置措施的规定很不全面，缺乏操作性。《土地管理法》第五十条规定：地方各级人民政府应当支持被征地的农村集体经济组织和农民从事开发经营，兴办企业。没有形成完整的被征地农民就业促进政策。没有建立起城乡统筹的培训就业机制，没有支持被征地农民培训就业的政策措施，部分被征地农民再就业困难或就业质量过低、无法获得新的收入来源或收入过低、陷入贫困就是一种必然的结果。没有建立适合被征地农民特点的基本生活保障制度。这些基本生活保障制度主要涉及中老年人、劳动力、未成年人、所有的被征地农民等。

五是征地程序不规范，侵害被征地农民的知情权、参与权、申诉权。根据我国的法律，农村土地属于集体经济所有，因此在征地的过程中，从法律的程序来看，地方政府不需要直接与单个的农户沟通，只需要村委会干部同意即可。虽然法律上规定了征地公示、村民代表大会等程序，但是实际操作过程村民并没有太多的权力和权利来反抗不合理的征地——毕竟农户只拥有土地承包权而没有土地所有权。

对于村委会干部而言，一方面，征地收益中的相当一部分属于村集体经济组织，由其支配；[①] 另一方面，上级地方政府的征地压力与村民的不合作压力相权

---

① 有学者指出，征地补偿费的 20%~30% 留在村集体（卢晓峰、刘战豫，2006）。

衡，往往是地方政府占上风。总之，征地审批前程序缺失，事后公告；批后实施效果不佳；纠纷裁决机制不健全。

从农村土地征收制度的演进及存在的弊端，引起我们对其思考：（1）农村土地制度改革要规范政府行为，慎用征地权。在相关法律中明确规定"公共利益"的范畴和内涵，并制定专门的土地征收目录予以细化；建立和完善土地征收目的合法性的审查机制；确立"非公共利益"的用地获得农民集体土地的途径；规范政府征地行为。（2）确认农民集体土地的财产权利，按照市场经济规律进行征地补偿。合理确定征地补偿标准测算的原则：以土地补偿为主，兼顾人员安置，保障农民的生活水平不降低和长远生计；以农地收益为主，适当考用途转变的土地增值，让农民分享社会发展的成果；以市场需求为主，适当考虑土地的区位因素；以土地面积为基础，将补偿标准落实到小范围的土地区片，建立补偿标准信息公开机制；考虑与过去补偿水平的衔接，分阶段实施不同的测算方法。征地补偿标准测算的改革：要进一步明确补偿内涵；以多种方法测算，相互验证；将补偿标准具体化，设立区片补偿标准；公开听证，增加补偿标准的法定性；及时调整，设置基准日。（3）着眼于长远生计，为被征地农民提供基本生活保障。采取多种举措妥善安置被征地农民：如制定被征地农民就业促进政策、建立适合被征地农民特点的基本生活保障制度、建立被征地农民安置保障基金、因地制宜地多渠道安置被征地农民。（4）要赋予农民应有的权利，建立合理的征地程序。如增加批前程序（如公告、听证等）、切实落实批后"两公告一登记"制度、国家建立征地纠纷的司法裁决机制等。

3.4　城市建设用地制度的发展历程

自 1953 年至今，城市建设用地制度经历了城市土地无偿划拨、城市土地由无偿划拨到有偿使用、建立和发展城市土地市场和城市土地市场宏观调控四个阶段。

3.4.1　城市土地无偿划拨阶段（1953～1978 年）

改革开放以前的计划经济时期，我国城市土地使用长期实施无偿划拨方式。这和我国当时高度集中的计划经济体制相一致的。1953 年前没有征收（征用）土地之说。国家建设使用民地须向所有者洽购。[①]

1953 年的《国家建设征用土地办法》对征用土地程序进行了规定，如第四

---

① 郑振源. 征地制度的由来、变迁与改革［Z］. 中国经济时报，2010 年 12 月 30 日.

条规定："征用土地，须由有权批准本项建设工程初步设计的机关负责批准用地的数量，然后由用地单位向土地所在地的省级人民委员会申请一次或者数次核拨；建设工程用地在三百亩以下和迁移居民在三十户以下的，可以向土地所在地的县级人民委员会申请核拨。" 对于补偿费用，该办法第八条规定："被征用土地的补偿费或者补助费以及土地上房屋、水井、树木等附着物农作物的补偿费，都由用地单位支付"。征用农业合作社的土地，土地补偿费或者补助费发给合作社；征用私有的土地，补偿费或者补助费发给所有人。土地上的附着物和农作物，属于农业生产合作社的，补偿费发给合作社；属于私有的，补偿费发给所有人。第十四条规定："已经征用的土地，所有权属于国家。"

总之，从新中国成立后到20世纪70年代末，我国采取了对土地无偿划拨的方式进行资源配置，排斥了市场机制的作用，这种使用制度适应了计划经济发展的需要，是产品经济的结果。当然这种制度在国家计划的安排下，为保障城市建设、重点工程建设、大型开发区建设等所需要的土地供给起了历史性的作用。[1]无偿、无期限、无流动性是这一土地制度的基本特征。土地的使用无偿，否认土地的商品属性，一旦获得土地使用权，便可获得丰厚的利益。不仅城市土地价值得不到体现，稀缺的城市土地资源无法有效的配置和利用，而且与整个经济制度不再适应，严重地影响城市经济的发展，不利于实现城市中经济社会的公平，以及居民物质生活的改善。

3.4.2　城市土地由无偿划拨到有偿使用阶段（1979～1986 年）

1979 年十一届三中全会，开启了我国经济体制改革的新阶段。随着以市场化为导向的经济体制改革和对外开放，城市土地使用制度开始了以市场化为导向的改革。1979 年的《中华人民共和国中外合资经营企业法》第五条规定："中国合营者的投资可包括为合营企业经营期间提供的场地使用权。如果场地使用权未作为中国合营者投资的一部分，合营企业应向中国政府缴纳使用费"。从此，中国开始有了城市土地使用权的有偿使用。1980 年的《关于中外合营企业建设用地的暂行规定》进一步规定："中外合营企业用地，不论新征土地，还是利用原有企业场地，都应计收场地使用费。" 1982 年深圳特区正式开征城市土地使用费，[2] 1984年辽宁抚顺市把土地分为四个等级进行全面开征土地使用费的试点工作。同年广

---

① 郑文浩. 谈城市土地的无偿划拨 [J]. 城市开发，1990 (10)：31 -33.
② 1987 年 9 月，深圳市以协议方式将一块住宅地以总价 108.24 万元出让给中航进出口公司深圳工贸中心，这次出让协议揭开了我国城市土地使用制度实质性改革的序幕，开启了我国城市土地使用制度改革的先河。

州市对部分土地开征土地使用费。1988 年，福州、海口、广州、厦门、上海、天津等城市也相继进行了这方面的试点。

为完善城市土地使用制度，2001 年国务院下发了《关于加强国有土地资产管理的通知》，2006 年 8 月国务院下发了《关于加强土地调控有关问题的通知》，2007 年重新修订《招标拍卖挂牌出让国有建设用地使用权规定》，2006 年 12 月国务院修改了《城市土地使用税暂行条例》，[①] 2007 年 12 月国务院修订了《耕地占用税暂行条例》。[②]

上述文件的出台，规范了土地出让程序，在一定程度上遏制了土地投机行为，保障了土地市场的正常发展，促进了土地有偿使用制度的不断完善。它标志着我国的改革不仅停留在对用地单位征收土地使用费，而不允许土地使用权进入市场自由流通。因此，可以说此阶段还没有形成土地市场。但城市土地有偿使用制度，改变了人们长期以来形成的土地无偿使用的传统观念，促使我国土地使用制度改革步伐加快。

3.4.3　建立和发展城市土地市场阶段（1987 ~ 2000 年）

1987 年在我国改革开放窗口城市深圳特区借鉴香港的经验实现土地所有权和经营权分离，成功地拍卖了第一块土地，这是中国改革开放以来，也是新中国成立以来拍卖的第一块城市土地和国有土地，掀开了城市土地制度新的一页。继深圳之后，上海、广东、江苏、浙江、山东等地都掀起了土地市场的高潮。自此，我国城市土地的配置逐渐由政府主导向市场机制主导转变。

1990 年的《中华人民共和国城镇国有土地使用权出让暂行条例》对城市土地的出让、转让、出租、抵押、划拨等问题做了详细的规定，例如第八条规定："土地使用权出让是指国家以土地所有者的身份将土地使用权在一定年限内让与土地使用者，并由土地使用者向国家支付土地使用权出让金的行为"。并进一步明确了土地出让可采取的形式：协议、招标、拍卖。并在第十七条中对土地使用权转让后的土地用途进行了规定："土地使用者应当按照土地使用权出让合同的规定和城市规划的要求，开发、利用、经营土地。未按合同规定的期限和条件开发、利用土地的，市、县人民政府土地管理部门应当予以纠正，并根据情节可以给予警告、罚款直至无偿收回土地使用权的处罚"。

---

① 至此，几乎全部城市建设用地出让均确立招标拍卖挂牌出让方式，国有土地有偿出让程序得以完善。

② 耕地占用税税额标准上浮 4 倍左右，同时外资企业也被纳入耕地占用税纳税范围。至此，收取一定额度的土地使用税已经成为国家的一种土地制度。结束了城市土地实行无偿使用的历史。

大量数据表明，1989～1992 年间是中国城市土地市场蓬勃发展的几年。从此，中国城市土地市场成为中国重要的要素市场之一，是中国土地市场的一支重要分支。在整个市场体系中举足轻重，赋予重要的地位，发挥了不可磨灭的作用（杨重光，2008）。上述规定标志着我国土地市场走向开放，为国有土地市场的建立提供了有力的法律保障。但这样阶段，国家对土地使用权的出让方式还是以协议为主，通过招拍挂出让土地使用权的比例很小，招拍挂并不具有强制性。1994 年的《城市房地产管理法》第十二条规定：土地使用权出让"可以采取拍卖、招标或者双方协商的方式"虽然比 1990 年的《条例》有所变化，但何谓"有条件"，法律并没有明确说明。

3.4.4 城市土地市场宏观调控阶段（2000 年至今）

从进入 21 世纪以来，特别是从 2003 年开始，我国政府加强对房地产市场，对土地市场的调控和监督。国家制定了一系列的政策和措施，加强了宏观调控，引导土地市场健康、有序和稳定的发展。使土地市场更好地发挥对土地资源配置的基础性作用，不仅保证城市土地高效、集约和节约利用，而且坚持城市土地使用的公平与正义。

回顾过去我国城市土地制度改革不难看出发现，城市土地制度改革与中国其他经济领域体制改革一样，实践了一条渐进式改革的路径，土地制度的每一次重大改革均是在前期试点和探索基础上不断完善的，每一次经济形势调整必然推动一次较大规模的土地制度演进。但城乡之间土地使用市场转换仍然被农地转化行政审批手段人为分割，农村建设用地不能有效流动，城市建设用地供给也与市场严重脱节，既造成了土地使用市场的低效率，也为农地转化审批供给提供了"黑市交易"的腐败温床。因此，随着我国社会主义市场经济新形势、新问题的涌现。城市土地制度改革还将继续推进。

综上所述，历经多年改革发展，我国国有建设用地走了从无偿划拨到有偿划拨、从以协议出让为主到以招拍挂等公开出让方式为主、招拍挂范围从经营性用地覆盖到工业用地的变革过程，从而最终走向了国有建设用地市场道路，国家出台了一系列举措对城市土地市场进行宏观调控和监管，引导土地市场健康、有序和稳定的发展。

3.5 农村集体建设用地制度的演化

据 1949 年底的统计，在 960 万平方公里（144 亿亩）的国土面积中，耕地面积为 14.8 亿亩，占国土面积的 10.2% 以上，而农民占人口比例 80% 以上。在土地改革前，占农村人口不到 10% 的地主、富农占有土地 53%，而占人口 52% 以上的穷苦农民只占有 14% 的土地，地主人均所占有的耕地为贫雇农的 26 倍多。[①] 我国农村集体建设用地制度的演化大体经历三个重要阶段。除了农村集体建设用地经历三个阶段外，农民宅基地及乡镇企业用地制度也经历了演变。

3.5.1　土地改革阶段

20 世纪 50 年代初，土地改革阶段。1950 年 6 月 30 日《中华人民共和国土地改革法》颁布实施，标志着我国土地改革大规模全面展开。《中华人民共和国土地改革法》提出废除地主阶级封建剥削的土地所有制，实行农民的土地所有制。没收地主的土地、耕畜、农具、多余的粮食及其在农村中多余的房屋。征收祠堂、庙宇、寺院、教学、学校和团体在农村中的土地及其他公地。所有没收和征收得来的土地和其他生产资料，除本法规定收归国家所有者外，均由乡农民协会接收，统一地、公平合理地分配给无地少地及缺乏其他生产资料的贫苦农民所有。土地改革使得 3 亿农民无偿地获得了 7 亿亩土地所有权和其他生产资料，免去了每年约 350 亿公斤粮食的地租。土地改革虽然没有改变土地私有制的性质，但使得土地所有权在农民之间平均分配，土地改革激发了农民的生产积极性，促进了农业生产的恢复与发展。[②]

3.5.2　农业合作化和人民公社运动阶段

20 世纪 50 年代中期至 70 年代末，农业合作化和人民公社运动阶段。1955 年《农业生产合作社示范章程》规定，统一地使用社员的土地、耕畜、农具等主要生产资料，并且逐步把这些生产资料公有化；入社的土地和其他生产资料折价入股，并与劳动一起参加合作社的收入分配。1956 年 6 月 30 日的《高级农业生产合作社示范章程》规定，大部分土地由集体统一经营，只留少数部分自留地，由社员以家庭为单位使用；原有的宅基地仍属社员私有。1961 年的《农村人民

---

① 耿戏称. 建国初期河南新乡县土地改革的历史考察 [D]. 河南师范大学硕士学位论文，2011.

② 与 1949 年相比，1952 年粮食产量由 11318 万吨增加到 16392 万吨，年平均递增 13.14%；棉花总产量由 44.4 万吨增加到 130.4 万吨，年平均递增 43.15%；油料由 256.4 万吨增加到 419.3 万吨，年平均递增 21.17%。农业总产值从 325.9 亿元增加到 483.9 亿元。资料来源：王永生. 农村集体建设用地制度的演化及其绩效：1949～1981 年，商业时代（原名《商业经济研究》），2013（28）.

公社工作条例》（简称《六十条》）规定，人民公社①的基本核算单位是生产队。根据各地方不同的情况，人民公社的组织，可以是两级，即公社和生产队，也可以是三级，即公社、生产大队和生产队。土地和其他生产资料分别归人民公社、生产大队、生产小队三级集体所有，集体经营，各自独立核算，自负盈亏，生产队占有90%左右的农村耕地和其他公用生产资料。生产队范围内的土地，都归生产队所有。生产队所有的土地，包括社员的自留地、自留山、宅基地，等等，一律不准出租和买卖。生产队所有的土地，不经过县级以上人民委员会的审查和批准，任何单位和个人都不得占用。要爱惜耕地。基本建设必须尽可能地不占用或者少占用耕地。人民公社期间，农地利用由于政出多头，缺乏统一管理，不能形成合理的资源的激励机制，农地利用管理虽取得了一定的成效，但是农地被不合理侵占、不合理利用的现象还十分严重。②

3.5.3 农村集体建设用地管制相对宽松阶段

1980～1998 年间，农村集体建设用地管制相对宽松阶段。1986 年我国制定的第一部《土地管理法》以及 1988 年修正后的《土地管理法》，对国家对集体建设用地都是采取了与国有建设用地相对平等的态度。1988 年通过的《土地管理法》则专辟"乡（镇）村建设用地"与"国家建设用地"并立，专门规范农民住宅用地、乡镇企业用地和乡村公共设施及公益事业用地使用和管理办法。农村集体建设用地的使用比较容易，乡（镇）村建设用地的批准权主要在县及县以下。农村居民住宅建设，乡（镇）村企业建设，乡（镇）村公共设施、公益事业建设等，只要符合乡（镇）村建设规划，就可进行。如果使用原有的宅基地、村内空闲地和其他土地进行建设，只需乡级人民政府批准，只是在使用耕地时才需报县级人民政府批准；农民建住宅，也只原则性地提出不得超过省、自治区、直辖市规定的标准。对于乡（镇）村企业建设用地，也是由县级人民政府土地管理部门批准，县级以上政府只是规定了一个不同企业规模的用地标准而已。

---

① 人民公社是适应生产发展的需要，在高级农业生产合作社的基础上联合组成的，是政社合一的组织，是我国社会主义社会在农村中的基层单位，又是我国社会主义政权在农村中的基层单位。

② 1958～1960 年间，耕地平均每年被占 7200 多万亩，是新中国成立以来占地最多、耕地面积减少最快的年份。1970 年全国耕地面积比 1965 年少 3689 万亩，是 1960 年以后的又一次耕地减少的高潮。资料来源：王永生. 农村集体建设用地制度的演化及其绩效：1949～1981 年，商业时代（原名《商业经济研究》），2013（28）.

3.5.4　农村集体建设用地相对管制阶段

1998 年后，农村集体建设用地相对管制阶段。1998 年 8 月修订的《土地管理法》，对集体建设用地施加了明显的限制，大大缩小了农村集体建设用地的利用空间。该法第四十三条规定："任何单位和个人进行建设，需要使用土地的，必须依法申请使用国有土地"；第六十三条规定："农民集体所有的土地的使用权不得出让、转让或者出租用于非农业建设"。这两条规定意味着，农民不能再像过去那样，凭借自己的土地财产权利，自主地参与工业化、城市化进程了。对于乡（镇）村建设用地，该法第五十九条规定：乡镇企业、乡（镇）村公共设施、公益事业、农村村民住宅等乡（镇）村建设，应当按照村庄和集镇规划，合理布局，综合开发，配套建设；建设用地，应当符合乡（镇）土地利用总体规划和土地利用年度计划，并依照本法第四十四条、第六十条、第六十一条、第六十二条的规定办理审批手续。对于农村村民建住宅用地，第六十二条规定："农村村民一户只能拥有一处宅基地，其宅基地的面积不得超过省、自治区、直辖市规定的标准"。对于乡镇企业用地规定："兴办企业的建设用地，必须严格控制。"省、自治区、直辖市可以按照乡镇企业的不同行业和经营规模，分别规定用地标准。从以上规定来看，政府对农村集体建设用地供应进入相对管制从紧阶段。

3.5.5　农村宅基地制度演变阶段

农村宅基地制度的演化是从农民享有宅基地所有权向生产队集体拥有宅基地所有权而农民享有使用权阶段演化。

一是农民享有宅基地所有权。1950 年的《土地改革法》以法律形式确定了农村的宅基地和房屋属于农民私人所有的土地制度，1954 年的《宪法》明确了对于农民的合法收入、储蓄、房屋的所有权和私有财产的继承权的保护。1956年的《高级农业生产合作社示范章程》也规定，农民原有的房屋地基不入社，农民新修房屋需用的地，合作社统筹解决。在农业合作化中，农民宅基地与房产的个人所有权没有改变。上述法律文件对农村宅基地制度作了明确的规定，在取得方式上，规定以农民个人为单位尢偿取得，实现"居者有其屋"；在法律保护层面，提出保障农民居住权，宅基地属于农民私人所有，受法律保护；在产权方面，农民领取了房地权证书，享有完全的宅基地所有权与房屋所有权，实现两权合一，从而明晰了产权；在宅基地流转方面，规定宅基地可以自由流转，法律没有限制宅基地的流转方式。农民的宅基地可以自由买卖、出租以及继承。

二是生产队集体拥有宅基地所有权而农民享有使用权。1961年《农村人民公社工作条例》（修正草案）第四十三条规定："社员有买卖或者租赁房屋的权利。社员出租或者出卖房屋，可以经过中间人评议公平合理的租金或者房价，由买卖或者租赁的双方订立契约"。"任何机关、组织、团体和单位，都不得占用社员的房屋。如果因为建设的需要，必须征用社员的房屋，应该严格执行国务院有关征用民房的规定，给以补偿，并且对迁移户作妥善的安置"。农民新建房屋的地点，由生产队统一规划。这一规定，把农村宅基地所有权与使用权分离开了，农民对宅基地的所有权转化为宅基地的使用权，所有权归生产队。农村宅基地所有权的变更是通过无偿平调的形式实现的。

1963年8月28日最高人民法院《关于贯彻执行民事政策几个问题的意见（修正稿）》规定，宅基地上的附着物如房屋、厂棚、猪圈、树林、厕所归农民所有，房屋出卖以后，宅基地的使用权即随之转移给新房主，但宅基地的所有权仍归生产队所有。农民不能借口修建房屋，随便扩大宅基地。在宅基地使用权的取得上，先由本户提出申请，经社员大会讨论同意，由生产队统一规划，予以解决，但尽可能利用闲散地，不占有耕地；必须占有耕地时，应根据"六十条"的规定，报县人民委员会批准。宅基地使用权制度至此产生。其后，集体所有、农民拥有使用权的宅基地制度得到了《宪法》和相关法律的确认。1975年《宪法》第九条规定：国家保护公民的劳动收入、储蓄、房屋和各种生活资料的所有权；第六条规定：国家可以依照法律规定的条件，对城乡土地和其他生产资料实行征购、征用或者收归国有；第二十八条规定：公民的住宅不受侵犯。总体而言，此时宅基地使用权已经产生，但取得条件、取得程序还不够明确、具体（王崇敏，2013）。

3.5.6 乡镇企业用地制度演变阶段

乡镇企业用地作为农村集体建设用地的重要构成部分在农村经济发展中扮演了重要的角色。自1997年1月1日起施行的《中华人民共和国乡镇企业法》第二条对乡镇企业的定义为："农村集体经济组织或者农民投资为主，在乡镇（包括所辖村）举办的承担支援农业义务的各类企业"。第二十八条规定："举办乡镇企业，其建设用地应当符合土地利用总体规划，严格控制、合理利用和节约使用土地，凡有荒地、劣地可以利用的，不得占用耕地、好地"。"举办乡镇企业使用农村集体所有的土地的，应当依照法律、法规的规定，办理有关用地批准手续和土地登记手续"。"乡镇企业使用农村集体所有的土地，连续闲置两年以上或者因停办闲置一年以上的，应当由原土地所有者收回该土地使用权，重新安排使用"。

20 世纪 90 年代中后期，乡镇企业普遍建立现代企业制度，改制后的企业差不多都割断了与"母体"之间的"脐带"，成为独立的企业法人，不再与集体经济组织有直接的隶属关系。保留下来的，仅仅是投资、股权及土地租用等经济关系。本来意义上的乡镇企业，即集体经济组织投资 50% 以上或控股的企业，已经寥寥无几。作为我国特殊发展阶段产物的乡镇企业，已经或正在退出历史舞台。绝大多数乡镇企业已经蜕变为，在集体土地上兴办和发展起来的，或小型或中型或大型的一般性企业，严格衡量，法律的例外规定并不适用于他们（黄小虎，2015）。

第4章

中国城乡建设用地市场二元结构分析

我国长期以来的二元土地所有制，割裂了城市建设用地市场和农村集体建设用地市场，形成了割裂的城乡建设用地市场二元结构，这一市场结构阻碍了建立城乡统一的建设用地市场。要建立科学合理的城乡统一的建设用地市场，首要的任务是厘清城市建设用地市场和农村集体建设用地市场两种市场各自的特征、两者之间存在的差异以及形成的历史和现实原因，为建立城乡统一的建设用地市场奠定制度设计的基础。

4.1 城乡建设用地市场二元结构特征及形成原因

二元结构理论源于欧洲，随着机器化、社会化大生产的出现，城市与乡村的经济性质发生改变，城乡之间开始产生分异，形成了城乡二元结构。城乡建设用地市场二元结构是指城市和农村的土地所有权、土地使用权受到国家垄断和政府的限制，形成了农村建设用地和城市建设用地两种产权、两个市场严重分割的二元格局。

4.1.1 建设用地市场二元结构的制度安排

李昆（2009）通过相关资料的归纳，总结出市场规范运作模式、隐形市场运作模式和试点改革运作模式三类当前我国二元结构的建设用地市场运作模式，见图 4-1 所示。

城乡建设用地二元结构得以长期维持依赖于三个支柱性制度安排。一是依赖于农村集体土地的规定。《中华人民共和国土地管理法》（1999 年）第四条规定："国家实行土地用途管制制度。"第三十四条规定："任何单位和个人进行建设，需要使用土地的，必须依法申请使用国有土地；但是，兴办乡镇企业和村民建设住宅经依法批准使用本集体经济组织农民集体所有的土地的，或者乡（镇）村公共设施和公益事业建设经依法批准使用农民集体所有的土地的除外。"第六十三条规定："农民集体所有的土地的使用权不得出让、转让或者出租用于非农业建设。"农村集体土地只能用于农业用途，禁止将其私自转化为工商业用地，只有农村集体组织或者成员才能依法申请使用农村建设用地。这等于封闭了农村土地进入城市建设用地市场的合法路径。但依据相关法律法规，农民承包的土地，除享有承包权以外，农民还可以对土地承包经营权进行流转，流转方式有转包、出租、互换等。这些方式促进了农地交易，从而形成了农村土地承包经营权流转市场。

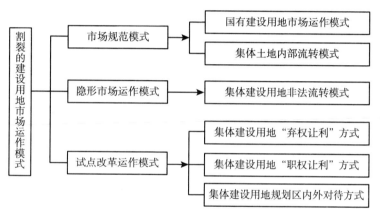

图 4 - 1　割裂的建设用地市场运作模式

资料来源：李琨. 我国农村集体建设用地流转市场机制研究，河北农业大学硕士论文（2009）中图示改造而来。

　　二是依赖于城市建设用地的规定。土地管理法规规定，任何单位和个人进行建设，都必须申请使用国有土地。也就是说，任何单位和个人需要使用土地进行建设的必须依法申请使用国有土地，农民集体所有的土地不能出让、转让或者出租用于非农建设。对于农村建设用地的使用，实行更为严格的规定，只有农村集体组织成员才能依法申请使用农村建设用地，非组织成员不能使用，这就造成了城乡建设用地市场的割裂。[①]

　　三是来源于征地制度的规定。《中华人民共和国宪法》第十条第二款规定，"国家为了公共利益的需要，可以依照法律规定对土地实行征收或者征用并给予补偿"。第三款规定："任何组织或者个人不得侵占、买卖或者以其他形式非法转

[①]　郑云峰. 城乡建设用地二元结构及其市场构建 [J]. 重庆社会科学，2010（2）：59 - 61.

让土地"。"土地的使用权可以依照法律的规定转让"。第四款规定:"一切使用土地的组织和个人必须合理地利用土地"。可见,土地由农业用地转为城市用地,并非是土地的供给者和土地的需求者直接进行市场交易,正是这种人为设置的制度壁垒把城乡土地市场割断。①

4.1.2 城乡建设用地市场二元结构特征

城乡土地所有制的二元结构决定了我国城乡建设用地市场的二元结构。建设用地的使用与土地的所有制和使用者的身份相联系。② 城乡建设用地市场具有明显的二元结构特征:

4.1.2.1 城乡建设用地产权二元化

城市的土地属于国家所有,形成了单一的国家所有的产权结构。同时,国家可以通过划拨或出让的方式将土地进行流转。相比之下,农村建设用地产权关系复杂,涉及利益面广。农村土地产权主体归农民集体所有,由乡镇集体、村集体以及村民小组所有,集体经济组织成员平等共同拥有,实际上产权谁也不属。这就造成了集体土地产权缺位、权属不清,产权不具有排他性,不利于土地产权保护。

4.1.2.2 城乡建设用地用途二元化

在二元结构建设用地市场中,法律法规等各方面的规定使得国有建设用地和集体建设用地只能够分别在城镇和农村两个市场中使用。城市土地可以用来进行工业、商业、服务业、商品住宅等土地收益高的用途;城市建设用地使用国有土地,城市国有土地可以公开上市交易,可以作为抵押物融资贷款;农村土地除了宅基地、乡镇企业和公益事业等才能将其用于非农化用途,农村土地都要用于农业生产活动;农村集体建设用地只能由本村集体经济组织的企业利用,农民集体的土地不能随意改变用途,不能直接进入城市建设用地市场,更不能作为抵押物融资贷款,并且农民集体经济组织内部的成员才能取得农民集体建设用地,而农民集体经济组织外的任何单位和个人是无权使用的。

4.1.2.3 城乡建设用地市场二元化

城市建设用地是政府通过"招、拍、挂"等方式进行流转的,土地能够完全

---

① 曲福田,冯淑怡,俞红. 土地价格及其分配关系与农地非农化经济机制研究 [J]. 中国农村经济,2001 (12):27-29.

② 李倩. 向城乡一体化进发——访社科院农村发展研究所研究院王小映 [J]. 中国土地,2008 (10):28-30.

自由地进出土地市场，并通过市场的手段进行配置，其建设用地市场比较完善成熟，各方面发展都比较规范；而农村建设用地进入市场程序较为复杂，必须由政府通过土地征收将农用地转为国有土地才能进入市场流转，导致农村集体建设用地市场秩序则比较混乱，呈现出流转现象普遍、流转形式和主体多元化且经济越发达流转越普遍的特征。

4.1.2.4　城乡建设用地管理模式二元化

计划经济时代，城市土地开发有完善的规划建设审批程序，国家采取统一管理、统一建设、统一规划的政策。市场经济时代，国家一方面允许土地使用权有偿转让；另一方面又对转让的条件和受转让方对土地的开发进行严格约束和监管。而农村集体建设用地则不同，农村建设用地市场实现多头管理，如村镇规划和建房审批由建设规划部门负责，土地利用和耕地审批由国土部门负责，规划建设审批体系不完善，与国有建设用地待遇不平等，很难合规合法开发利用，再加上国家通过土地征收制度的强行介入。实践中普遍存在的"小产权"房问题，正是揭示了目前农村建设用地缺乏规划和监管的乱象。

4.1.2.5　城乡建设用地价格的二元化

城乡建设用地市场的二元结构决定了城乡建设用地同地不同权、不同价。城市建设用地流转市场比较成熟，土地价格基本符合市场规律，城市土地享有土地增值收益。农村集体建设用地增值收益获取的唯一合法途径是征地转为国有，但征地补偿标准极低，如在一些大中城市相同的土地，法定的农业用地征收补偿标准只有国有建设用地征收补偿标准的 3% ~ 5%,[①] 且农民和农村集体却不能参与分享土地增值收益，导致国家、集体和农民三者土地财产权益没有得到同等公平待遇。由此造成土地资源配置的低效和农民集体土地财产权益受损（张和林、贾晶晶，2013）。加上，集体建设用地市场缺乏相应的中介服务体系，进而导致建设用地流转交易成本提高，集体建设用地的价值很难得以体现。

分割状态的城乡建设用地市场削弱了农民的社会福利水平、造成了城郊土地出产率的降低、降低了农村公共品的供给，给我国新农村建设及城乡统筹发展都造成了不利影响。因此，无论是从国家的政策导向还是各地试点的探索来看，积极努力构建城乡统一的建设用地市场是目前的当务之急。割裂的建设用地市场由割裂走向统一是我国城乡建设用地市场发展的必然趋势。

---

① 冯瑞林. 法治视野下统一城乡建设用地市场研究［M］. 北京：经济科学出版社，2015：140 - 84.

4.1.3 城乡建设用地市场二元结构的形成原因

4.1.3.1 计划经济的产物

新中国成立后我国工业化的投资主要是通过工农业产品价格剪刀差获得的。通过这种方式逐步建立起了城乡分割的二元经济结构和二元管理体制。成为新中国成立后我国二元经济社会结构主要政策支点之一。并且在二元土地制度的基础上区分城市居民、农村居民和企业等用地者身份、实行城乡二元土地所有制、土地所有权与土地使用权相分离的土地使用制度。农村集体土地只能用来进行耕种，不能进入土地市场进行流转，土地不得作为资产进行交易，土地资产收益受到限制。城市国有土地可以用于商业开发、进入土地市场交易。城乡间土地禁止流转，导致农村集体用地和城市国有土地权能和价格不对等，形成了城乡分割的土地市场。

4.1.3.2 城乡统一的建设用地市场法律政策缺失，加剧了城乡建设用地市场的分割

《物权法》《土地管理法》等相关法律政策对于农村建设用地的流转均采取较为谨慎的态度，特别是农村建设用地的流转受到严格的限制，农村集体建设地不能像国有土地那样进入土地市场流通。农村建设用地市场进入土地市场的途径只能是通过国家征收或征用，转为国有土地才能进入土地市场进行交易。《土地管理法》（1986年）第二条第四款规定："国家为了公共利益的需要，可以依法对土地实行征收或者征用并给予补偿。"《土地管理法》（1999年）第四十七条第三款规定"征收其他土地的土地补偿费和安置补助费标准，由省、自治区、直辖市参照征收耕地的土地补偿费和安置补偿费的标准规定。"

然而，现实中很多地方政府打着"公共利益"的旗号，低价从农民手中征收土地，高价卖给开发商。由于在征用集体土地时对农民的补偿比较低，而转化为国有土地后出让的价格比较高，二者之间存在巨大的利益空间，为地方政府带来巨大的土地收益，这就是各地普遍存在的所谓的"土地财政"。这种人为的制度安排导致了农村建设用地与国有建设用地地位的不平等，未能顺应市场要求，切断城市和农村土地市场双向联系，未能实现生产要素在城乡之间双向流动，致使农村建设用地市场处于隐性存在状态，阻碍了城乡一体化发展，加剧了城乡建设用地市场的分割。

4.1.3.3　农地产权权属不清，导致城乡土地市场异化

根据现代产权理论，完整的产权包括所有权、使用权、处置权、收益权等一系列的产权束。我国农村土地归农村集体所有，农村集体土地的所有权主体为一定范围内的"农民集体"，而农民集体是一个抽象的概念，出现了农村集体土地使用权主体错位，我国农村集体建设用地在实践中呈现出"名义上人人有份，实际上却人人无份"的局面，① 农地产权权属不清造成了土地资源在配置的过程中交易比较混乱，效率也十分低下，决定了集体建设用地使用权人只有占用和使用的权利，不能随意地进行处分和收益。根据 1986 年的《土地管理法》第二条和1982 年《宪法》的第十条，任何出租、买卖、侵占或者是其他形式的非法转让土地的行为都是不被允许的。1986 年的《民法通则》第八十条也明确说明不能抵押、出租、买卖或是以其他形式非法转让土地。虽然《土地管理法》等法律进行了多次修订，但始终对于集体建设用地能否入市流转没有做出明确的规定。集体建设用地既然市场的唯一途径，只能通过国家征收转为国有土地才能进入市场进行交易。正是土地使用权主体缺位，客观上造成了国家可以通过国家意志强制征地，不尊重农民土地产权，侵害了被征地农民的利益，形成了我国农村土地产权与城市市场产权不对等。如上所述，在征地中，政府对征地巨额增值利润往往不予认定，失地农民排除在土地增值收益分享之外，阻碍了农村土地入市。

4.2　城乡建设用地市场二元结构的弊端

4.2.1　阻碍土地资源合理优化配置

发挥市场对资源配置的决定性作用，各种资源通过市场从低效率使用者手里转移到高效率使用者手里，能够提高生产力。但长期的城乡二元割裂体制直接阻碍了集体建设用地市场的发展，使得集体建设用地的使用权不能出让、出租或者转让用于非农建设，不能合法地进入城市土地市场，只有被征收为国有才能进入市场，作为财产权利人的集体和农民无法直接分享土地增值收益。政府通过低廉的征地成本攫取土地红利，二次分配时向农村的财富转移力度又十分有限，这无

① 蒋晓玲. 农村集体建设用地使用权流转的现状、问题及原因分析 [J]. 重庆工学院学报，2007 (1)：69-71.

疑加剧了城乡发展不平衡的局面。

改革开放以来，大量进城务工的农民已在城市中生活，但是他们在农村仍然拥有宅基地，由于宅基地不能进入城市建设用地市场而只能闲置。另外还有大量因为村落调整、农村服务机构调整等而空置出来的集体建设用地，由于无法在城市建设用地市场流转而闲置。我国存在着大量的农民集体建设用地的供给者与需求者。在征地难度日益加大和新增建设用地指标普遍不足的情况下，便出现了城市"无地可用"和农村"有地无用"的困境，造成土地资源的极大浪费。

4.2.2 损害农民正当权益

土地是农民赖以生存的根本保障，而农民离开土地向非农领域转移是社会发展的必然结果。在目前城乡建用地市场二元结构制度下，农村集体建设用地只能通过征地制度转为城市国有建设用地才能用于非农建设。相关法律规定，国家有权因"公共利益"需要征收或者征用农村集体土地。而在现阶段征收过程中，征地补偿标准是依据农业用途，按照该地区被征耕地前三年平均产量确定的。而相对于土地转为国有建设用地后的用途价值，补偿标准过低，农民生产生活得不到基本保障。此外，由于我国征地制度不尽完善，法律规定的可以征收农民土地的"公共利益"范围不明确，导致一些商业经营性用地打着公共名义扩大征地范围，政府低价从农民手中征地集体用地，高价卖于用地单位，独享巨大的因改变土地用途而产生的巨额利润，农民被排除在外，未能参与分享这部分土地增值收益。因此，城乡二元结构建用地市场损害农民正当权益，农村集体建设用地无法显现资产属性。

4.2.3 助长土地财政与土地寻租

土地是稀缺资源，有着巨大价值，能带来巨人经济效益。地方政府在为城市化和工业化扩大增加城市用地而进行征地的过程中，低价征收农村集体土地高价出售给用地单位，赚取高额差价收益，享受土地增值收益，形成土地财政。由于征地带来的收益空间巨大，且能快速扩大财政收入，导致部分地方政府患上"土地财政"依赖症，不利于经济良性发展。同时，由于缺乏公开透明的土地管制职责监督机制，导致具有一定权力的土地行政管理官员在土地用途转换和地产开发过中利用土地权利进行寻租，滋生贪污腐败现象。因此，城乡二元结构的建设用地市场，在集体建设用地征收和土地用途转换过程中，为地方政府带来了巨大的利益空间，易使其依赖"土地财政",并助长土地权力寻租与土地腐败行为,为建立城乡统一建设用地市场增添阻力。

4.2.4　削弱政府宏观调控能力

在我国现行社会主义市场经济体制内,利用土地供给调控国家宏观经济是国家常用手段之一,土地市场宏观调控是其重要的一个组成部分。国家主要是依照土地利用总体规划,利用建设用地增量控制和年度计划指标对土地市场进行宏观调控。然而,由前文可知,在现行城乡二元建设用地市场格局下,虽然农村集体建设用地不能直接入市流转,但是现实中存在许多隐性市场。由于政府无法对这些农民私底下的交易进行有效监管,更无法及时地获得准确交易信息,建设用地年度计划容易被扰乱,导致建设用地供应总量安排不合理,也不利于耕地保护。另外,政府也难以在其交易时审核该土地用途是否符合土地利用总体规划,容易出现违法用地现象。无论是建设用地数量失控,还是出现违法用地,都会削弱政府对宏观调控能力,扰乱土地市场正常秩序。

总之,我国建设用地市场主要由国有建设用地市场和农村集体建设用地市场构成。前者的运行比较规范和成熟,而后者只是隐性存在。二元结构的建设用地市场存在,导致土地资源未能实现化配置,大量集体建设用地利用率低。随着我国社会主义市场经济的深入发展,市场将逐渐成为资源配置的主要手段,各种资源通过市场从低效率使用者手里转移到高效率使用者手里,能够提高生产力。我国存在着大量的农民集体建设用地的供给者与需求者。然而我国实行的城乡建设用地二元结构的制度安排直接阻碍了集体建设用地市场的发展,加深我国城市和农村二元经济和社会结构,逐步拉大城乡差距,严重阻碍城市和农村发展,对我国经济结构产生巨大影响;同时,也严重侵害农民权益、助长土地财政与土地寻租,进一步激化社会矛盾,阻碍城乡一体化发展。

4.3　建设用地市场发展现状

4.3.1　城市建设用地的含义

城市建设用地是城市规划区范围内赋以一定用途与功能的土地的统称,是用于城市建设和满足城市机能运转所需要的土地。① 黄华明（1992）把城市建设用地分为住宅、商业、工业、旅游业、教育医疗、党政机关、公用事业、市政工程等建设用地。② 根据《城市用地分类与规划建设用地标准》的规定，结合《中国城市建设统计年鉴》的统计口径，城市建设用地包括居住用地、公共设施用地、工业用地、仓储用地、对外交通用地、道路广场用地、市政公用设施用地、绿地和特殊用地共 9 类。

城市建设用地具有五个核心属性：一是资源、资产双重性。城市建设用地不仅是人类生产、生活和生存的物质基础和来源，而且稀缺性、功能性、流通性和增值性是其作为资产的外在表现。③ 二是利用方向变更的相对困难性。当城市建设用地投入某项用途之后，欲改变其利用方向，不仅会丢失其原用途所具备的各种物理特性，还会造成巨大的经济损失。④ 三是区位性。不同于农用地侧重考量土地面积、土地质量等自然条件，城市建设用地对地理位置、产业集聚、交通便利程度等区位条件的要求较高。四是高度集约性。单位城市建设用地面积上的劳动与资本投入及其直接经济产出均远高于农用地。五是利用的外部性。城市建设用地的利用大多产生直接或间接的正外部性，对城市经济发展、城市功能的完善和提高起到了积极的促进作用。⑤

4.3.2 国有城市建设用地市场构成

国有城市建设用地市场由三级市场构成：土地使用权出让市场、土地使用权转让市场（出租、抵押、转让）及土地使用者间进行的土地使用权转让市场。这三个市场也被称为一级、二级和三级市场。目前，我国国有建设用地市场已经发展得比较成熟，其运行也比较规范，具体架构详见图 4-2。

土地一级市场，即土地使用权出让市场，是国家指定的政府部门将具备出让条件的国有建设用地（含新增建设用地和已收回可入市的存量建设用地），按照国家各项规划和指标，以招标、拍卖、挂牌三种方式为主，将土地使用权有偿让渡给土地使用者。

土地二级市场，即土地转让市场，是土地使用权在土地使用者之间流动的市场，包含转让、出租、抵押、交换等。其中，土地转让市场是土地二级市场的主

① 杨淑俐. 南昌市城市用地扩展变化研究［D］. 南昌：江西师范大学硕士毕业论文，2008.
② 黄华明. 建设用地管理［M］. 天津：科学技术出版社，1992.
③ 慎勇扬. 建设用地扩张驱动力及调控政策研究［D］. 杭州：浙江大学，2005.
④ 毕宝德. 土地经济学［M］. 北京：中国人民大学出版社，2006.
⑤ 吕方越. 杭州城市建设用地扩张驱动因素研究［D］. 成都：四川农业大学，2014.

体，土地脱离垄断，在土地使用者之间严格按照市场规律流转，市场机制的效用强，是完全竞争市场。

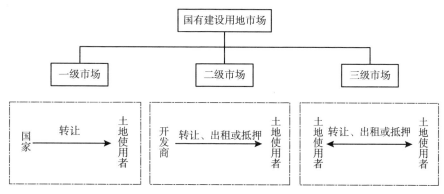

图 4 - 2　国有建设用地使用权交易市场

资料来源：廖洪乐. 中国农村土地制度六十年——回顾与展望［M］. 北京：中国财政经济出版社，2008：136 - 137，整理创作而来。

土地三级市场，即有偿土地使用权部分转让（如：抵押、担保、租赁等），一般是在土地使用者和其他土地使用者之间转让。目前最常见的情形是开发商取得土地使用证后进行抵押贷款，银行得到权利证书，开发商的土地权利由于市场交易受到限制，即丧失了部分权利。

4.3.3　城市建设用地使用权出让的制度规定

在土地使用权出让市场，土地供给具有一定垄断性，国家按照土地供应计划控制建设用地的出让总量和用途。因此，建设用地使用权出让的行政色彩较浓。国有城市建设用地一级市场，以招标、拍卖、挂牌三种方式来实现土地使用权出让。国有土地使用权招标拍卖，是政府供应土地的重要形式，集中体现了公开、公平、公正的市场原则，有利于充分发挥市场优化配置土地资源的作用，从源头上防治土地批租领域的不正之风和腐败行为。

城市国有建设用地使用权出让必须通过招标拍卖或挂牌等方式依法进行，资源部的《关于进一步推行招标拍卖出让国有土地使用权的通知》（1999）和国务院发布的《关于加强国有土地资产管理的通知》（2011）都有明确的规定。至于土地使用权出让的方式，《中华人民共和国城市房地产管理法》（1995）第十三条规定："土地使用权出让，可以采取拍卖、招标或者双方协议的方式。"

《国务院办公厅关于加强土地转让管理严禁炒卖土地的通知》要求："商业、

旅游、娱乐和豪华住宅等经营性用地，原则上必须以拍卖、招标方式提供。"《国务院关于加强国有土地资产管理的通知》明确："国有建设用地供应，除涉及国家安全和保密要求外，都必须向社会公开。"对于招标拍卖活动，国家也有法律规范，如《招投标法》《拍卖法》等，但主要涉及的是对动产的招标拍卖规范。土地作为不动产，有它的特殊性。

关于招标拍卖挂牌出让国有土地使用权内涵进行了明确的界定，2006 年《招标拍卖挂牌出让国有土地使用权规范》对招标拍卖挂牌出让国有土地使用权内涵进行了明确的界定，出让国有土地使用权，是指市、县国土资源管理部门发布招标公告或者发出投标邀请书，邀请特定或者不特定的法人、自然人和其他组织参加国有土地使用权投标，根据投标结果确定土地使用者的行为；拍卖出让国有土地使用权，是指市、县国土资源管理部门发布拍卖公告，由竞买人在指定时间、地点进行公开竞价，根据出价结果确定土地使用者的行为；挂牌出让国有土地使用权，是指市、县国土资源管理部门发布挂牌公告，按公告规定的期限将拟出让宗地的交易条件在指定的土地交易场所挂牌公布，接受竞买人的报价申请并更新挂牌价格，根据挂牌期限截止时的出价结果或现场竞价结果确定土地使用者的行为。

国有建设用地的有偿出让，一方面促进了国有土地的市场化配置，促进了土地的集约利用；另一方面使政府作为国有土地的所有者，在经济上得到体现。在实行国有建设用地有偿使用后，国有土地二级市场的交易也日趋活跃，主要表现为土地的转让、出租和抵押。[1] 建设用地使用权出让有利于实现公开、公平、公正的土地利用制度，规范土地市场的交易行为，促进土地市场的健康发展。

表 4-1　　　　　《土地管理法》修订进程中我国农地征收（用）补偿标准变化

	土地补偿费	安置补偿费	附着物及青苗补偿	补充规定
1986 年	耕地为前三年平均产值 3~6 倍；征用其他土地的补偿费标准，由省、自治区、直辖市参照征用耕地的补偿费标准规定	每一个需要安置的农业人口的安置补助费标准，为该耕地被征用前三年平均每亩年产值的 2~3 倍。但是，每亩被征用耕地的安置补助费，最高不得超过被征用前三年平均年产值的 10 倍	省、自治区、直辖市规定	土地补偿费和安置补助费尚不能使需要安置的农民保持原有生活水平的，可以增加安置补助费，但是土地补偿费和安置补助费的总和不得超过土地被征用前三年平均年产值的 20 倍

① 中国社会科学院农村发展研究所宏观经济研究室. 农村土地制度改革：国际比较研究 [M]. 北京：社会科学文献出版社，2009：144-146.

	土地补偿费	安置补偿费	附着物及青苗补偿	补充规定
1988 年	同 1986 年	同 1986 年	同 1986 年	
1998 年	耕地为前三年平均年产值的 6～10 倍。征用其他土地的土地补偿费和安置补助费标准，由省、自治区、直辖市参照征用耕地的土地补偿费和安置补助费的标准规定	每一个需要安置的农业人口的安置补助费标准，为该耕地被征用前三年平均年产值的 4～6 倍。但是，每公顷被征用耕地的安置补助费，最高不得超过被征用前三年平均年产值的 15 倍	同 1986 年	土地补偿费和安置补助费尚不能使需要安置的农民保持原有生活水平的，可以增加安置补助费，但是土地补偿费和安置补助费的总和不得超过土地被征用前三年平均年产值的 30 倍
2004 年	本将土地征用标准改称为土地征收标准。耕地标准同 1998 年	同 1998 年	同 1986 年	同 1998 年
未来修改方向	"提高农民在土地增值收益中的分配比例"（党的十八大报告）；征地补偿标准不设上限："征收农民集体所有的土地应当给予公平补偿，保证被征地农民原有生活有改善、长远生计有保障"（《土地管理法修正草案》）			

资料来源：作者根据相关资料整理获得。

4.4 农村集体建设用地市场发展现状

4.4.1 农村集体建设用地市场发展历程

改革开放前，集体建设用地实行集体所有、集体统一经营；集体建设用地的流转局限于所有人之间且完全依靠行政权力进行划拨和平调，基本可以概括为八个字：公有公用、禁止流转。

4.4.1.1 土地由自发流转到有限度流转

改革开放后城市经济快速发展，农村实行家庭承包责任制，产生了剩余劳动力，逐渐多的农民外出务工、经商，农村开始出现农地撂荒的现象。1984 年，我国农村土地使用权流转开始出现，主要表现为农户之间的转包、互换、出租和转让、以农户入股、农村企业租赁等。

从 1999 年到 2004 年，我国的农村集体土地开始从全面的用途管制阶段进入到集体建设用地有限度的放开阶段。在这一时期，由于部分地方鼓励农村集体建设用地流转，作为其组成部分的农村集体建设用地在这一时期是以入股和出租的方式进行流转：一方面，为农村集体建设用地市场萌芽奠定基础；另一方面，虽然部分地方政府鼓励农村集体建设用地流转，但是缺乏具体的流转细则和保障措施，农民权益缺乏法律保障。

4.4.1.2 集体建设用地市场化萌芽逐渐显现

2005～2009年，这一时期我国经济快速的发展，而二元的城乡土地市场已成为统筹城乡一体化发展的障碍。这一时期呈现出萌芽式的市场化特征，虽没有国家性的政策引导，但是地方却相继萌芽。例如，2005年，广东省以地方立法的形式探求"同权同价"的土地市场交易。率先打破《土地管理法》的严格限制，明确允许集体建设用地使用权直接进入市场，对集体建设用地流转细则进行了拟定。再如，2009年，国土资源部对农村集体建设用地流转的细则进行了规定，使得我国农村集体建设用地使用权流转的相关法律限制逐步放松，成为当时农村土地制度改革的导向。

4.4.1.3 集体建设用地市场化步伐加快

2013年11月，党的十八届三中全会《决定》中提出农村集体经营性建设用地进入市场，逐步实现市场化。这有助于盘活农村闲置的经营性建设用地，增加农民收入，缓解建设用地市场地荒。同时由于集体经营性建设用地注入市场，增加建设用地供给，可以在一定程度上缓解城市建设用地地价过高。2014年中央"一号文件"对落实中央关于农村土地制度改革的决定又做了较为具体的安排。"一号文件"指示"地方政府在保证农村基本经济制度保持不变、农用地数量维持不变，农民权利不受侵害的前提下进行农村土地制度改革"。这一重要指示给出了改革过程中原则性的执行指导：第一，农村的基本经济制度不变；第二，耕地数量不变；第三，农民利益不受损。2015年2月，全国人大常委会授权国务院在北京市大兴区等33个试点县（市、区）行政区域，暂时调整实施土地管理法、城市房地产管理法关于农村土地征收、集体经营性建设用地入市、宅基地管理制度的有关规定。

4.4.2 农村集体建设用地市场发展现状

4.4.2.1 从市场主体方面看

我国农村集体性建设用地市场主体主要有农民、农村集体经济组织、用地企业和政府。(1) 农民通过集体建设用地的使用权转让、出租来获得收益,无疑可以增加他们的收入,但由于产权模糊、认知和获取信息能力的限制,农民往往分享不到农村经营性地进入市场带来的利益;(2) 农村集体经济组织参与经济活动的具体责任人不明确,在实际交易中容易被部分人取代;(3) 用地企业对于农村集体建设用地直接进入市场,用地企业就会与农村集体经济组织之间进行供求博弈,以最低成本拿到最需要的地;(4) 政府在市场中的主要作用是宏观调控以弥补市场调节的不足,但目前政府对市场干预过多,阻碍了市场发展,好在我国政府正在逐步放开对其限制,发挥为合理规划和适当调节的作用。

4.4.2.2 从市场客体方面看

目前,我国农村集体经营性建设用地约为 1.65 万平方公里,约占农村集体建设用地总量的 10% 左右,[①] 主要分布在我国离城市区域较近且受城市辐射较多的农村地区。这些土地的单块面积较小,分布没有固定的规律,零星地撒在村内各处。总之,作为市场的客体,各种活动的对象,它的分布特色是总量值得开发且开发难度较大的。2015 年 1 月,《意见》明确指出,农村的集体土地所有权和家庭承包经营的承包权不能进入市场进行交易。即农村的土地所有权不允许进入土地市场上,而它的使用权是可以的。

4.4.2.3 从市场供求方面看

目前,我国农村集体建设用地总量约为 16.5 万平方公里,[②] 其中经营性建设用地占 10%。从供给看,供给量约为 1.65 万平方公里,在农村土地中所占的比重还比较小。我国东中西部都有其流转的试点,东部主要是江浙一带的部分城市,中部为安徽等,西部主要是成都、重庆。我国农村集体建设用地的使用权流转处于初期发展阶段,因此市场化的规模不大。从需求来看,十八届三中全会《决定》允许农村集体经营性建设用地直接与城市建设用地同权同价进入市场,这对用地企业来讲是迫切需求的。同时,由于农村集体经营性建设用地进入市场,由市场决定其价格,农民的收益就会增加,因此,农民也是农村集体建设用地进入市场的需求者。如果这些集体建设用地顺利地以平等的姿态与城市的土地同权、同价地进入市场,将为整个经济整体注入新的活力。

4.4.2.4 从市场价格方面看

目前我国还没有农村集体建设用地的地价体系,甚至没有可以参考的规章制

---

① 胡宁燕. 农村集体经营性建设用地市场化问题研究 [D]. 首都经济贸易大学硕士论文,2015.5.
② 蔡继明. 市场在土地资源配置中同样起决定性作用 [J]. 中国乡村发现,2014 (5):77 - 79.

度。我国地价相关的法律和地价系统都严重缺失。在农村集体建设用地流转过程中，实际的交易价格远低于城市建设用地，明显违背十一届三中全会决定的"同地同价"。目前已有的一部分试点城市，都已经推出了其流转的相关办法，并对农村的基准地价进行考察提出参考地价，但是还没有城市国有土地地价体系那么成熟和完整。

4.4.2.5　市场监管方面看

我国农村集体建设用地市场监管程度低，监管机制缺乏，虽然政府以正在完善的姿态出台一些相关规定，但目前都未执行。2015 年 1 月出台的《关于引导农村产权流转交易市场健康发展的意见》中对农村建设用地市场监管提出了最新要求。对于农村集体建设用地市场化，其产权流转交易必须由政府或者非营利组织引导，产权流转必须由政府审批。监管方面，成立专门的农村产权流转交易监督管理委员会，起中介和调解作用。《意见》提出由政府相关部门组成监管机构，在一定程度上对农村集体经营性建设用地市场加强了监督管理。

4.4.3　农村集体建设用地市场存在问题

4.4.3.1　"隐性市场"长期存在且规模巨大

这里的"隐性市场"是指流流转方没有按照国家法律法规或地方法规的规定进行的建设用地非法交易活动。随着城镇化和农村现代化的发展农村建设用地需求剧增，导致了集体建设用地市场交易活跃。征地机制与利益分配模式共同催生出大量隐性的非法土地交易（康亢、李红波，2014）。加上我国国情的特殊性，我国长期以来所采取和使用的建设用地使用制度一直是城乡区别对待，再加上现行法律法规在集体建设用地方面缺乏规定，① 农村集体建设用地不能合理合法地进入土地市场进行市场化配置，这就导致了我国农村集体建设用地长期以来就在隐形市场中"自发无序"的流转局面。

这种隐性市场模式，一方面使得通过流转得到建设用地的地区，可以花较少的成本在较短的时间内进行工业化和城市化，这为城市化工业化做出了一定的贡献，促进了城镇化的发展②。但是，隐性市场流转方式存在许多弊端，它不仅扰乱了法定

---

① 张舟，吴次芳，谭荣. 城乡建设用地统一市场的构建：出发前的再审视 ［J］. 西北农林科技大学学报（社会科学版），2015，15（3）：9－15.

② 李琨. 我国农村集体建设用地流转市场机制研究 ［D］. 河北农业大学，2009.

公开土地市场的正常秩序，而且增加了政府进行土地管理、调控、规范的制度成本；市场交易各方的权属利益也很难保障，造成了农村集体建设用地市场的混乱，削弱政府对土地市场的宏观调控能力，扰乱我国土地市场的秩序，[①] 见图 4 – 3 所示。

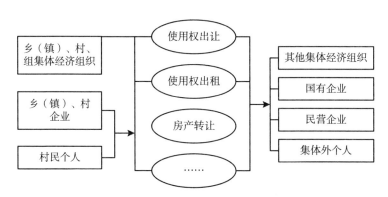

图 4 – 3　农村集体建设用地隐性市场模式

资料来源：李琨．我国农村集体建设用地流转市场机制研究．河北农业大学硕士论文（2009）中图示改造而来。

　　作为欠发展和规范、或者说"灰色""隐性"的农村集体建设用地市场秩序则比较混乱，呈现出流转现象普遍、流转形式和主体多元化且经济越发达流转越普遍的特征。例如广东等省份城郊的集体建设用地，则出现了隐性流转的现象，这在用地矛盾突出的经济发达地区流转比例甚至超过了 50%。[②] 冯瑞林（2015）在对河北省的调查中发现，在河北省经济发展较快的城乡结合部，以出让、转让、出租、作为介入股等形式将农用地非法转让为建设用地使用权的现象早已存在，形成了关系错综复杂的集体建设用地"隐性市场"。在调查问卷中，我们对集体建设用地自发流转情况进行了统计。就集体建设用地自发流转现象来看，选择"普遍存在""有，但不很多""没有的事""不知道"的比重分别为 19.2%、33.5%、21.7%、25.6%。对外来人买地行为的态度，63% 的农户认为只要村民或村干部同意就行了，与基础政府无关。关于宅基地权属认知状况，51% 的农户认为宅基地属于自己，13% 的农户认为是集体的，36% 的农户选择"不知道"。[③] 由于这种流转均是私下操作的，缺乏规范和监管，导致矛盾多发，影响农村社会稳定和城镇化进程。

①　陈燕．中国城乡建设用地市场一体化问题探析 [J]．发展研究，2011（12）：112.

②　廖洪乐．中国农村土地制度六十年——回顾与展望 [M]．北京：中国财政经济出版社，2008：153.

③　冯瑞林．法治视野下统一城乡建设用地市场研究 [M]．北京：经济科学出版社，2015：140.

冯瑞林（2015）课题组通过对河北省建设用地市场的调查发现，隐性市场存在诸多弊端：（1）对建设用地控制总量形成冲击。由于当前集体建设用地市场自发无序运行，造成土地利用混乱，政府土地利用规划实施效果差。（2）耕地保护制度受到挑战。出于经济利益动因，一些集体经济组织和农民突破耕地保护规定，随意将耕地出让、转让出租用于非农建设，使得耕地面积建设。（3）流转权利缺乏有效保障。由于流转中产权不清晰、流转主体不明确，加之疏于监管，流转程序失范，致使流转纠纷不断，流转权利保障不力。（4）流转收益分配关系混乱。由于缺少市场机制，价格形成机制扭曲，价格未能真正体现土地的价值，导致价格偏低，加上集体经济组织不完善，使得本属于农民集体及农民的土地流转收益难以得到法律的切实保障。

4.4.3.2 农村集体作为市场主体难以适应市场要求

农村集体建设用地的产权主体是农村集体，表现为农村集体经济组织，但现实中，作为市场主体之一的农村集体经济组织的具体法人缺失。农村集体建设用地的管理者通常由少数村干部取代，经营的好坏往往取决于这少数人的个人素质。没有明确的法人主体和科学的管理方法，农村集体经济组织内的农民市场参与的积极性不高，其流转难以达到所期望的经济效益和优化配置土地资源的目的。虽然出台的《关于引导农村产权流转交易市场健康发展意见》（以下简称《意见》）提出由政府相关部门组成监管机构，在一定程度上完善了市场监督管理。但毕竟这个《意见》才出台，还没有实施到位，且我国集体经济组织所需的明确其法律地位的制度不仅仅是政府监管。此外，在我国农村集体建设用地进入市场须由规划局规划，建委审核，国土局管制等这些政府部门并行司职，多头管理，从而影响了它市场化效率的提高。

4.4.3.3 农村集体建设用地市场缺乏市场监管

我国农村集体建设用地出现流转伊始，就一直缺乏市场监管。每年都会有农村土地纠纷，但我国的农村土地纠纷法院很少受理，因为我国法律在这块存在一些法律盲点。通常农村集体建设用地进入市场，没有相应的监管措施。既缺乏政府监管，也缺乏社会监督。在遭受行政干预或者其他干预时，农民由于自身获取信息能力差，很难维护自己的权益，这就迫切需要相应的监督机构，监督农村集体建设用地的流转过程，维护农民的基本利益。

4.4.3.4 集体建设用地流转价格随意性大，农村集体和农民权益得不到保障

在"如何确定建设用地流转价格"这一选项中，有46.2%的人选择由村委

会擅自确定，未征求农户意见；有 33.% 的人选择由村委会自由委托集体定价，村集体与流转地需求方协商确定流转价格；有 10.5% 的人表示不清楚；而仅有 9.8% 的人选择由评估机构定价。① 而且，走访时也发现，集体建设用地流转价格低于该地区土地资源的实际价值，流转价格的随意性常常使农民集体的利益受到损害。在被调查的 40% 的人认为农民利益受损；38% 的人认为是流转价格太低；22% 的人认为"暗箱操作"信息不公开。可见，集体建设用地流转中最根本的问题农村集体和农民的利益受损，深层次的原因是集体建设用地流转价格扭曲和利益分配不合理。

4.4.3.5　缺乏集体建设用地流转收益是具体法规，流转收益分配机制不健全，农民对流转收益满意度较低

获得流转收益是集体建设用地流转的基本经济动因。但被调查者中 64% 的人认为他们所获得的土地收入相对较少，认为还可以的占 25%，认为相对较高的仅占 11%。在农户与集体经济组织收益分配方面，85% 的农户表示对集体建设用地使用权流失及其分配根本不知道，10% 的农户知道一点，仅有 5% 的内涵基本了解。② 除隐性流转外，河北省各地集体建设用地流转实际上向政府缴纳了 15% 的税费。③ 由于缺乏集体建设用地流转收益的具体法规，流转中处于强势地位方获得的流转收益大，处于弱势方（农民）则获得收益甚少，农民对流转收益的满意度较低。

①② 冯瑞林. 法治视野下统一城乡建设用地市场研究 [M]. 北京：经济科学出版社，2015：140.
③ 刘巧芹等. 农村集体建设用地使用权流转及收益分配问题分析——以河北省 M 村为例 [J]. 农业经济，2014（3）：31.

第 5 章

建立城乡统一建设用地市场的制约因素

当前，建立城乡统一的建设用地市场，是促进城乡统筹发展的必然选择，也是中共十八届三中全会提出的经济体制改革目标之一，已被确定为中国土地制度改革的方向。要推动城乡统一的建设用地市场的建立，需要了解集体建设用地市场存在问题，分析阻碍集体建设用地入市的原因，在此基础上才能提出有建设性的改革建议和实施途径。

5.1 现行农地产权制度制约

制约建立城乡统一建设用地市场的主要农地产权因素表现为：集体土地产权主体不明晰、集体土地使用权限不明确、集体土地权能不完整、农村宅基地使用制度不合理。

5.1.1 集体土地产权主体不明晰

集体土地产权主体不明晰，表现在不同法律界定的产权主体各不相同，导致我国集体土地产权主体界定不明晰，带有较大不确定性与变动性，缺乏明晰化、规范化的土地产权主体。[1] 具体表现为：我国《宪法》中规定农村土地归集体组织所有，但没有对集体本身作一个明确的定义。我国《物权法》第 59 条规定："农民集体所有的不动产和动产，属于本集体成员集体所有。"该条规定将我国《宪法》第 10 条中的集体所有，细化为集体成员集体所有，具有进步的历史意义。据我国《物权法》第 60 条的规定，农民集体的土地可以是村农民集体所有，可以是村民小组集体所有，还可以是乡镇农民集体所有。《土地管理法》规定农民集体所有的土地依法属于村农民集体所有，由村集体经济组织或者村民委员会

---

① 陈燕. 中国城乡建设用地市场一体化问题探析 [J]. 发展研究, 2011 (12).

经营、管理;《民法通则》则规定集体所有的土地依照法律属于村农民集体所有,由村农业生产合作社等农业集体经济组织或者村民委员会经营、管理。由此可以看出,不同法律对农村集体土地产权主体的界定也各不相同。

而现实生活中,农村土地的集体所有可以解读为村农民集体所有、乡(镇)农民集体所有和村内 2 个以上的集体经济组织中的农民集体所有 3 种所有者主体。由于法律界定的产权主体不明晰,导致了农村集体土地的产权主体虚化。在集体土地的交易过程中,虚化了的、不明晰的集体土地产权主体必然引起市场主体缺失,导致交易主体混乱,集体土地也就无法进入土地市场进行交易。① 村委会在一定程度上充当了集体组织"代理人"的角色,造成了村干部掌握了绝大部分的土地处置权,在参与征地补偿谈判中掌握了权力寻租的条件。② 这正是因为缺乏真正所有权主体的所有权权能对土地征用的制约作用。③

农村集体经济组织在我国大部分都已名存实亡,因此可以充当集体土地所有权主体的主要有三个,即村民委员会、乡(镇)政府以及村民小组。然而相关法律却没有明确规定这三个农民集体的所有权范围,造成了集体土地所有权归属的模糊不清。法律上的模糊造成了实践中农民对于集体土地的归属含糊不清,据肖屹、钱忠好等人的调查,35.65% 的农民认为集体土地属于国家所有,25.65% 的农民认为集体土地属于集体所有,32.46% 的农民认为集体土地属于农民所有,而 4.97% 的农民对集体土地的归属一无所知。④

5.1.2　集体土地使用年限不明确

《农村土地承包法》第 20 条规定,耕地的承包期为 30 年。当地的承包期为 30～50 年。林地的承包期为 30～70 年;特殊林地的承包期,经国务院林业行政主管部门批准可以延长。有关政策也指出,土地承包再延长三十年不变,营造林地和"四荒"地等开发性生产的承包期可以更长。二轮承包过程中,有的地方签订的承包合同约定的承包期限达不到法律规定修改的承包期。但在另一方面,在二轮承包的过程中,有的地方按照当地人民政府的有关规定签订的承包合同,约定的承包期在该规定的期限更长。

从当前我国相关法律制度来看,集体土地使用权的使用年限存在不确定性。

---

① 贺卫华. 建设用地市场研究 [J]. 安徽农业科学, 2013, 41 (36): 14107-14109.
② 刘祥琪, 陈耀东. 对城乡统筹建设用地市场的思考 [N]. 中国国土资源报, 2010-05-07.
③ 倪维秋, 俞滨洋. 基于城乡统筹的城乡统一建设用地市场构建 [J]. 商业研究, 2010 (2).
④ 肖屹、钱忠好、曲福田. 农民土地产权认知与征地制度改革研究 [J]. 经济体制改革, 2009 (1): 81-86.

土地承包经营权的法定承包期相比城市建设用地较短或不明确，在流转的过程中也受到不得超过承包的剩余期限这一限制。与此同时，在使用年限届至后的可能。这种使用年限的不明确对目前集体土地的流转与开发投资，乃至城乡建设用地市场统一后的流转与开发投资，都有一定的抑制作用。①

5.1.3 集体土地权能不完整

一方面，集体土地产权不完整使集体土地所有权的收益权能受到限制。我国《土地管理法》第 43 条第 1 款规定，农村集体所有的土地只能用于农业生产、农民宅基地或者兴办乡镇企业等，而不能用于经济效益较好的房地产开发等。《土地管理法》同时还规定，任何单位和个人进行建设，需要使用土地的，必须依法申请使用国有土地。这就明确规定了只有国有土地使用权才可以依法转让，集体土地所有权的转移只能通过国家征用的方式来实现，任何自愿的横向转移和纵向转移都是违反《土地管理法》的。② 由此可见，国家垄断了建设用地一级市场，农村集体土地要改变使用方式，唯一的合法途径就是通过国家征用，再通过使用权转让的方式来满足非农建设的需要。这实际是对农民土地发展权的剥夺。

另一方面，集体土地产权不完整使集体土地所有权的处分权能受到限制。处分权能是所有权的核心权能，是财产利益的基本实现方式。我国《土地管理法》明确规定，集体土地不得出让、转让、出租用于非农业建设，不得擅自改变土地用途，集体土地不能直接进入土地市场交易，土地承包人要向非农用地主体提供土地使用权，必须经发包土地的人民政府审批等。我国《宪法》和《民法通则》等也明确规定，土地所有权不得出卖、抵押或者以其他方式转让。土地承包经营权人只是拥有土地的使用权，其所有权被弱化了。由此导致了农村集体土地的收益权和处分权被严格限制和弱化。集体土地所有权的处分权能受限，成为建立城乡统一建设用地市场的制度障碍。

5.1.4 农村宅基地使用制度不合理

关于农村宅基地，《土地管理法》规定，一户村民只能拥有一处宅基地，面积适当，归集体所有，可以无偿无限期使用，但不能流转。《物权法》规定，农

---

① 卢熙. 建立城乡统一建设用地市场的障碍及条件 [J]. 混凝土世界，2014，(8)：81-86.
② 贺卫华. 建设用地市场研究 [J]. 安徽农业科学，2013，41 (36)：14107-14109.

村宅基地使用权人依法对集体所有的土地享有占有和使用的权利，有权依法利用该土地建造住宅及其附属设施。由此可以看出，宅基地对于农民来说，具有财产属性，这与市民房屋及其占用土地的财产属性并无多少区别。但现实中，市民住宅包括其占用的土地使用权可以自由买卖，而农民住宅的转让却受到《土地管理法》等相关法律的限制。随着农村城镇化发展的深入，土地资源配置的矛盾越来越尖锐。面对城市房价的飙升，普通市民只能望洋兴叹。这无论从理论上还是逻辑上都是不合理的，对于农民来说也是不公平的。不合理的宅基地使用制度造成了建设用地的城乡二元结构，引发了很多问题，导致宅基地私下交易、隐形流转现象比较普遍、宅基地空置严重、加大了小产权房的治理难度等。① 这与建立城乡统一建设用地市场的要求大相径庭。

5.2　城乡建设用地土地二元结构制约

5.2.1　城乡建设用地割裂的二元结构

在目前我国的法律体系中，对城乡土地所有制的规定散见于《宪法》《物权法》《土地管理法》等法律法规。

一是《宪法》。第十条第一款规定："城市的土地属于国家所有。第十条第二款规定：农村和城市郊区的土地，除由法律规定属于国家所有的以外，属于集体所有；宅基地和自留地、自留山，也属于集体所有"。

二是《物权法》。第四十七条："城市的土地，属于国家所有。法律规定属于国家所有的农村和城市郊区的土地，属于国家所有"；第四十八条："森林、山岭、草原、荒地、滩涂等自然资源，属于国家所有，但法律规定属于集体所有的除外"。第一百二十八条："土地承包经营权人依照农村土地承包法的规定，有权将土地承包经营权采取转包、互换、转让等方式流转。流转的期限不得超过承包期的剩余期限。未经依法批准，不得将承包地用于非农建设"。

三是《土地管理法》。第八条："城市市区的土地属于国家所有。农村和城市郊区的土地，除由法律规定属于国家所有的以外，属于农民集体所有；宅基地和自留地、自留山，属于农民集体所有"；对土地经营权第十条作了明确的规定："农民集体所有的土地依法属于村农民集体所有的，由村集体经济组织或者村民

---

① 贺卫华. 建设用地市场研究［J］. 安徽农业科学，2013，41（36）：14107 – 14109.

委员会经营、管理；已经分别属于村内两个以上农村集体经济组织的农民集体所有的，由村内各该农村集体经济组织或者村民小组经营、管理；已经属于乡（镇）农民集体所有的，由乡（镇）农村集体经济组织经营、管理"；对于土地审批单位和权限的在第四十三条也作了明确规定："任何单位和个人进行建设，需要使用土地的，必须依法申请使用国有土地；但是，兴办乡镇企业和村民建设住宅经依法批准使用本集体经济组织农民集体所有的土地的，或者乡（镇）村公共设施和公益事业建设经依法批准使用农民集体所有的土地的除外"。

四是《民法通则》。第八十条："国家所有的土地，可以依法由全民所有制单位使用，也可以依法确定由集体所有制单位使用，国家保护它的使用、收益的权利；使用单位有管理、保护、合理利用的义务。公民、集体依法对集体所有的或者国家所有由集体使用的土地的承包经营权，受法律保护。承包双方的权利和义务，依照法律由承包合同规定。土地不得买卖、出租、抵押或者以其他形式非法转让"。

改革开放以前，对土地的管理主要依据党的方针政策以及政府法规，并且集体建设用地的流转完全依靠行政命令进行划拨和平调，[①] 并无集体建设用地入市的问题。改革开放之后对土地的管理更多的体现在《宪法》和《土地管理法》的规定中，把土地被明确的划分为国家所有的土地和农民集体所有的土地两大类类型，城乡割裂的土地所有制的二元结构十分明显。在城乡二元土地所有制的基础上，《土地管理法》第四十三条第1款还规定："任何单位和个人进行建设，需要使用土地的，必须依法申请使用国有土地；但是，兴办乡镇企业和村民建设住宅经依法批准使用本集体经济组织农民集体所有的土地的，或者乡（镇）村公共设施和公益事业建设经依法批准使用农民集体所有的土地的除外。"据此，只有国有土地才能用于城市建设和工商业用地。农村土地进入城市建设用地的途径，是国家基于公共利益的需要，通过征收将农村土地变为国有土地。在当前法律法规建立的这种二元制度下，建立城乡统一的建设用地市场可谓无法可依。

改革开放之后我国立法进行一个新时期，在我国土地立法上，有两个标志性立法：1986 年的《土地管理法》及 1988 年修正版和 1999 年的《土地管理法》。

1986 年《土地管理法》及 1988 年修正版对于集体建设用地供应采取了比较宽松的态度。主要表现在两个方面：一是平等对待国有建设用地与集体建设用地，允许国有土地与集体建设用地使用权依法转让，例如在《土地管理法》（1988 修正）第一章总则第二条第四款："国有土地和集体所有的土地的使用权

---

① 黄小虎. 新时期中国土地管理研究 [M]. 北京：当代中国出版社，2006 年版，第 118 页.

可以依法转让"。二是集体建设用地审批权掌握在县级及以下人民政府。村民建设住宅、兴办乡镇企业以及农村公共设施建设等在符合乡（镇）村规划的前提下只需要乡镇政府或者县政府批准即可。

5.2.2　城乡建设用地法律体系的不合理

现行土地管理法律法规在土地用途管制下，坚持农地农用，国有土地对城市建设用地市场的垄断，并通过征地制度的实施来增加国有土地，以缓解城市建设用地市场上国有土地供应不足的问题。这造成了许多问题，不利于城乡统一建设用地市场的构建。

5.2.2.1　两类建设用地市场难以统一

城市土地属于国家所有以及城市建设用地必须使用国有土地直接阻止了集体土地合法进入城市建设用地市场。在利益驱使下，为了躲避国家法律的规制，许多农民或者集体以各种隐蔽的手段将集体土地用于工商业等建设之用，并形成了规模不小的集体建设用地隐形市场。集体建设用地隐形市场的存在不仅扰乱了城市建设用地市场秩序，隐形市场的存在，不利于国家对建设用地市场的统一监管，势必对城乡统一建设用地市场的构建产生极其不利的影响。

5.2.2.2　影响地方政府构建城乡统一建设用地市场的积极性

征地条款的存在以及现有法律对"公共利益"界定的含糊不清，使得地方政府可以以"公共利益"为名，肆意征地。一方面，征地缓解了各地城市建设用地市场的供需矛盾，使地方政府无法感受城乡建设用地二元结构的切肤之痛，降低促进城乡建设用地市场一体化的积极性。另一方面，集体土地国有化过程中，地方政府可以获取土地补偿与土地出让金之间的巨大差价，大肆经营"土地财政"。因此，现有土地法律法规的相关条款如果不进行调整与变更，必然影响地方政府参与城乡统一建设用地市场构建的积极性。

5.2.3　城乡建设用地二元结构的障碍

城乡二元土地所有制在国家土地用途管制下造成了城乡建设用地使用制度二元结构。城市建设必须使用国有土地，农民集体土地不能随意改变用途，不能直接进入城市建设用地市场。而且，农村集体用地只有农民村集体经济组织内部成员才能取得农民集体建设用地，以外的任何单位和个人都无权使用。这就造成了城市和农村建设用市场的割裂，农村集体建设用地只能在本集体经济组织内部使用，和进行流转与城市建设用地市场格格不入。这就使得城乡土地在土地产权、土地用途、土地市场、土地规划、土地管理、土地价格等方面都呈现出二元的特征，给建立统一的城乡建设用地市场带来了重大的困难。

5.2.4 城乡二元分割的土地税收制度

在我国现行征收的 18 个有效税种中，涉及土地的主税种为耕地占用税、城镇土地使用税、房产税、城市房地产税、土地增值税，辅助税种有城市维护建设税、销售不动产营业税、企业所得税、个人所得税、契税、印花税、教育附加税。

我国专门的土地税收法律主要有以下 3 个：1986 年开征、2008 年修订的《中华人民共和国耕地占用税暂行条例》；1988 年开征、2006~2013 年经过三次修订的《中华人民共和国城镇土地使用税暂行条例》；1993 年开征的《中华人民共和国土地增值税暂行条例》。此外，房产税基本法规为 1986 年颁布的《房产税暂行条例》，其他相关法规有 1985 年开征、2011 年修订的《中华人民共和国城市维护建设税暂行条例》；1997 年实施的《中华人民共和国契税暂行条例》。这几部条例均为国务院颁布的行政管理法规，颁布时间较长，带有计划经济时期的痕迹，虽然对部分法规进行了修订，但仍滞后于土地市场的发展速度和要求。[1]

我国土地税收体系面临的首要问题是二元制的税收制度。在我国主要土地税种中，城市有城镇土地使用税、房产税、土地增值税、城市建设维护税。而涉及农村土地的仅有耕地占用税，从税种的设置上来看城乡差别明显。2013 年耕地占用税为 1808 亿元．而房地产营业税为 5411 亿元，土地增值税为 3294 亿元，契税为 3844 亿元，城镇土地使用税为 1719 亿元。[2]

在以上四种主要土地税种中，农村土地税收入仅占到城市土地税收入的12.7%，也就是说。二元制的税收体系无论是从税种设置还是从税收收入上都将农村集体建设用地排除在外。随着市场经济的发展和工业化、城镇化的推进。[3]从土地利用上看，城市地价飞涨。而农村土地大量抛荒，可以说。二元制土地税制的弊端已经严重阻碍了建立城乡统一的建设用地市场。

---

①③ 余敬，梁亚荣. 城乡建设用地市场一体化中的税法完善对策 [J]. 行政与法，2015，(1)：9－103.
② 以上数据来源于财政部网站国库司 2014 年 1 月 23 日发布的《2013 年财政收支情况》，http://gks. mof. gov. cn/zhengfuxinxi/tognjishuju，2014－01－23.

5.3　土地收益分配制度的制约

5.3.1　农地流转中土地收益分配不合理

农地转用指的是将农用地转化为建设用地（包括城市基础设施建设、工业用地、商业用地等）的过程。现行土地制度下，集体土地（集体经营性建设用地除外）不能直接入市，集体土地大多是被地方政府通过土地征用方式而非购买方式转变为国有土地后再入市。如图 5-1 所示，依靠政府征地来实现农地转用包括两个阶段：一是征地阶段，二是土地出让阶段。

图 5-1　农地转用过程

在土地征用阶段，政府通过征地制度实现农地转用的过程中，地方政府（特别是市政府）获取了大量的土地转用收益，并且大部分收益为预算外收入，可供市政府自由支配，这就给地方政府留下了经营土地财政的巨大空间。由于征地制度的不合理而形成的农地转用收益分配的不合理给了地方政府巨额的征地差价，这个差价为地方政府实现其自身效用最大化提供了财政基础。因此，只要农地转用收益分配不合理地向地方政府倾斜，地方政府就有控制不住的"征地冲动"。地方政府的"征地冲动"，阻碍城乡统一建设用地市场的构建。

在土地出让阶段，企业需要向政府支付土地出让金。在农地转用收益分配中，主要涉及中央政府、地方政府、农村集体组织以及农民个人四个利益群体。在农村土地转用收益分配中，地方政府获利最大，而农民则成了最大的利益受损者。

5.3.2　高交易成本和低租值阻碍农村集体建设用地"入市"

随着经济发展，地租也会一路上扬。与此同时，地租的贴现值——土地财产收入流量也会不断上涨。然而，现实更为复杂，深入研究有必要还原一些舍象的因素。虽然土地总量可能是一定的，即是说供给总量是一定，但具体到某一区域，其土地供给却并不固定。例如，对一个城市而言，由于城市扩张，其土地可能不断补充，特别是农村土地不断转用为城市建设用地。对一个城市的某一个时期而言，土地供给可能是固定的，但动态地看，土地供给又可以按时期、分阶段不断补充。为了便于静态比较研究，我们假定在城市法定规划区域，不同时间段的可供转用的农村土地总量是固定的，但需求是动态变化的。

5.4 社会保障与农民自身的制约

5.4.1 社会保障不到位

社会保障，特别是住房、医疗、养老保障直接决定了农民的理性选择。当前，很多空置农村集体建设用地农民不愿意卖，最主要的原因就是社会保障不到位。因此，很多地方推行"两分两换"，这在一定程度解决了农民的社会保障问题，农民对此表示欢迎。相反，如果在没有得到社会保障的情况下，农民会留存土地，以备养老用；留存宅基地，以期升值。以重庆市璧山县大路镇郭家村为例，全村农民社会养老保险参保率仅为5%。但是，全村整户常年在外打工、经商的户数近40%。在重庆推行农村集体建设用地"入市"的大背景下，全村竟然没有农民报名空置宅基地整理、复垦。总体上，我国8亿农民，社会养老保险覆盖率不到10%。庞大的农村集体建设用地闲置资源未能解渴蓬勃发展却又受困"地荒"的工业、城镇。看似违背经济理性的现象，其实背后隐藏的是社会保障缺失改变农民决策条件的事实。

5.4.2 农民对农地入市的认识有待提高

农民对农地入市的认识除法律因素、经济因素等因素外，农民自身文化认识水平低及其保守性在一定程度上阻碍了建立城乡统一的建设用地市场。

农民是农村集体建设用地"入市"中的利益主体。他们的决策不但要受客观因素的影响，同时还要受主观水平的限制。成熟的市场经济都是建立在较高水平的市场主体基础之上的。限于农民的文化认知水平，农村集体建设用地"入市"的推进步伐相对较为缓慢。其一，中国农民的文化水平偏低，对于政策认识，易于表面化；对于政策的价值判断，较为朴素。因此，农村集体建设用地"入市"原本是多方共赢的政策，但农民对其认识较为粗浅。

作为一项重要的社会因素的农民的保守性，也阻碍了建立城乡统一的建设用地市场。中国传统文化是农耕文化，饱含了安土重迁的传统思想。故乡、旧居寄托了很多感情因素。中国历代文学作品中关于故乡、故居、故园的描述数不胜数。其中，像鲁迅的《故乡》、余光中的《乡愁》等脍炙人口的名篇，深入人心，引起了一代代人的共鸣。深层的原因就是它们打动了人们，特别是诱发了那些出身农村的广大中国知识分子的思乡情结。因此，对于空置宅基地的处理，农民有保守倾向，并不是完全能用货币效用诱导的。这主要是因为安土重迁的传统文化。①

特别需要注意的一点，空置宅基地的户主多是在外较为成功的经商、务工农民，他们都有很强的"风水"观念。在他们的意识或者潜意识中，祖坟和自己的房子是"风水"旺的保证，是自己在农村相对成功的原因。因此，对于空置宅基地，他们一般是不会轻易出卖。这种迷信思想可以解释很多早已成功转移，并早就在城里有稳定收入、住房的农民不愿意因为钱而卖掉老屋。即便不太成功的农民工，因为"祖业"观念也不愿意轻易出卖宅基地。因为，在农民的深层观念当中，丢掉"祖业"就意味着人生失败，愧对先祖。在这样的名誉背负下，人们很难在利益诱导下"出卖"宅基地。

5.5　地方政府职能定位的制约

现代经济学认为，市场在资源配置中起基础性作用，价格机制能自动地使资源配置达到最优化状态。只有在市场机制无法发挥作用的领域，政府才有发挥作用的合理性，即需要政府介入引导资源实现最优配置。一般来说，市场失灵主要发生在三个领域：一是公共物品，二是外部性，三是垄断，这三个方面都会导致资源配置的低效率，市场机制本身无法调节，需要政府介入加以调整。因此，政府职能是与市场失灵紧密联系在一起的，现代经济学要求将政府职能准确定位，让政府主要承担弥补市场缺陷的角色。

城乡统　建设用地市场构建中，应该将政府职能定位在制度供给与维护上。制定城乡统一建设用地市场交易规则并对其进行维护，即颁布一系列土地市场化配置的法律法规，对违反交易规则的行为进行惩罚，维护市场秩序。然而现阶段我国政府（特别是地方政府）却对其职能认识不清，存在着严重的"错位"、"缺位"与"越位"现象。地方政府的"错位"是指地方政府集土地财产所有者、土地管理者、土地供应主体、征地需求主体以及土地市场监督者于一身，扮演着多重角色。在城市土地市场，政府集合了土地财产所有者、土地管理者以及

---

① 费孝通. 江村经济——中国农民的生活［M］. 北京：商务印书馆，2001 年版.

土地市场监督者于一身；而在农地转用市场，地方政府更是集合了征地需求主体、土地出让主体以及土地执法主体于一身。地方政府的"缺位"是指地方政府在土地市场上应该履行的职责却未能尽责。面对城乡建设用地二元结构带来的日益加深的经济社会矛盾，大部分地方政府却未能通过改善土地利用的公共政策来缓解矛盾，未能与时俱进地做出新的制度安排，也未能对土地违法者进行相应的惩罚与打击。因征地而导致的群体事件频发、各地集体建设用地隐形市场活跃并且杂乱无序、国家耕地安全受到威胁等现象的产生与地方政府职能的"缺位"有着极大的关系。地方政府的"越位"是指地方政府超越自身所应当履行的职责范围，承担了许多市场的功能。

第6章

建立城乡统一建设用地
市场的经验借鉴

6.1　国外建设用地市场模式经验借鉴

6.1.1　美国土地制度

6.1.1.1　从土地所有权来看

在美国，土地所有权分别归联邦政府、州、县、市政府和私人所有，私有土地占全国面积的58%，联邦、州、市、县在土地的所有权上各自独立，不存在上下级隶属关系，产权边界非常清晰。

6.1.1.2　从土地交易形式来看

在美国，主要由国家出售和收购土地，由于法律的规定，私人所有的农地可以像其他土地一样入市交易，所以美国的土地交易是平等主体之间的自由交易。在土地交易价格方面，美国坚持市场的价值规律，土地交易价格由交易双方协商确定，交易双方根据市场价格确定买卖价或出租价。政府主要通过基础设施、交通条件、产业政策等来影响地价。

6.1.1.3　从土地市场土地价值评估来看

美国是一个建立在土地私有制基础上的市场经济国家，政府相信自由的市场交易是资源配置最有效率的形式。美国的土地市场统一且各项交易很成熟。在美国，农村土地的市场价值由相对独立的资产评估师来进行评估，以便能够获得公正的市场价值。在美国，其土地管理部门将每一块土地的位置、面积、价格及出售时间等信息都记录在案，这样一来，评估部门的资产评估师在对一块土地进行评估时则有了很好的参考依据。① 当评估师在作出评价时，他们往往参考近期相似的地块、地段来进行测算，最终得出关于被征农地市场价格的测算结果比较准确。当然，当评估师作出评价后，如果农地所有入对这一结果不满意，不同意评价师评价的市场价格，他就可以在法庭上通过向法官或陪审团出示该农地产出的各项证据，如收入证据、购买价格证据、购买要约证据、出售要约证据及专家证据等，使法官和陪审团相信该农地的公平市场价值高出评估师所评估出的评估价格，取得法官和陪审团的支持以获得更多的补偿。

6.1.1.4　从土地征收制度来讲

在美国，为了保证公共利益，政府保留了土地的征收权，并出台了一系列法案，如《土地先购权法》《宅地法》等，一方面保证政府对私人土地的征用、收购权。另一方面，对政府征收规定了严格的条件和程序，防止政府滥用征收权。美国政府征收补偿是按公平补偿原则来进行的，就是说按照公平的市场价值来补偿。

6.1.2　英国的土地制度

6.1.2.1　从土地所有权来看

在英国，实行土地私有制，虽然英王对全部土地享有形式上的所有权，但土地所有权实际归个人、法人、政府和团体所有，产权主体明晰。

6.1.2.2　从土地交易形式来看

在英国，土地交易形式主要包括协议交易和强制购买。而强制购买也是在协议交易不成的情况下才采用的。在强制购买中也特别强调"公共利益"目的。在法国，土地市场分为两种：市场用地市场和农业用地市场。这种市场划分的目的在于对农用地的特殊保护。

6.1.2.3　从土地征收制度来看

在英国，政府可以为了公共利益强制购买土地。但在强制购买中，政府需要

---

① 中国社会科学院农村发展研究所宏观经济研究室. 农村土地制度改革：国际比较研究［M］. 社会科学文献出版社，2009：49.

补偿的主体非常广泛。不仅包括土地所有者，还包括占有人、承租人、抵押权人以及周边未被征收土地的人，也就是说所有受到强制购买直接或间接影响的人均可得到补偿。

6.1.2.4　从土地确权改革来看

在英国，英国土地法的演变为中国的土地确权提供了可供借鉴的经验。根据 1910 年的英国财产法，农民无法像在法国或德国那样对土地享有完整的所有权，而只能向女王主张对土地的使用权，这与现行中国法律并无太大区别。有趣的是，后来的契约法改革中，英国很好地确立了土地租赁制度，并且法律对出租人及承租人权利的保护也十分积极。一个活跃的土地和房产市场发展了起来，产生了一种人们称其为"剩余部分"——即还剩余多少年租赁期的交易产品。假设农民对一块土地享有 30 年租赁期，那么他就可以以最初的租赁合同在公开市场上出售租赁期。[①]

6.1.3　法国的土地制度

6.1.3.1　从土地所有权来看

在法国，根据法国《民法典》的规定，法国的土地除依法属于国家所有的以外，归私人所有。法国国家所有的土地包括："国家管理的道路、巷、市街，可以航行的河道、海岸、海滩、港口、海港碇泊场以及一般不得私有的法国领土部分。"法国的所有权人享有完全的所有权，其使用权、受益和处分权受法律保护。

6.1.3.2　从土地交易形式来看

在法国，土地市场分为两种：市场用地市场和农业用地市场。这种市场划分的目的在于对农用地的特殊保护。

6.1.3.3　从土地征收制度来看

在法国，土地征收制度要求征收土地必须以公共利益为征收目的，征收的程序包括行政程序和司法程序两部分，征收补偿金以"公平补偿"为原则。

---

① 陈美华，罗亦泳. 南昌大学学报（人文社会科学版）[J].2009，40（2）：99－103.

6.1.4　日本的土地制度

6.1.4.1　从土地所有权来看

在日本，现行的土地所有制是多元化所有制，以私人所有为主体。农村土地归农民私有，农民可以自由买卖和租赁。启示：纵观上述发达资本主义国家土地所有权来看，他们的共同特点是产权清晰，所有权主体明确，客体边界清晰，而这些性质都是土地交易的前提条件。

6.1.4.2　从土地交易形式来看

在日本，由于国土面积狭小，土地价格高昂，所以土地交易尤其是农地交易以租赁为主，而且允许土地租赁转让。

6.1.4.3　从土地征收制度来看

在日本，土地征收的前提条件也是必须是为公共目的之使用。土地补偿以全面补偿为原则，就是不仅补偿土地产权而且补偿地上财物或因搬迁所造成的间接损失。

6.1.5　俄罗斯的土地改革

俄罗斯的土地改革历程可以追溯到 20 世纪 90 年代初，始于 1991～1992 年，这次土地改革的主要内容是土地私有化，该项改革引起了土地所有权结构的变革。当时大量国营农场和集体农庄将它们的土地无偿分配给个人，所采取的形式是以一种名为"土地份额"的票面权利。所谓"土地份额"的面积由该地区所控制和可用的土地数量来决定，每一成年人，无论是集体农场的工人还是从事服务的雇员，亦或领取年金者，他们都可以获得一份土地份额。这项土地份额可以转移，还可以用来交换，但是尽管如此，它仅仅限制在是一项与实际地块相联系的抽象的票面权利，并非我们通常意义上所讲的"土地所有权"。这项抽象化意义上的土地所有权仅是作为一项书面证明而存在，它代表着持有人对该项集体土地的一部分拥有所有权。俄罗斯的土地流通通过两种方式来进行：一种是法律所有权转移的买卖交易；另一种则仅仅是使用权的转移而所有权却不变。①

① Z. 莱尔曼，N. 沙盖达，西爱琴. 俄罗斯土地改革及农地市场发育状况［J］. 国外社会科学，2006（1）：97－99.

俄罗斯的"土地份额"这一票面权利与重庆的"地票"具有相似之处，如上文所述：这项土地份额可以转移，还可以用来交换，但是尽管如此，它仅仅限制在是一项与实际地块相联系的抽象的票面权利，并非我们通常意义上所讲的"土地所有权"。①

6.1.6　国外土地制度改革的启示

国外发达国家土地所有权一个共同特点就是产权清晰，所有权主体明确，客体边界清晰，而这些性质都是土地交易的前提条件。土地征收制度的共同特点在于通过土地征收行为实现个人利益和公共利益的平衡。虽然土地征收是为了公共利益的目的，但没有因为是为了公共利益就任意损害私人的利益。"确权"是土地交易的基础，无论是美国、英国还是法国、日本，他们土地交易的市场化程度都较高，是建立城乡统一建设用地市场的基础。

我国土地制度建立在二元所有制基础之上，国有建设用地市场发展的比较成熟、规范，其间的建设用地采用的是市场化的配置，而我国农村集体建设用地市场却只能以"灰色"的状态存在。我国缺乏像美国这样成熟健全的土地评估机构，因此集体建设用地价值很难被个人所估量。设立具有权威的土地价格评估机构以及规范的土地价格评估体系，对于农村集体建设用地市场的构建十分必要，土地价格评估机构将是农村集体建设用地市场中一个重要的机构，它将在建设用地市场的统一中发挥重要作用。这是我国城乡统一建设用地市场的可借鉴之处。

为进一步推动建立城乡统一的建设用地市场，首先应在维护好农民的土地权益的基础上，通过确权，明晰产权归属，坚持循序渐进，有条件、按程序、分步骤审慎稳妥推进，鼓励试点地区结合实际，大胆探索，并适时对土地市场制度创新，通过完善相关法律制度，降低交易成本。始终把维护好、实现好、发展好农民土地权益作为改革的出发点和落脚点。

6.2　我国集体建设用地入市模式实践探索

随着我国市场经济的发展，限制农村集体建设用地使用权流转的规定已经与现实严重不相适应，这样既不利于土地的合理利用和总体规划，也给土地管理和

---

① Z. 莱尔曼，N. 沙盖达，西爱琴. 俄罗斯土地改革及农地市场发育状况 [J]. 国外社会科学，2006（1）：97－99.

执法工作带来了困难。为此，国土资源部从 1997 年起步，并在 1999 年底首先批准了安徽省芜湖市开展集体建设用地使用权流转试点工作，随后又批准江苏省苏州市、河南省安阳市、浙江省湖州市、广东省佛山市顺德区和南海区等地部署集体建设用地使用权流转试点。随后，集中力量对安徽、河南、上海、江苏、广东五省市进行主题调研，并先后召开了以集体建设用地使用权为主题的三次土地制度创新座谈会，从理论上和实践上对集体建设用地使用权流转管理、制度建设进行了深入的研究和总结，推动试点工作（王玉坤，2009）。

上海市、安徽省、河南省、北京市、广东省等地已经制定了集体建设用地流转的地方性规章或规范性文件。通过多年实践，我国已经形成了包括芜湖模式、杭州模式、南海模式、顺德模式、成都模式和重庆模式等在内的集体建设用地使用权流转的地方性模式。农村集体建设用地使用权流转是继家庭承包制和农业经营用地流转之后中国农村土地制度的又一次变革，对建设用地流转中问题和利益矛盾的分析有助于推进中国经济转型中的农村土地制度的变革，更好地维护农民的土地权益。同时各试点出台的相关政策和建立的管理制度，对集体建设用地能否流转、如何流转、流转范围和程序、流转收益如何分配等进行了不同程度的探讨和摸索（王克强等，2007）。

6.2.1 安徽省——政府主导的"保权让利"芜湖模式

6.2.1.1 芜湖模式描述

芜湖市地处安徽省东南部，早在 1999 年，被国土资源部批准在芜湖建设全国第一个农村集体所有建设用地流转试点。其实施方案的核心是，村集体拥有的土地所有权不发生变化，由各试点乡镇政府统一规划、统一开发和统一流转。

具体操作流程如下：首先，对试点乡镇编制土地利用和集镇规划，将土地划分为农用地和建设用地；其次，由村集体组织出面通过签订流转合同，将农民承包的集体土地经营权收回，签订"收回土地承包经营权协议"，并向农民支付赔偿金，并将收回的土地承包经营权转让给当地乡镇政府；再其次，乡镇政府成立投资公司，把成片的土地开发形成建设用地，并采取协议、招标、拍卖等方式对流转农民集体所有建设用地进行让或出租于工商业建设；新的土地使用者缴纳土地流转收益；最后，将土地出让收益在市、县、镇政府和土地所有者按 1∶2∶5∶2 的比例对流转收益和增值收益进行分配（2002 年后，市级不再参与分成，县、乡、集体经济组织分成比例为 1∶4∶5）。

6.2.1.2 芜湖模式分析

从产权的角度来看，芜湖模式突破了建设用地的流转以国家征收为前提的现状，农村集体建设用地可以在不改变集体所有权的前提下进行流转，所有权和使用权相分离，实行建设用地使用权有偿、有期限、有流动制度。从政府和市场的角度来看，第一，政府为集体建设用地进入市场创造了条件，芜湖模式对集体建设用地初次流转和再次流转中的流转期限、价格、收益分配、流转方式等具体程序做了比较明确的规定。其次，芜湖模式是由政府主导的，主要表现在：第一，芜湖模式是在政府规划所确定的范围内流转，实行计划管理、总量控制，乡镇政府获得宽松的规划权。第二，乡镇政府是集体建设用地流转中的组织者和交易主体。土地的规划、土地的组织、出租、转让、拍卖都是由乡镇政府统一进行安排。第三，政府土地交易价格进行严格的控制。从利益分配角度来看，县、乡、集体经济组织按照1:4:5的比例进行利益分配，按地价对土地使用者或承包经营者进行补偿。但是在集体建设用地流转过程中，政府给予农民的补偿与征地补偿相当。

6.2.1.3 芜湖模式启示

芜湖模式是"保权让利"模式的典型代表，即在保持集体建设用地归集体所有前提下进行流转，突破了现行的法律法规。同时，芜湖模式对集体建设用地流转的具体程序的规定也为集体建设用地进入市场提供了条件。芜湖模式结合小城镇建设规划，实行乡镇政府推动；建章立制，依法进行；合理分配流转利益，兼顾各方利益。农村集体建设用地可在不改变集体所有权前提下进行流转，所有权和使用权相分离。实现了集体建设用地在所有权权属不改变的情况下进入城市建设用地市场。

但是芜湖模式也有其不合理之处即地方政府是最大的受益者，农民处于"无权利"的地位。主要表现在：第一，芜湖模式使得地方政府干预农村集体土地交易有了合法的依据。村集体经济组织的土地所有者在土地交易中的收益预期受到地方政府的影响，农民处于被动的"无权利"地位。第二，芜湖模式实质上是对经济利益重新进行配置的制度，地方政府成为最大的受益者。第三，"村委会获得了额外收益，相较于现在的制度安排下确定的收益，村委会的收益增加了，在土地承包之后，村委会原本不能再从农民承包土地上得到收益，通过制度变迁，村委会不仅得到了征地补偿，还获得了额外收益。农民则处于极其被动的地位。"第四，集体建设用地会随着农村经济的不断发展和城市化进程不断扩张而继续升值，而农民无法参与工业化与城市化进程中土地升值部分的分配。

6.2.2 广东省——地方推动的"土地股份制"南海模式

6.2.2.1 南海模式描述

20世纪80年代，珠三角地区大规模地招商引资，经济一片繁荣。随着珠三角地区土地开发殆尽，投资商纷纷把视线转移到珠三角周围地区。广东南海地处珠江三角洲腹地，便具有这一得天独厚的优势，并且农村有大量的土地可供开发，但是在土地的具体流转方式这一问题上是存在争议的。为了应对工业化对土地的需求以及维护作为土地所有者的权益，南海农民集体自发开创了土地股份制。具体操作流程如下：首先，把集体土地按功能分为基本农田保护区、经济发展区和商住区，允许符合土地利用规划的集体土地用于工商业建设；其次，将集体财产、集体土地、集体土地承包权折算成股份，按照本村户籍人口以及成员的不同情况配置股权，按股权比例进行分红；再其次，土地的规划、开发、出租与收益均由集体经济组织进行，集体经济组织成为了实质上的土地经营管理者，并且以村为单位成立了股份公司。股份公司的经营纯收入在扣除相关税费后的49%作为土地分红。在地方的集体建设用地市场的推动下，政府于2005年6月出台《广东省集体建设用地流转办法》，正式允许省内的集体建设用地直接进入市场交易；最后，实现将土地收益保留在农民集体内部。

6.2.2.2 南海模式分析

从产权的角度来看，南海模式没有改变集体建设用地归集体所有的性质。并且地方政府减少了对产权的干预，一定程度上使得产权得到了更好的保障。政府和市场的关系来看，第一，政府正视了农村集体建设用地隐形市场的合理性，为其流转提供了合法的渠道。第二，政府承认了集体经济组织的土地产权收益主体和市场主体地位的合法性，摆正了政府的定位。土地流转是土地所有者实现土地资本收益的渠道，属市场主体之间的市场行为，政府不能直接干预交易，正能进行监督管理。从利益分配来看，"股份公司的经营纯收入，在扣掉完成国家税收、上缴各种费用、弥补上年度亏损以及提留10%作为福利基金后，剩余的部分留51%作为发展基金和福利基金，另外49%作为土地分红。"使得农民分享到了土地流转和土地增值所带来的收益。

6.2.2.3 南海模式启示

南海的土地股份制最大的特点就是政府减少了对产权的干预并且使得集体建

设用地流转的收入集中在了集体的内部，使得农民可以分享土地升值带来的利益。为控制集体建设用地总量、促进集体建设用地有序流转，必须编制科学的土地利用规划，将集体建设用地流转控制在规划范围内；经过十几年的探索，取得了较好成效，逐渐成为我国集体建设用地入市主流模式。

但是在制度实施的过程中也存在诸多的不完善。首先，这种以集体经济组织为主体经营集体建设用地的办法，也面临困境。由于集体经济实力过于庞大，给集体经济的运行和资金的有效管理带来一些隐患。集体组织的当家人的行为缺少制衡和监督，出现了村干部以权谋私，占用集体资金等行为等，影响了农村社区的长期发展。其次，南海模式中土地是按规划进行流转，该政策只是解决了存量集体建设用地的流转问题，如果要增加建设用地，则要受到政府的年度指标和耕地占补平衡的限制。规划区内的集体建设用地流转取得了合法性，但是规划区外的土地则遭受了不公平的待遇，规划导致了各地集体经济组织土地发展权的不平等。

6.2.3　四川省——城乡建设用地"增减挂钩"成都模式

6.2.3.1　成都模式描述

城乡建设用地"增减挂钩"模式，是对近年来在"城镇建设用地增加与农村建设用地减少相挂钩试点"中所采用的一种新的土地整理、利用和管理模式。作为全国最早实施增减挂钩项目的成都，在政策引导和项目经验上都具有一定的典型性，尤其是成都市对引进社会资本实施增减挂钩项目具有较为明确的规定和丰富的经验。

成都是一个典型的"大城市带大郊区"的城市，人多地少，资源紧缺。城市经济发展与土地资源紧缺的矛盾日益突出。自 2007 年 6 月被批准设为城乡统筹综合配套改革试验区后，就把统筹城乡发展作为工作的根本指导思想。土地向规模经营集中是统筹城乡建设发展的"三个集中"之一，城乡统筹规划提出：未来十年，成都市工业集中度达到 80%，城市化率达到 70%，土地规模经营达到 75%。经济的发展、城镇化的推进和土地规模经营的需求都促使城乡建设用地增减挂钩项目大力开展。城乡建设用地"增减挂钩"模式具体操作流程如下：首先，锦江区建立土地股份合作社等新型集体经济组织，明确了集体建设用地流转的主体；其次，成立区土地储备拍卖交易中心，建立集体建设用地交易平台，在土地交易中心公开挂牌交易；再其次，制定《农民集体建设用地使用权流转管理试行办法》及其相关配套文件，创新收益分配制度；最后，将农村集体建设用地流转收入和土地整理后新增农用地的流转收入，在做一定扣除土后，其余分配给新型集体经济组织成员。

通过上述"城乡建设用地增减挂钩"模式的操作过程可以看到，虽然农用地总量没有减少，建设用地总量也没有增加，但却能通过提高建设用地的利用效果，产生与建设用地总量增加才能产生的相同的效果。

6.2.3.2 成都模式分析

城乡建设用地"增减挂钩"模式主要法律依据是 2004 年 10 月 21 日国务院发布的《关于深化改革严格土地管理的决定》第二条第十款规定："鼓励农村建设用地整理，城镇建设用地增加要与农村建设用地减少相挂钩"；国土资源部制定的《关于规范城镇建设用地增加与农村建设用地减少相挂钩试点工作的意见》第一条第一款规定："城镇建设用地增加与农村建设用地减少相挂钩试点，是指依据土地利用总体规划，将若干拟复垦为耕地的农村建设用地地块和拟用于城镇建设的地块共同组成建新拆旧项目区，通过建新拆旧和土地复垦，最终实现项目区内建设用地总量不增加，耕地面积不减少、质量不降低，用地布局更合理的土地整理工作"；国土资源部《关于天津等五省（市）城镇建设用地增加与农村建设用地减少相挂钩第一批试点的批复》，确定了天津市等五省（市）的 9 个项目区，成为第一批"城镇建设用地增加与农村建设用地减少相挂钩试点"。

财政资金短缺和竞争机制缺乏是目前增减挂钩项目实施所面临的重要问题，城乡建设用地增减挂钩引入社会资本经营具有必要性；社会资本参与增减挂钩项目能激活民间资本缓解政府压力，也能引入竞争机制和运用企业的技术、管理优势使项目实施取得更好的成效和长远的发展，城乡建设用地增减挂钩的社会化经营具有可行性。增减挂钩项目涉及面广，跟项目区农户、政府以及投资方利益紧密相连，在项目的各个环节，尤其是农民集中居住区建设中，必须均衡各方利益，特别是保障农户权益。

6.2.3.3 成都模式启示

成都市城乡建设用地增减挂钩的实施，既保护了耕地，又增加了城市化和产业发展所需的城镇建设用地指标；既整顿了企业的违法用地行为，又使隐形的农村集体建设用地市场得到规范；既改善了农村居民生活条件，又促进了建设用地集约利用，实现了农民土地资源向土地资本的转变。具体而言：一是以村民为实施主体的挂钩项目，采用自下而上的申报方式，发挥了农户的主体作用，农户在搬迁意愿和农民集中居住区规划方面掌握了较大的主动权，避免了政府主导方式中常出现的强拆强建和农户对安置区位置、户型、环境等不满的情况。二是严格的项目管理办法，保障了项目的实施质量，保障了拆迁地块复垦后的耕地质量和农户新居的安全性和舒适性。三是作为城乡统筹的试点城市，立项和验收程序上的简化，为项目的大规模开展提供了可能性。四是挂钩项目实施后的产业配套也逐渐成为民营企业参与增减挂钩项目的一种方式，例如都江堰的苗圃、温江的花卉、蒲江的猕猴桃等。五是相关政策文件使民间企业投资增减挂钩项目合法化，并为投资方提供了项目实施的政策保障和投资信心，这也是成都市增减挂钩项目实施规模大于其他县市的原因之一。

但成都市城乡建设用地增减挂钩项目还需完善的问题：一是农户的实施主体地位体现还只是形式化的体现，投资方和政府在项目立项、农民集中居区选址和规划、农户拆迁补偿上拥有绝对的主导权，实施过程中的重要决策难以真正实现农户参与，尊重农户意愿。投资方和政府在制定好项目实施方案和细节后，一般以公告形式进行公示或者开会通知，农户仅仅享有了知情权，并没真正参与项目的方案讨论和制定。二是投资主体利用农民集中居住区的土地资源进行商品房的修建和销售，获得了经济利益，利用挂钩政策中的验收漏洞进行变相的房产开发，与挂钩政策的目的相违背。三是为更多的获取指标，政府或投资者往往项目实施过程中，忽视当地农户的搬迁意愿，优先选择那些在土地利用现状数据库中面积大于实地或者相当的院落，而放弃那些在土地利用现状数据库中面积小于实地的院落。

6.2.4　重庆市——农村土地交易所下"地票交易"重庆模式

6.2.4.1　地票制度的由来

地票是从城乡建设用地增减挂钩政策逐步演变而来的。2004 年，国务院下发《关于深化改革严格土地管理的决定》，"鼓励农村建设用地整理，城镇建设用地增加要与农村建设用地减少相挂钩。"次年，国土资源部根据 28 号文件下发《关于规范城镇建设用地增加与农村建设用地减少相挂钩试点工作的意见》开展挂钩试点。

2007 年，成渝两地获批国家统筹城乡综合配套改革试验区，这一年也适值重庆直辖 10 年。在第一个 10 年里，重庆发展的重心是解决包括三峡移民、国企改革等在内的难题，此后重庆开始致力于打造西部地区的重要增长极、长江上游地区的经济中心、城乡统筹发展的直辖市。但人口流动与土地配置却很不协调。有数据显示，1997 ~ 2009 年，重庆的农村常住人口减少了 31%，但同期农村人均占用的建设用地却由 183 平方米上升到 262 平方米，增长了 43%。① 这就让人颇费脑筋了：城市人地同增可以理解，可农村人口减少，用地却还在增加。城乡建设用地齐增，两端一起挤占耕地，这种"两头都要占"的奇怪现象，使得地票这种新生事物应运而生。

2008 年 4 月，重庆作为全国统筹城乡综合配套改革试验区，为实现城乡统筹发展提出了"设立农村土地交易所、用市场化的办法来科学发现农村土地价格、开辟城市反哺农村新途径"的设想；6 月 27 日国土资源部出台《城乡建设用地增减挂钩试点管理办法》，正式将项目区内的挂钩指标周转置换纳入法制轨道。8 月 5 日，国土资源部与重庆市政府签订《推进统筹城乡综合配套改革工作备忘录》明确提出"……国土资源部支持重庆市设立农村土地交易所，探索建立城乡统一的土地交易市场。重庆市制定详细的农村土地交易所具体实施办法，稳妥推进农村土地交易所的建立"；11 月 17 日，重庆市制定《重庆市农村土地交易所管理暂行办法》；12 月 4 日，重庆挂牌成立全国首家"农村土地交易所"，随后进行了首场地票交易；12 月 31 日，《国务院关于推进重庆市统筹城乡改革和发展的若干意见》，明确"……设立重庆市农村土地交易所，开展土地实物交易和指标交易试验，逐步建立城乡统一的建设用地市场，通过统一有形的土地市场、以公开规范的方式转让土地使用权，率先探索完善配套政策法规。"至此，重庆建立地票制度，开启了地票交易的大规模探索。据统计，截至 2015 年 12 月底，重庆已累计交易地票 17.29 万亩、345.66 亿元；地票质押 8354 亩，金额 12.23 亿元；地票使用 11.7 万亩。② 从实践来看，地票制度在保护耕地、保障农民权益、统筹城乡土地利用、促进新型城镇化发展等方面的作用日益显现，成为重庆统筹城乡发展的重要制度成果。

6.2.4.2　地票的概念及特征

何为地票？2015 年 12 月 3 日市人民政府第 111 次常务会议通过，2016 年 1 月 1 日起施行《重庆市地票管理办法》中第二条第二款对地票的概念进行了界定："地票，是指土地权利人自愿将其建设用地按规定复垦为合格的耕地等农用地后，减少建设用地形成的在重庆农村土地交易所交易的建设用地指标。"由此可见，地票是将农村集体建设用地进行复垦而形成的指标凭证。即对宅基地及其附属用地、农村经营性建设用地、农村公共设施和公益事业用地等复垦成耕地后。并经国土管理部门验收合格后通过土地交易所等中介机构公开交易，形成的

① 时一鸣．地票供求波动影响因素分析——以重庆市为例［J］．城市开发，2006（5）：15-17．
② 重庆地票 7 年［Z］．中国土地资源报，2016 年 3 月 21 日．

可用于建设的用地指标。这种指标指的是与城乡建设用地增减挂钩的指标。地票持有者获得的只是一种资格，即拥有增加相应面积的城镇建设用地指标的资格。

地票交易具有如下特征：第一，地票交易缩减时空差距，发挥农村闲置土地资源的作用，然后二者相结合发挥充分的作用。相应的农村建设用地退出后，复垦为耕地，则获得城市建设用地指标。在耕地却并未减少的情况下，增加了城市建设用地指标，使农村的土地资源得到了利用。第二，地票交易为了有利于保护耕地，在土地进行复垦、验收合格之后才会落地产生指标。不会导致在得到城市建设用地指标之后而不愿对农村闲置土地进行复垦。第三，地票交易是以实盘与虚盘相结合的方式进行交易，将土地实物证券化。所谓实盘是指土地这一实物，而虚盘则是指的指标。土地交易所以结合两者的方式通过打包进行交易。

6.2.4.3　地票制度的法律基础

作为一种全新的土地利用、整理、流转模式，地票制度根源于土地管理法上的耕地占补平衡制度、建设用地总量控制与指标管理制度以及城乡建设用地增减挂钩制度，所依据的法律主要体现在：

一是国务院颁布的《深化改革严格土地管理的决定》规定："减少农村建设用地要与增加城镇建设用地相挂钩"。"只要符合规划，村庄、集镇、建制镇中农民集体所有建设用地使用权就可以流转"。"中央拥有调控新增建设用地总量的权力和责任，地方则拥有盘活存量建设用地的利益和权力，省、自治区、直辖市人民政府要对本行政区域内的用地进行统筹安排，依法对土地征收以及农转地进行审批，严格遵守相关法律法规，合理利用土地资源"。

二是国土资源部颁布的《关于规范城镇建设用地增加与农村建设用地减少相挂钩试点工作的意见》规定："城镇建设用地增加与农村建设用地减少相挂钩的试点在遵循土地利用总体规划的前提下，将若干拆旧地块和建新地块组成建新拆旧项目区，保障了耕地的数量和质量也提供了更多的城镇建设用地指标，实现了占补平衡。"

三是国土资源部《城乡建设用地增减挂钩试点管理办法》，该办法明确规定了城乡建设用地增减挂钩及挂钩周转质变的概念和应当遵循的原则，试点批准及项目区管理等内容。提出通过拆旧建新和土地整理复垦等措施，实现耕地面积增加、耕地质量提高、项目区内各类土地面积平衡、城乡用地布局更加合理的目标。

四是重庆市人民政府通过的《重庆市农村土地交易所管理暂行办法》，是重庆市在国土资源部《城乡建设用地增减挂钩试点管理办法》基础上的进一步创新，将"先占后补"、拆旧区建新区的概念创新为"先造地后用地"的实践。

6.2.4.4 地票制度的意义

城镇化的发展具有很强的外部性，因为所需新增建设用地直接威胁到了我国粮食生产的安全，其影响不宜在国有土地交易（出让）的成本和价格上体现。地票的出现发挥了市场机制应对保护耕地的基础性作用，使得城市土地的价格能够反映耕地资源稀缺程度和保护耕地的成本。地票模式实现了土地资源的优化配置，转移了农民经营的风险，农民收入有了稳定的保障。购得地票的企业可用于经济建设，有效地防止了土地的粗放型经营，有利于土地与资金的优化配置，使土地资源利用率得到明显提高。符合当前中国农村发展的需要，有利于加快新农村建设的发展步伐，同时保证了土地资源的合理利用。

6.2.4.5 地票交易的制度创新

重庆市市长黄奇帆表示，地票这一制度创新，主要基于三方面的理论逻辑。

首先，地票制度是被异化的城镇化路径的正常回归。全球城镇化的普遍规律是，城市建设用地增加，农村建设用地相对减少，但农耕地不仅不会减少，还会有所增加。我国城镇化却出现了与之相悖的情形。资料显示，2000~2011年，全国1.33亿农民进城，城镇建成区面积增长76.4%，但农村建设用地不仅没减少，反而增加了3045万亩。耕地年均减少约1000万亩。[①] 出现这一问题，其症结在于城乡二元分割的土地制度下，进城农民工在城市要占用建设用地，其在农村的宅基地因缺乏合理的退出通道而长期闲置，造成了建设用地"双增长"格局，给耕地保护带来压力。而地票制度为农民自愿有偿退出宅基地开辟了一个制度通道，有助于推进土地城镇化和人口城镇化协调发展，为破解我国的"土地困局"提供了一条路径，是顺应城镇化发展普遍规律的。

其次，地票制度是产权经济学的创新实践。农村土地为集体所有，农民有使用权，但无处分权。由于我国农村土地集体所有制产权模糊，导致出现了"人人有份，户户无权"的状况，土地产权很难"动"起来。地票制度针对农村建设用地比较模糊的产权状况，进行确权分置：土地所有权归集体，将土地使用权视为一种用益物权归农民，所有权和使用权按比例获得各自收益，并将耕地复垦验收合格票据化形成的地票，交由政府设立的土地交易所组织市场交易。这样，把农村闲置的、利用不充分的、价值很低的建设用地，通过指标化的形式，跨界转移到利用水平较高的城市区域，从而使"不动产"变成了一种"虚拟动产"，用市场之手把城乡之间连了起来，实现了农村、城市、企业等多方共赢。

---

① 陶冶. 小小"地票"缘何撬动农村城镇大格局［Z］. 重庆日报，2016年5月27日.

最后，地票制度是恪守"三条底线"的审慎探索。土地是农民的命根子。重庆地票制度探索，始终恪守中央反复强调的"坚持土地公有制性质不改革、耕地红线不突破、农民利益不受损"三条底线。三条底线不能破，是重庆地票制度设计和实践的基本准绳。

6.2.4.6 地票交易实施环节

重庆地票制度经过试验探索，目前已基本形成了以"自愿复垦、公开交易、收益归农、价款直拨、依规使用"的制度体系。地票市场化的运作方式，更能体现农民在处置农村土地房屋财产上的主动性、自愿性和参与性。地票交易经过复垦、交易、落地和分配四大环节，如图6-1所示。

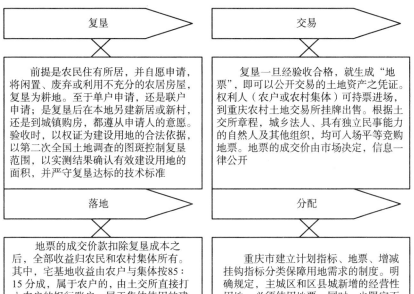

图6-1　重庆地票交易实施的四个环节

资料来源：作者根据相关材料整理。

第一个环节——地票复垦环节。地票复垦由农户或农民集体自愿提出申请，农户需要保证住有所居，不下指标，不搞大拆大建；配套的农民新村建设布局、户型设计充分尊重农民意愿，不搞被复垦、被上楼；复垦形成的耕地仍归农村集体经济组织所有，由原农户优先承包使用。

地票复垦的原则，《重庆市地票管理办法》第三条规定："地票管理应当遵循自愿复垦、公开交易、依规使用、收益归农的原则。"复垦的主体，《重庆市地票管理办法》第九条规定："土地权利人是建设用地复垦的主体，包括农户、农村集体经济组织及拥有土地权属的其他主体。宅基地及其附属设施用地复垦，由农户自愿提出申请。申请宅基地复垦的农户应当有其他合法稳定住所。农户的宅基地复垦后，不得新申请宅基地。确因法定情形需新申请宅基地的，应当以有偿方式取得。"复垦的条件，《重庆市地票管理办法》第七条规定："申请复垦的土地应当具备以下条件：①现状为建设用地，且符合土地利用现状分类；②在土地利用总体规划确定的城镇建设用地扩展边界及能源、交通、水利等工程设施用地范围外，符合土地利用规划，具备主要复垦为耕地的条件；③权属清晰，具有合法权属证明。除前款规定外，申请国有建设用地复垦的，还应当符合国有建设用地复垦的有关规定。"复垦的限制性条件，《重庆市地票管理办法》第八条规定："有下列情形之一的建设用地，不得复垦用于地票交易：①违法建设用地；②单独的附属设施用地；③2009 年 1 月 1 日后新批准的建设用地，且房屋权属初始（首次）登记时间未满 5 年的；④中国传统村落、历史文化名镇名村或者地名文化遗产保护范围内的建设用地；⑤权利依法受到限制的建设用地；⑥自然灾害发生后，地质状况尚未稳定的建设用地；⑦其他不宜复垦的情形。"复垦的申请，《重庆市地票管理办法》第十条规定："申请复垦农民集体所有的建设用地，土地权利人应当向乡镇人民政府、街道办事处提出；申请复垦国有建设用地，土地权利人应当向土地所在区县（自治县）国土资源主管部门提出。"复垦后的土地应当达到的标准，《重庆市地票管理办法》第十四条规定："建设用地复垦后，形成的农用地应当满足农业生产的条件，土地质量应当达到以下标准：①有效土层厚度不低于 40 厘米，砾石及瓦砾含量不超过 15%；②耕地平均台面坡度不超过 15 度，园地不超过 25 度；③生产道路通达，排灌沟渠畅通，与周边农用地集中连片；④田埂、土石坎结构坚实平整。"复垦后的土地验收，《重庆市地票管理办法》第十五条规定："复垦项目竣工后，区县（自治县）国土资源主管部门应当根据项目规划设计方案和复垦验收标准，组织本级农业、水利等部门和乡镇人民政府、街道办事处进行验收。验收合格的，区县（自治县）国土资源主管部门应当组织乡镇人民政府、街道办事处将复垦项目实施前后相关信息进行公示，公示时间不少于 7 日。公示期内利害关系人有异议的，区县（自治县）国土资源主管部门应当会同乡镇人民政府、街道办事处在 7 日内组织复核；公示期内无异议或者经复核异议消除的，由区县（自治县）国土资源主管部门核发建设用地整理合格证。验收不合格的，由区县（自治县）国土资源主管部门责成建设用地复垦的土地权利人限期整改。"

第二个环节——地票交易环节。地票交易实行市场化定价，由农村土地交易所根据市场供需情况统一组织，公开发布交易信息。地票成交单价已由首场的8万元/亩逐步提升到现在的20万元/亩左右。

地票交易包括初次交易和转让。取得建设用地整理合格证备案号后，权利人可以申请初次交易；购得地票超过2年，或者因地票质权人行使质权的，权利人可以申请地票转让。地票交易要按规定进行公示，《重庆市地票管理办法》第二十四条规定："重庆农村土地交易所应当通过报刊、网站等媒介向社会公开发布地票交易公告，公告交易面积、交易时间、交易起始价、竞买保证金及交易规则等信息。地票交易公告时间不得少于7日。"地票交易的方式《重庆市地票管理办法》第二十六条规定："地票交易采取挂牌或者拍卖方式进行。地票交易公告时间截止时，申购总面积大于可交易地票总面积的，采取拍卖方式交易；申购总面积小于或者等于可交易地票总面积的，采取挂牌方式交易。采取拍卖方式交易的，由重庆农村土地交易所及时将拍卖时间、地点、方式等通知申请购买人，并依法组织拍卖。采取挂牌方式交易的，按照交易起始价成交；以公告先后为序，依序确认成交的地票。未成交部分继续公开交易。"

第三个环节——地票落地环节。地票制度必须与现行土地管理制度充分衔接，始终依规划实施复垦和使用地票，地票生产、使用各环节也必须符合土地利用规划、城市建设规划要求，城市规划区内的农村建设用地不纳入复垦，不在规划建设范围外使用地票，地票落地后仍按现行土地出让制度供地。

地票制度的运行建立在农村土地产权明晰的基础上。截至2011年底，重庆在全国率先完成了新一轮农村土地房屋登记发证工作，累计核发集体土地所有权证书8.04万本，宅基地及农房证书660万本，其他建设用地及房屋证书4.06万本，[①] 做到了应发尽发，为农村建设用地复垦和地票交易创造了条件。

第四个环节——地票分配环节。地票价款扣除复垦成本后全部收益将归"三农"所有，作为农户实际使用的合法宅基地，收益由农户和集体经济组织按85:15比例分享；属农民集体经济组织使用的建设用地，复垦交易的地票收益归集体经济组织所有。这一政策规定尊重了农房是农民在农村主要财产的现实情况，同时考虑了集体经济组织作为土地所有权人的权益实现，量化了农村集体土地所有权和使用权收益分配比例，实际操作中得到了农民和集体经济组织的普遍欢迎。

地票交易价款的分配，地票区分初次交易和转让交易，地票转让交易的，所

① 重庆地票7年［J］. 国土资源，2016（4）：22–24.

得地票价款全部归转让人；地票初次交易的按照《重庆市地票管理办法》第二十九条规定："地票初次交易的，重庆农村土地交易所在地票价款中按规定扣除建设用地复垦成本后的地票净收益，按照下列原则支付给权利人：①农村宅基地及其附属设施用地复垦的，单户交易总面积未超过667平方米的部分，地票净收益的85%归宅基地使用权人，15%归农村集体经济组织；超过667平方米部分对应的地票净收益全部归农村集体经济组织。但是，单户复垦交易的宅基地证载面积已超过667平方米的，宅基地证载面积部分对应收益的85%归宅基地使用权人，15%归农村集体经济组织，其附属设施用地对应的地票净收益全部归农村集体经济组织。②农村集体经济组织公共设施、公益事业等建设用地复垦的，地票净收益全部归农村集体经济组织。③其他集体建设用地复垦的，根据土地使用权人和所有权人的约定支付，其中农村集体经济组织作为所有权人分得地票净收益不低于15%。④国有建设用地复垦的，地票净收益归土地使用权人。"

6.2.4.7　地票的交易情况

作为全国统筹城乡综合配套改革试验区，2008年12月4日重庆市农村土地交易所正式挂牌成立，同年，首张地票成功拍卖。据统计，截至2015年12月底，重庆已累计交易地票17.29万亩、345.66亿元；地票质押8354亩，金额12.23亿元；地票使用11.7万亩。[①]

6.2.4.8　重庆地票交易改革成效

据重庆农村土地交易所副总裁王××介绍，在重庆已交易的地票中，70%以上来源于渝东北、渝东南地区。这两个区域在全市发展中承担着生态涵养和生态保护的功能，发展导向是引导超载人口转移，实现"面上保护、点上开发"。而地票的使用，95%以上落在了承担人口、产业集聚功能的主城及周边地区。这种资源配置，符合"产业跟着功能定位走、人口跟着产业走、建设用地跟着人口和产业走"的区域功能开发理念，有利于推进区域发展差异化、资源利用最优化和整体功能最大化。

同时，地票是一种有偿使用的指标，促使城镇用地者更加理性用地、节约集约用地。由于地票落地充分考虑了市场意愿，提高了城镇规划实现效率。实施农村建设用地复垦，促进了耕地集中连片，为农业规模化经营创造了用地条件，提高了农村土地资源的整体利用效率。

从地票改革试验来看，农民对于农村宅基地及附属设施用地的利用和管理观

① 重庆地票7年［J］.国土资源，2016（4）：22-24.

念也发生了很大的变化，对于权证办理、农村土地房屋财产，以及集体内其他成员使用宅基地监督等的重视程度与日俱增。农民对产权的重视也促进了政府完善农村宅基地审批管理，以精细化为目标，加强农村权籍管理，以城镇一体化发展为指导，加快推进农村土地利用规划编制，加强深层次农村产权制度改革的研究。

6.2.4.9　重庆地票制度出现的问题

一是地票价格存在的问题。（1）相关政策是地票价格的最大影响因子。地方政府是地票交易的组织者，更是地票交易的主导者。农户的宅基地要跨区域流转只能由政府组织复垦进行地票交易，而用地单位想要获得地票只能从政府组织的地票交易拍卖中获取，地方政府掌握着地票交易供需过程的完全信息，可以通过制定各种政策影响地票的供需关系，从而对地票价格产生影响。例如，地方政府政策性地票复垦的审批监管流程过于复杂，则会直接影响地票的供应速度；地方政府政策性地扩大地票使用范围，则会加大地票的需求量。因此，地方政府制定的地票政策是地票价格的最大影响因子。（2）现行地票价格不能真实反映地票价值。地票交易使固化的土地资源转化为可以流动的资本，也使得集体土地资产价值以地权交易的形式得以实现。地票交易使土地所有者只能从事边际收益较低的农业生产，失去了求得更大发展机会的权利，因此地票价值中因包含土地发展权价值逐渐成为学界共识。地票交易实现了城乡差别地租的价值化，体现了农村集体土地的资源户得到的地票补偿价格为复垦费用、实物损失补偿和农村集体建设用地使用权补偿的总和，是地票生产成本、地上建筑物残值及有限的所有权补偿价格，而地票中包含的资源价值、资产价值与发展权价值没有在价格中得到真实反映。（3）地票交易中市场机制作用发挥有限。地票交易是市场行为，但地票供给方农户与地票需求方用地单位并不直接交易，而是委托地方政府交易，地票交易中市场机制的作用发挥有限。由于地方政府并不直接从地票交易价款中获得收益，而是在地票成交后的土地出让中获取收益，因此地票交易的代理方往往只关心地票能否交易，而不关心以高出基准价格多少成交，还有可能利用其职能权造成地票交易的不透明，最终造成地票交易价格的不公正。

二是地票制度运行中存在的问题。（1）地票收益分配造成部分区县积极性不高。区县政府均认为目前的地票溢价收益分配主体不包括当地政府，这就导致了政府土地收益的减少。这是由于实行地票制度前，购地者获得土地使用权需向政府缴纳的土地出让金中，包含了新增建设用地使用费和耕地开垦费，而实行地票制度后，地票落地时可以抵扣这两项费用，从而减少了政府土地出让收益。且对于一些区县来说，地票的购买方力明显不如主城，虽然产生了大量的地票，但是区县经济发展并未享受到地票制度的好处，从而降低了其对地票的热情。（2）土地利用的不合理影响的实施效益。目前，农村土地利用效率低下，而地票的利益分配以宅基地加附属设施用地面积进行计算，而不是严格按照合法宗地面积进行分配，会导致多占多得、少占少的、不占不得等情况的出现，这与现行倡导的土地节约集约利用政策是相冲突的。而且农户退出宅基地后，部分承包地出现摞荒现象，耕地不能有效得到保护，这些都对农村土地集约管理产生了一定的影响。（3）地票管理程序有待简化。现行地票要通过复垦产生，而宅基地及其附属设施用地复垦工作按照以下程序进行：申请、审核、审批、实施。但整个流程中还包含若干子程序，如审核过程中首先要经过现场踏勘，然后进行测量、规划设计、工程施工、竣工验收。这样就导致部分农民退出宅基地后一年内甚至更长时间才能得到资金补偿，从而影响农民参加社保、医保等。此外，由于在补偿调查或测绘和规划设计时，其统计的面积与审核时单位面积不一致，导致可能进行变更，也影响地票制度的顺利进行。

三是地票收益分配中存在的问题。（1）地票的产权收益不完整。地票收益分配中体现了对集体建设用地所有权和使用权的收益分配，但对土地发展权的收益分配没有得到体现。通过地票交易，经济发达的城镇地区通过购买"地票"获得了充足的建设用地指标用于开发建设，而地票生产者只能从事边际收益较低的农业生产，失去了求得更大发展机会的权力，因此地票价值中包含土地发展权价值逐渐成为学界共识。现行地票交易中权益主体得到的地票补偿价格为复垦费用、实物损失补偿和农村集体建设用地使用权补偿的总和，是地票生产成本、地上建筑物残值及有限的所有权补偿价格，而地票中包含的土地发展权价值没有在收益分配中得到反映。（2）地票的权益与权能不对等。现行的地票收益分配中农村集体经济组织和农户按照15∶85的分配比例是参照以往征地中农村集体经济组织与农户所得到的比例构成测算出来的。而地票涉及的权能及其变化未能体现相应的权能。①收益未能体现土地所有权者与使用权者相应的权能变更或者让渡价值。地票中涉及的土地所有权与使用权的变化与土地征收中涉及的权能变化是有区别的。②土地发展权涉及的权能主体也应纳入地票收益分配的主体以体现土地发展权的收益，发展权转移在经济上的补充比例不应低于其他权利所获得收益的比例。（3）地票收益的资本构成未予明确。地方政府是地票生产的组织者和地票生产资本的投入者。按照地票收益构成的理论分析，组织者在地票生产的过程中投入了相当量的资本，且根据地票生产实际，资本投入的时间一般在1~2年，资本投入的周期较长，因此应当明确地票生产过程中的资本收益。但目前对地票收益的资本结构未予明确，对资本收益的衡量也只能简单地体现为管理成本和融资成本。这一方面造成地票生产成本的支出标准与实际支出费用不一致；另一方面，资本投入者的投资规模及时间长短与收益没有直接关系，造成了投资效率低下，尤其是会造成投资者对地票复垦成本的投入的压缩，难以确保地票复垦耕地质量。

除上述模式外，河北省针对原有土地制度存在的缺陷，提出以下措施，完善土地制度。一是明确产权主体，以确定市场交易主体。在现阶段，国有化或私有化方案的制度变迁成本过大，而维持土地农民集体所有并对其进行改良是个最好的选择。要明晰产权主体首先要进行确权登记，对农民集体的清晰界定是集体建设用地进入一级市场的前提条件。其次还要农民集体以法人资格，既能解决农民集体的主体资格问题，对其对外行使所有权时有合法主体身份，对内又可规范农民个人和集体之间的关系。最后还要界定集体成员权，避免造成社会矛盾。二是明确集体土地范围，以确定市场交易客体范围。因为在我国农村和城市郊区中除法律规定为国家所有的以外的土地均属于集体所有，所以界定集体土地的范围就尤为重要。一方面要解决宅基地使用权入市的法律问题也要解决规划集体建设用地入市的法律问题。三是改善征地制度，完善集体土地所有权权能。第一，要明确界定"公共利益"，并建立程序规则。第二，要完善征地监管救济程序，按市场规律确定征地补偿标准。

江苏苏州的存量集体建设用地使用权流转。首先，开展确权工作，由县级以上人民政府土地管理部门进行确权工作。其次，规定集体建设用地流转范围和形式，流转范围限于规划区以外的集体建设用地，但不包含宅基地；流转形式限于转让和年租。再其次，组织土地定级估价工作，确定基准地价和标定地价，实行最低保护价制度。最后，由县级以上人民政府土地管理部门对土地流转进行审批并颁发土地使用权证书、土地出租许可证或批准文书。

6.2.5 我国集体建设用地入市模式的启示

从国内的探索来看，建立城乡统一建设用地市场是一个系统工程，应积极鼓励地方进行大胆制度创新，积累改革成功经验。本书重点阐述了芜湖模式、海南模式、成都模式和重庆地票交易模式，除此以外，地方探索的模式还很多。例如，杭州模式，这一模式首先，将城市规划区内集体土地征为国有并发放集体留用地指标；其次，由农民集体对留用地进行开发经营并进行流转；再其次，农民集体拥有留用地开发经营收益；留用地经营收益归农民集体所有；最后，土地使用权管理办法与其他国有土地使用权管理办法一致。杭州模式实质上是在现行农地转用制度基础上对征地双方的利益关系进行了改良性调整，农民集体和农民从中取得了一定的土地收益，对于缓解城乡建设用地二元结构带来的矛盾有一定的意义。再如顺德模式，这一模式首先，明确集体土地所有权主体，进而确定流转主体；其次，建立农村集体建设用地使用权流转公开制度；再其次，合理分配集体建设用地使用权流转的收益；最后，确立流转的条件、地价和程序，如：流转的集体建设用地必须符合土地利用总体规划和城镇建设规划、集体建设用地流转时必须通过合同约定使用年、流转的集体建设用地不得用于房地产开发建、集体建设用地再次发生流转时，其地上建筑物及其附着物随之流转、建立集体建设用地基准地价等。顺德模式以流转代替征用，为农民创造了稳定和持续的收益来源；建设用地指标以限制增量、盘活存量为主要内容，解决了建设用地与耕地保护的矛盾；打破了国有土地市场的垄断，对城乡统一建设用地市场发展进行了探索；在制度建设上规定了集体建设用地流转程序和规则，保证集体建设用地有效流转发挥了重要作用。

芜湖模式和南海模式有着许多的不同之处，但是二者最大的不同集中在政府征地和建设城乡建设用地统一市场的利益权衡不同，表现出来即为两种模式中政府介入市场的程度不同。在政府和市场的关系上，芜湖模式中地方政府直接对农村土地产权进行干预，一方面政府为集体建设用地进入市场创造了条件，但更重要的一方面则是政府干预了市场不仅影响了市场的资源的优化配置，而且使得农民处于无权利状态，在利益分配中处于劣势地位。在南海模式中，地方政府没有对市场进行直接的干预，退居到了监督者的地位，认识到了土地流转是土地所有者实现土地资本收益的渠道，是土地使用权的交易，属市场主体之间的市场行为，政府只能规范和监管，不能直接干预交易。从而使得收益集中在了集体内部，使得农民分享到了集体建设用地流转的收益。但是由于市场的潜在的缺陷，集体建设用地在流转的过程中也出现了管理不善、不平衡发展等问题，依然需要政府的政策规范。在利益分配中农民的权益保障方面，政府对市场的干预直接影响了土地产权带来收益分配，改变了农民和集体经济组织对土地的财产权利关系。芜湖模式下农民和集体经济组织的土地产权被置换为接受征地补偿权，农民和集体经济织对农村集体土地非农收益的所有权由享有"权利"到"无权利"，农民处于被动的无权利状态。南海模式政府减少了对产权的干预并且利用股份制的形式使得集体建设用地流转的收入集中在了集体的内部，使得农民可以分享土地升值带来的利益。

芜湖模式和南海模式有着重要的政策启示：一是合理的协调好政府和市场之间的关系，充分发挥市场的资源配置功能和政府的监督指导作用从政府主导芜湖模式中可以看出政府在集体建设用地的流转中发挥政策导向的作用，统一规划、统一管理、总量控制。"但地方政府既作为政府管理者、又作为所有者介入集体建设用地流转过程，政府角色混淆与职能错位，容易受所有者利益驱动而偏离管理者规划控制的约束，导致政府失灵使得农民处于'无权利'的地位。"从市场主导的南海模式中可以看出政府减少对市场的干预，给予了农民更多的参与市场的机会，保护农民的合法权益，有助于充分的发挥市场配置资源的作用。但是集体建设用地的入市流转也会受到市场失灵的影响，需要政府的干预。二是高度集体建设用地流转过程中的利益分配问题，切实保障农民的权益。第一，建立合理的土地利益分配机制，合理分配土地利益，同时必须解决失地农民的社会保障问题。第二，有必要建立一个严格明确的土地市场监管体制，加强对政府相关部门和集体组织管理者的监督。在国家层面上应该加快建设城乡统一的集体建设用地市场的步伐。芜湖模式没能突破征地模式的限制。南海模式虽然正视了隐性市场存在的合法性，为建设城乡统一市场提供了一个基本的框架，但是依然不能消除规划区外的农村集体经济组织受到的不公平待遇，不可能突破目前国家的制度框架。因此无论是国家无论是从政策层面、法律层面还是市场层面，都应该加快建设城乡集体建设用地市场的步伐。

重庆地票交易模式的实施，促进了全市城乡土地统筹利用，是户改中农民退地的途径之一；地票制度优化空间布局，推进城乡统筹改革，促进农村集体建设用地集约节约利用。它有效保护耕地，有利于重庆市坚守 223.91 万公顷的耕地保有量。它激活城乡要素有效流动，开辟城市反哺农村的平台。重庆地票交易模式的实施得益于一系列文件，如重庆市政府颁布实施的《重庆农村土地交易所管理暂行办法》、国土与房管局发布的《重庆农村土地交易所章程》、《重庆农村土地交易所交易流程》以及《地票交易文书示范文本》等文件；交易过程中要切实维护农户权益。如交易规定：凡农村集体经济组织申请耕地复垦，必须经 2/3 以上成员或者 2/3 以上成员代表同意，收益分配原则是支持农村建设，依法保障农民的占有、使用、收益等权利等。重庆地票交易制度的设计，与国家全面深化农村土地制度改革和健全城乡发展一体化体制机制，在方向上是一致的。其在创新城乡建设用地置换模式、建立城乡统一的土地要素市场、显化农村土地价值、拓宽农民财产性收益渠道及优化国土空间开发格局等方面，都产生了明显效果。从实践来看，地票制度在保护耕地、保障农民权益、统筹城乡土地利用、促进新型城镇化发展等方面的作用日益显现，成为重庆统筹城乡发展的重要制度成果。

但是，由于理论研究滞后和法规制度不完善等原因，地票存在收益归属认识不清、复垦成本高、补偿不到位、结余资金大、收益分配缺乏监督机制等问题。地票制度的进一步发展，还需做好制度创新工作。一是加大地票价格的调控措施。（1）科学确定地票交易基准价。合理的地票基准价是确保农户在地票交易中获取基础收益的依据，是地票价格调控的起点。因此，科学确定地票交易基准价格是地票价格调控措施中的基础技术手段。建议按照地票价值构成基础，参照城镇建设用地估价的理论体系与技术方法，定量确定地票基准价格，并根据市场发展情况定期更新。目前对地票交易基准地价的确定还处于分析其价值构成的理论研究阶段，建议加强对地票基准地价确定的影响因了、指标体系的研究，开展地票交易基准价确定的试点工作，为全面推行地票交易基准价做好理论与实践准备。（2）有效规范政府行为。地票作为建设用地计划指标的市场化配置方式，不同于一般意义上的商品流通，而是具有准公共产品性质的商品。地票交易过程中必须由政府进行主导，确保各交易主体的利益。但地方政府在地票交易中主导作用使其对地票价格产生直接影响，从而影响地票交易市场的发展运行。因此，地票交易中，应有效规范政府行为，为地票价格调控提供政策保障。建议完善相关制度规范，规范地方政府作为交易市场监管者的角色，规定其主要的职责应是制定市场交易规则，在保证效率的同时，维护社会公平，使地票交易相关利益人的利益得到保障。（3）完善地票市场体系。为了减少交易过程对地票价格的影响，有必要建设地票二级市场，完善地票市场体系，为地票价格调控提供制度支撑，消除地票交易方式对地票价格造成的影响。且为了避免地票二级市场的过度炒作，必须严格监管地票二级市场交易。如严格限定地票二级市场的转让条件，参与地票二级市场交易的持有者必须是未能拿到经营性用地的土地竞争买着；严格限定地票落地时间，对超过两年未能落地的地票取消其交易资格。

二是完善地票运行机制。（1）完善地票补偿制度。要进一步完善地票补偿制度，加大地票制度的宣传力度。在地票制度运行中，由于农村集体建设用地的复垦和地票交易由区县政府的土地整治公司具体运作，乡镇政府参与推进，农民并非是直接交易主体，农民难以进入地票交易环节。因此，针对地票收益，要在区县、乡镇两级政府、集体经济组织和农民等利益主体之间进行合理分配，保障各方利益，确保利益最大化。同时，要注重协调地票补偿标准与征地补偿标准的衔接，方便地票工作的开展。（2）严格执行节约集约用地政策。在地票开展中要严格执行节约集约用地政策，对农民退出土地后的地票收益分配，实行一定的奖惩机制。对于超过合法宗地面积的，按照一定比例进行折扣，将该部分纳入集体经济组织。而对于严格实行节约集约用地的，则集体经济组织给予一定的奖励，促使农民自觉节约集约用地。（3）注重于相关规划衔接。加强地票制度与土地利用总体规划、城乡总体规划、控制性详细规划、国民经济以及社会发展规划的衔接，促进地票尽快落地。在城镇规划和土地利用规划中将可供地地块进行明确，减少地票持有人实施地票落地的规划报批环节。同时，根据各地经济社会发展状况，一方面合理确定地票产生地的范围、规模、时序，另一方面合理保障地块尽快落地，并与土地预审制度衔接，科学合理安排供地的规模和进度，促进地票整个环节运行顺畅，提高土地利用效率。（4）简化地票管理程序。首先，可适当下放部分权限，将户改退地中宅基地和附属设施用地管理权限下放至区县国土房管局，而重庆市国土房屋局、农村土地交易所、市农村土地整治中心主要负责政策法规制定、资金安排以及监管。其次，针对现行复垦项目周期过长，施工成本较高的问题，可充分发挥农民的主体性地位，不采取招投标的方式，实现农民自建、政府监督的模式，这样既加快了施工进度，又增加了农民收入，还保证了施工质量。

　　三是完善地票收益分配机制。(1) 理顺地票收益主体的权益内容，体现地票收益权能与权益对等。基于土地产权视角，土地使用者对土地拥有使用权、收益权和处分权，地票收益理应由土地使用者所有，即农户、乡镇企业用地使用权人拥有。政府部门拥有土地发展权，又是地票的直接管理者之一，组织集体建设用地复垦，改变集体建设用地用途，指导土地发展权转移，促使集体建设用地增值，原则上政府部门也应参与增值收益分配。(2) 改进宣传方式，规范宣传内容可提高地票收益分配政策透明度，有效提升农户对地票收益政策的认知水平。农户认知水平决定了其对策的理解程度，进而影响了其在地票收益分配的主体利益博弈中的谈判力量。因此，建议由农村土地交易所针对农户制作地票宣传片，通过电视、广播等多个渠道进行生动、全面、有效的宣传；同时制作地票制度宣传画册，以更加生动易懂的形式介绍地票制度及收益分配政策，尤其应在宣传片或者宣传画册中明确地票的利益关系，并确保对每一个参与地票生产的农户发放画册并观看宣传片、执行者的培训，提高各级地票管理者对相关政策的理解认识，以确保其更好地为农户宣传相关政策。(3) 规范地票收益分配的管理机制。地票作为建设用地计划指标的市场化配置方式，不同于一般意义上的商品流通，而是具有准公共产品性质的商品。地票收益分配过程中必须由政府进行主导，确保各分配主体的利益。但地方政府在地票交易中的主导作用使其对的票价格产生直接影响，从而影响地票收益分配。因此，地票交易中，应有效规范政府行为，为地票收益分配提供制度支撑。建议完善相关制度规范，规范地方政府作为交易市场及分配过程的监管角色，规定其主要的职责应是制定收益分配规则，在保证效率的同时，维护社会公平，使地票相关收益人的利益得到保障。

第7章

城乡统一建设用地市场的构建

7.1 建立城乡统一建设用地市场的总体目标和基本原则

7.1.1 建立城乡统一建设用地市场的总体目标

建立城乡统一的建设用地市场已成为社会共识,其总体目标为:按照土地效益最大化的原则合理配置土地资源,通过市场机制实现土地的价格和价值相符,充分发挥农村集体建设用地的资产效益,实现国有建设用地和农村集体建设用地在城市化进程中享有平等权益。

7.1.2 建立城乡统一建设用地市场的基本原则

基本原则,即在建立城乡统一建设用地市场过程中应当遵循的指导思想和根本准则,是相关部门立法、制定政策的出发点,也是市场主体在进行建设用地交易时应遵循的基本精神。建立城乡统一的建设用地市场必须始终坚持农民权益不受损这一,必须要始终把维护好、实现好、发展好农民权益作为出发点和落脚点,坚持土地公有制性质不改变、耕地红线不突破、农民利益不受损三条底线,在试点基础上有序推进。特别是对宅基地制度改革的试点条件和范围要严格把关,不能侵犯农民利益,同时不得以退出宅基地使用权作为进城落户的条件,这是关系社会安定的重要举措。建设城乡统一建设用地市场除了应遵循1986年的《民法通则》第四条规定的:"民事活动应当遵循自愿、公平、等价有偿、诚实信用的原则。"中的基本原则外,还应坚持以下原则:

一是建立城乡统一的建设用地市场必须遵循平等性原则。这里的"平等",

是指农村集体建设用地与国有土地在市场准入与市场待遇上的平等。市场准入平等，即在统一的城乡建设用地供应政策上，不再依据土地所有权权属，而应根据土地利用规划实行统一的建设用地供应政策，也就是说，只要符合土地利用规划，集体土地应该享有与国有土地平等的市场准入权；在待遇上平等，即只要符合规划和用途管制的要求，不论是国有建设用地还是集体建设用地，都必须遵循"同等入市、同价同权"的原则，同时还要农村集体建设用地与国有土地在财政补贴标准、土地税收、相关税费以及土地增值收益分配等方面，实行统一标准、同等待遇，以推动城乡建设用地之间平等合理流动，实现农民土地财产权利。平等还表现为土地交易市场主体法律地位的平等，即对土地是否交易、交易的方式、价格等内容只要符合法律规定，任何单位和个人都不得干涉，更不得强迫或阻碍当事人进行交易。

二是建立城乡统一的建设用地市场必须遵循渐进性原则。建立城乡统一建设用地市场是一个系统工程，必须循序渐进，不能操之过急、一蹴而就。在制度设计上，必须与国家耕地保护政策以及维护城市建设用地市场秩序相结合，必须根据当地建设用地市场现状和现有地方政策的实际，依据土地利用规划，有序稳步推进。在实践过程中，在市场引导、政府监管下，在统一部署和要求下，审慎稳步推进，鼓励适度地区在试点工作，结合实际，大胆探索；在试点的选择上，应选择若干集体建设用地使用权流转有基础、有条件的地方开展，县中分类实施，中央有关部门和地方要加强指导监督，严格把握试点条件。应在经济发达、条件成熟的地区先行试点的基础上，总结经验，先允许农村集体经营性建设用地直接入市，待条件成熟后再逐步扩大到其他集体建设用地，逐步推进城乡统一建设用地市场的建设。

三是建立城乡统一的建设用地市场必须遵循一体性原则。如前所述，我国城乡土地市场是一种二元分割、政府垄断土地市场的制度安排，建立城乡统一的建设用地市场，关键在于破除城乡二元结构，打破国家垄断建设用地市场的现状。因此，改革增大制度，实现城乡建设用地市场的产权一体化、税收一体化、收益一体化、法律一体化、中介服务机构一体化，使农村建设用地依法直接进入土地市场流转，并将其纳入现行城市国有土地市场统一管理，形成城乡一体的规划管制、土地"招拍挂"、土地交易许可、土地登记、土地有性市场等市场监管体系，进而形成统一、开发、竞争、有序的规范化的城乡建设用地市场。

四是建立城乡统一的建设用地市场必须遵循市场性原则。建立城乡统一建设用地市场，就要还集体建设用地商品、资本属性，把其纳入市场管理体系，根据市场需求配置建设用地资源，改变政府依靠行政手段调配土地资源的畸形市场格局，建立政府和市场合理分工的资源配置机制，政府在行使宏观调控权和市场监督权等职能外，让位与市场，让市场成为控制建设用地交易数量，形成以供求关系为基础的是价格形成机制。

五是建立城乡统一的建设用地市场必须遵循市场性原则。宏观管理原则。建设城乡统一建设用地市场，首先，要控制建设用地的总量，不能走粗放经营、外延扩展之路，而要盘活存量建设用地，改变原有存量建设用地低效率利用或闲置状况；其次，要严格执行各项规划，依据土地利用总体规划，符合城市规划、村镇建设规划和土地利用年度规划；最后，实现土地用途管理，严格保护耕地，要严格限制农业地转为建设用地，控制技术用地总量，确保耕地数量。

7.2 建立城乡统一建设用地市场的基本设想和制度框架

7.2.1 城乡统一建设用地市场的基本设想

建立城乡统一建设用地市场是一项复杂的系统工程，它涉及方方面面，因此，必须对此进行宏观设计，进行制度创新，明确基本思路和方法，其基本设想为：

7.2.1.1 进行基础制度的改革与创新

包括产权制度和征地制度的完善。通过产权制度的改革，明确农地产权主体是哪一级集体组织？集体与集体成员之间的权利义务关系如何？集体如何行使其权利？成员通过何种方式行使其权利？如何确定成员资格？这些问题明确了，也就解决了现行集体土地使用权主体虚设的问题。通过征地制度改革，对土地征用中的"公共利益"进行清晰化的界定，限制行政垄断性的征地权，保护和实现农民的土地权益，为不同产权形态的土地入市提供制度基础。

7.2.1.2 进行配套制度的改革与完善

建立城乡统一建设用地市场需要首先统一城乡土地规划制定、价格规制制度、交易关系制度、收益分配制度等一系制度，而地方实践中也发现这些制度基本上残缺不全的，在比较借鉴经验的基础上，制度符合区情的规制制度，发挥地方政府在制度改革和创新中的推动作用，制定规范的市场运行方案，以制度的市场化为导向，以制度结构调整为主线，加快统一市场的全方位改革与发展。

7.2.1.3　进行统一化设计和管理

（1）统一入市标准。在统一的土地利用规划的基础上实行严格的土地用途管制制度，不管是国有土地还是集体土地，只要符合土地利用规划便具有进入城市建设用地市场的入市资格，相关政府部分应对各个土地的入市资格进行审核并进行登记，严厉打击违法改变土地用途的行为。（2）统一的征地标准。将政府征地的范围牢牢控制在"公共利益"范围之内。符合公共利益要求的，政府有权实行征地权，征收对象为国有土地和集体土地。（3）统一的监督管理体系。对集体土地与国有土地实行统一的土地税收、土地规费等土地政策，将集体土地与国有土地纳入统一的市场监督体系，如图 7-1 所示。

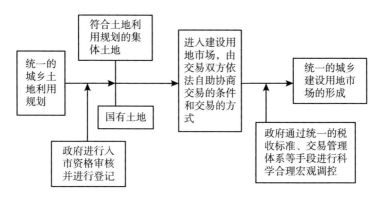

图 7-1　建立城乡统一建设用地市场的基本设想

7.2.2　城乡统一建设用地市场的制度框架

建立城乡统一建设用地市场的关键在于将集体建设用地使用权配置市场化，即通过集体建设用地使用权出让、流转、入股、联营、租赁、抵押等方式进行市场化配置。根据城乡统一的建设用地市场构建的基本设想，设计出城乡统一的建设用地市场的制度框架，如图 7-2 所示。

由图 7-2 可以看出，建立城乡统一的建设用地市场应打破原有制度对农村土地产权的歧视和国家对土地一级市场的垄断，通过农村集体建设用地使用权制度改革，使城乡建设用地使用权权能趋于一致，实现城乡建设用地使用权的对等和城乡建设用地使用权市场的统一，在政府宏观调控下，允许农村建设用地直接、合法进入市场，充分发挥市场对土地配置的基础性作用。经营性用地由农民与开发商直接谈判市场化交易，土地交易价格和土地利用形态主要由土地市场供求或竞争地租来决定；公益性用地由农民与政府有关部门直接谈判，其公益性用地征收补偿费，亦主要参照土地市场价格进行补偿。由此，城乡两种所有制性质的土地市场融为一体，城乡统一的市场制度建立，即两种产权，一个统一土地市场。与此同时，政府也不再参与土地收益的直接分配，而主要通过税收的形式间接分享。政府对土地一级市场的宏观调控主要通过税收经济杠杆和法律与规划来实施，而不再通过征收后再出让的这种具体行政审批项目用地的形式进行。在政府宏观调控下城乡统一的建设用地市场机制对土地资源配置充分起基础性作用，从而，实现社会福利最大化和土地资源高效利用。

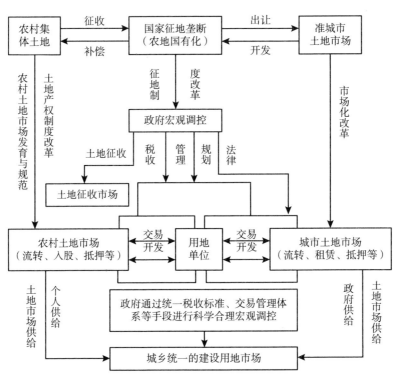

图 7-2　城乡统一的建设用地市场基本框架

与现行的城乡分割的土地市场相比，城乡统一的建设用地市场制度框架中，（1）农村集体建设用地使用权规范合法入市，城乡土地市场形成有机的统一，其关键在于国家独家垄断土地一级市场的被打破和土地征用制度的规范；（2）城乡两种土地产权在一个统一土地市场中的平等交易，土地的流转是双向的；（3）政府也不再直接参与土地的交易与经营及其收益的直接分配，而主要职责是依法做好对土地市场的宏观调控；（4）土地市场机制在政府宏观调控下对土地资源配置起到基础性作用。

建立城乡统一建设用地市场进程中亟须的制度设计包括：

一是产权制度。应将集体土地的使用权和所有权相分离，在维持集体土地所有权不变的前提下，由农村集体或者农民自由流转土地的使用权。允许农村集体建设土地使用权和国有土地"同价"、"同权"上市流通，取消了政府征收、变更土地性质再挂牌出让的环节，保护农民利益。

二是集体建设地所有权主体。可设立集体土地股份有限公司作为土地使用权流转的法人。集体土地权利的共有特性决定了其必须有一个代表，而农民由于自身的知识局限性使其难以胜任管理者的角色。至于如何设立集体土地股份有限公司，可以有村民委员会组织集体成员一起协商，制定公司章程，分配权利义务。这个股份有限公司一经成立就不受任何村民委员会等组织的干预，自主运营。土地使用权所有者以土地使用权作价入股，作为股东，分享公司收益。

三是集体建设地使用权流转途径。集体建设用地使用权的流转方式主要包括以下三种：一是转让，即集体建设用地所有权人将一定时间的集体建设用地使用权让渡给土地使用人使用，一次性收取该年期内的土地收益的流转方式；二是出租，指集体建设用地所有权人将建设用地使用权出租个土地使用人，并根据租期收取租金的流转方式；三是作价出资或入股，是指集体建设用地使用权人将集体建设用地使用权依据时间标准作价，以此出资或入股企业的流转方式。

四是审批登记制度。集体建设用地使用权进行流转需要两个条件：集体建设用必须是依法取得的，集体建设用地必须符合土地利用总体规划。因此，流转的前提就是审批登记制度。政府负责依据土地利用总体规划对集体建设用地的来源合法性和用途合理性进行审批，具体的审批流程依据相关的行政法规。构建集体土地登记制度：（1）登记数据库建立，利用互联网技术，构建登记信息数据库，方便查找，避免重复。（2）使用权和所有权登记相分离。获得批准的建设用地，流转双方领取农村集体建设用地流转批准文件，办理集体建设用地使用权登记，领取集体建设用地使用权证或土地他项权利证书。① （3）规范行政行为，实现统一调查、统一确权登记、统一发证。

五是土地价值评估系统。我国农村地区的土地价值评估系统正处于起步阶段，土地征用实行"产值倍数法"，这里的产值仅限于土地现状产值，而倍数又由省级地方政府自行决定，因此大大地影响了土地价值评估的合理性。考虑上述缘由，为了更好地服务于城乡统一建设用地流转，王婷婷（2015）结合城市地价

---

① 程久苗. 农村集体建设用地流转制度的创建及相关问题的思考 ［J］. 南京农业大学学报，2002（3）：201 – 203.

评估经验和农村集体土地流转试点实践教训提出以下几点建议：（1）流转主体私人化，将土地流转变成私主体之间的交易，减少公权力的干扰；（2）建立土地评估中介机构，确保评估机构的独立性；（3）逐步完善监督体制和纠纷解决机制，维护流转双方的利益；（4）解除政策限制，使用创新的、科学的评估方法，综合考虑土地的现有价值和未来价值，确保合理性；（5）构建数据平台，利用互联网技术，打造各地城乡土地流转案例综合查询平台，为集体建设用地地价评估作价提供对比依据。①

六是收益分配制度。收益分配制度是土地改革的关键。收益分配制度应当符合三个要求：（1）优先补偿失地农民。收益分配制度应适当地将土地流转中增值的收益分给失地农民，避免"一刀切"。（2）兼顾国家和集体的利益。考虑到国家在土地流转中的税收损失和农民集体经济组织在土地流转中的人力支持，收益分配中有一定的比例必须归于国家和农民集体经济组织所有。（3）必要的机会利益补贴金。补贴金用于支援在耕农民以平衡其因耕地这一公众义务无法参与交易所丧失的机会利益。

集体建设用地流转产生的收益应当按照一定的比例分配给失地农民、集体土地股份有限公司、国家。由于各个地区的差异性，国家应当制定一定范围的比例，保证失地农民真正获得土地增值收益的同时尊重集体经济组织的自主权。国家所获得的收益可以分出一部分，补偿在耕农民的利益。集体土地股份有限公司获得的收益，应当用于维持公司运营、改善集体公益事业、农村基础设施、提供社会保障等。

七是社会保障体系。保障体系应注重以下三个方面：（1）交易保障。借鉴国有土地流转。乡镇政府应当设定最低价格限制以保护农民权益。此外，政府还可以对各级土地价格取均值进行公示，运用公众的力量监督交易的公正。（2）诉讼权利的保障。首先，是立法理念偏向农民。立法公正是法律公正的基础。立法不公正，则司法公正难以实现。其次，要加强法制宣传。政府可以定期开展法律讲座，邀请法学专家为农民详细介绍法律基础理论和实践操作的诸多问题及解决办法。最后，要从确定法律援助基本规章制度、解决经费来源、扩大覆盖面和积极宣传几个方面完善农村的法律援助系统，保障经济困难或特殊案件的人可以维护自己的权益。（3）农民生活的保障。首先，要建立一个农民再就业辅助组织。该组织的职能在于提供免费培训，提供一些就业途径，适当地辅助农民参与非农生产。组织能够在再就业农民和集体建设用地使用者间搭建桥梁，给予农民充足的

---

① 王婷婷. 城乡统一建设用地市场视阈下的农村集体建设用地流转问题研究［J］. 法制与社会，2015（12）：217－218.

机会实现再就业，保障获得企业所需的劳动力。该组织的资金可以从土地流转收益中获得，不足的部分由政府加以补贴。其次，健全针对农村地区的医疗保险体系和养老保险体系。对于资金短缺问题可以由土地增值收益中补足，而基金的投资和风险管理可以委托公司负责。有学者认为可以建立一个专门的全国性的保险公司，负责收取费用和管理基金。这不失为一种创新，但是还有许多具体的问题有待商榷。最后，落实农村最低生活保障制度。国家需要确立科学的低保对象确定依据，扩大低保覆盖面，确保生活困难的农户可以真正地获得补贴。

7.3　建立城乡统一建设用地市场的模式探索

　　允许符合规划和用途管制前提的农村集体经营性建设用地与国有土地"同等入市、同权同价"，用直接入市取代现行政府征收拍卖制度是十八届三中全会突破性的改革措施之一，也被视为我国新一轮土地制度改革的突破点。通过政府与农村集体经济组织之间的博弈分析，可以得出政府是否允许是建立城乡统一建设用地市场的前提和基础，而只要成本降低到一定程度，政府就会选择允许入市，进而建立城乡统一的建设用地市场。建立城乡统一建设用地市场最重要的一环是确定农村集体建设用地入市模式。集体建设用地入市模式可采取"间接入市"模式和"直接入市"模式。

7.3.1　政府与农村集体经济组织之间的博弈分析

　　目前，农村集体建设用地流转中的主体关系被概括为包括中央政府与地方政府、地方政府与农村集体组织、地方政府之间、农村集体组织之间以及农村集体组织和农户之间"四个层次、五个方面"的博弈，[1] 学者们通过选取不同主体，从权利配置、土地管理、利益分配等多角度予以分析，普遍认为"允许和流转是最容易达到的均衡"，[2] 政府应在保护耕地的同时创新土地利用制度和模式，盘活存量资源，鼓励集体土地的公开流转，[3] 并通过公开流转管理制度与信息等降

　　① 胡璐，张绍良等. 集体建设用地流转博弈分析——以芜湖市和淄博市试点为例 [J]. 广东土地科学，2010 (8)：15－19.
　　② 陈利根，郝诗源. 集体建设用地流转中的政府与农户博弈分析 [J]. 安徽农业大学学报（社会科学版），2013 (9)：1－5.
　　③ 肖轶，魏朝富，尹珂. 农地非农化中不同利益主体博弈行为分析 [J]. 中国人口·资源与环境，2011 (3)：89－93.

低交易成本，实现农民的自主流转和土地资源的可持续利用，① 这些观点符合我国实际，对促进农村土地流转有着积极意义。但是，集体经营性建设用地并不完全等同于集体建设用地，二者在流转变迁历程中反映为下位概念与上位概念、局部与整体的关系，是中央以维护农村稳定为前提、稳步增加农民收入为目的，从顶层制度设计中开始着手在全国范围内正式推开集体建设用地流转改革的"突破点"，其实施结果直接决定农村集体土地制度的改革方向和进程。因此，在现有研究的基础上进一步建立集体经营性建设用地上市流转中地方政府与村集体组织间的博弈模型，分析各自可能的选择和决策，有助于为试点配套制度和相关法律的修改完善提供依据，进而实现制度保障博弈利益合理分配及合作的预期效应。

集体经营性建设用地入市流转必触动既得利益者，特别是地方政府和村集体。在政府与农村集体经济组织之间的博弈模型中，政府和农村集体经济组织的策略选择和行动有先后顺序，而且后选择、后行动的博弈方在自己选择、行动之前，可以知道其他博弈方的选择、行动，甚至还包括自己的选择、行动的博弈。因此选择完全信息动态博弈模型来分析政府与农村集体经济组织在建立城乡统一建设用地市场中的问题。

7.3.1.1 在该模型中，做如下假设

（1）理性及风险中性假设，政府与农村集体经济组织都是理性经济人，以追求自身利益最大化为目的，对待风险呈现中性的态度。

（2）完全信息假设，双方参与人对博弈的结构、规则及其他参与人的策略空间、支付函数等行动选择有准确的认识。

（3）非合作假设，农村集体组织与地方政府都是具有平等地位的、独立的利益相关者，每个参与人是独立决策的。②

7.3.1.2 博弈的基本要素

（1）参与人集合：N = {G，R}，G 代表政府，R 代表农村集体经济组织。

（2）参与人的行动集合：参与人 G 的行动分为两个阶段，A1G = {允许，不允许}，A2G = {制止，不制止}；参与人 R 的行动也分为两个阶段 A1R = {入市，不入市}；A2R = {进入隐形市场流转，不流转}。

（3）策略集合：参与人 G 第一阶段策略集合 S1G = {（支持，[入市，不入

① 李拴. 集体土地流转市场主体博弈关系分析 [J]. 中国人口·资源与环境，2012（5）：209 - 212.
② 郑彦妮、蒋涤非. 公众参与城乡规划的实现路径 [J]. 湖南大学学报（社会科学版），2013（2）.

市]），（不支持，［进入隐形市场流转，不流转]）}；第二阶段的策略集合 S2G =
{（进入隐形市场流转，［默认，惩罚]），（不流转，［默认，惩罚]）}。参与人 R
的第一阶段策略集合 S1H = {（支持，［入市，不入市]），（不支持，［进入隐形市
场流转，不流转]）}；第二阶段策略集合 S2H = {（惩罚，［进入隐形市场流转，
不流转]），（默认，［进入隐形市场流转，不流转]）}。

（4）支付函数：$G(X_i)$ 表示参与人政府在第 i 个策略组合中得到的预期效
用，$R(X_i)$ 表示参与人农村集体经济组织在第 i 个策略组合下的预期效用。

7.3.1.3 博弈模型

博弈模型如图 7 - 3 所示。

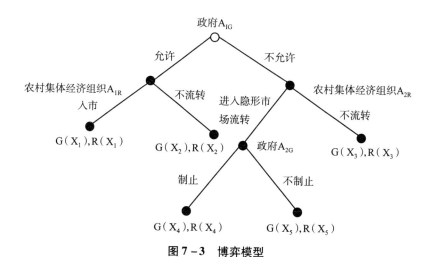

图 7 - 3 博弈模型

（1）政府支持集体经营性建设用地流转，并且农村集体经济组织上市公开
流转。

$$G(X_1) = V_{G1} + (1 - \gamma) \Delta V - C_G$$
$$R(X_1) = V_R + \gamma \Delta V - C_R$$

（2）政府支持流转，但农村集体经济组织不流转。

$$G(X_2) = V_G - C_{G1}$$
$$R(X_2) = V_R$$

（3）政府部支持流转，农村集体经济组织不流转。

$$G(X_3) = V_G$$
$$R(X_3) = V_R$$

（4）政府不支持流转，并且制止农村集体经济组织进入隐形市场流转。

$$G(X_4) = V_G - C_{G2} + \alpha(V_R + \beta\Delta V)$$

$$R(X_4) = (1 - \alpha)(V_R + \beta\Delta V)$$

（5）政府不支持流转也不制止农村集体经济组织进入隐形市场流转。

$$G(X_5) = V_G$$

$$R(X_5) = V_R + \beta\Delta V$$

7.3.1.4　参数设置

（1）VG，VR 分别为农村集体经济组织不入市，政府不允许入市下的正常收益，二政府允许入市，同时农村集体经济组织与入市，则使得城乡统一建设用地市场建立，带来超额收益 ΔV，其中分配给农村集体经济组织的比例为 $\gamma(0 \leqslant \gamma \leqslant 1)$。

（2）农村集体经济组织在建立城乡统一的建设用地市场中成本为 CR，政府在建立城乡统一建设用地市场中的成本为 CG1 并假定：

$$CR < \gamma\Delta V, \ CG < (1 - \gamma)\Delta V$$

（3）政府查处违规流转耗费的成本为 CG2，且被政府查处，罚款金额为农村集体经济组织收益的 α 倍 $(0 < \alpha)$。农村集体经济组织进入隐形市场流转获得超额收益 $\beta\Delta V(0 < \beta < 1)$。

7.3.1.5　模型分析

使用逆向归纳法求解在建立城乡统一的建设用地市场中，政府和农村集体经济组织动态博弈中的子博弈精炼纳什均衡。

在子博弈（1）中，

假设农村集体组织的决策点位于进入隐形市场流转这一节点上。

政府选择制止时，预期收益为：$G(X4) = VG - CG2 + \alpha(VR + \beta\Delta V)$。

不制止时的收益为：$G(X5) = VG$。

当 $\alpha(VR + \beta\Delta V) - CG2 > 0$ 时不会制止，当 $CG2 - \alpha(VR + \beta\Delta V) > 0$ 时会制止。

在实践中，由于政府查处违规流转的费用 CG2 一般比较大，而查处的罚款 $\alpha(VR + \beta\Delta V)$ 不足以弥补其成本，因此在该博弈中最优选择时不制止。

在子博弈（2）中，

政府位于允许农村建设用地入市流转的节点上，此时，农村集体经济组织入市流转的收益为 $R(X1) = VR + \gamma\Delta V - VR$，不入市收益为 $R(X2) = VR$。若 $\gamma\Delta V - CR > 0$ 则会入市流转，$\gamma\Delta V - CR < 0$ 时则不会入市流转，在实践中，农村集体经济组织在建立城乡统一建设用地市场中的成本为收集、评价、选择合作伙

伴与交易信息过程中支付的费用，小于入市流转带来的超额收益，因此在该博弈中的最优选择是入市流转。

在子博弈（3）中，

政府位于不允许农村建设用地入市流转的节点上，农村集体经济组织进入隐形市场流转的收益为 $R(X5) = VR$，$R(X5) - R(X3) = \beta\Delta V > 0$。

因此，在该博弈中的最优选择是进入隐形市场流转。

在子博弈（4）中，

政府选择允许入市时的收益为 $G(X1) = VG + (1-\gamma)\Delta V - CG1$

政府选择不允许入市的收益为 $G(X5) = VG$

若 $(1-\gamma)\Delta V - CG1 > 0$ 则政府选择允许，

若 $(1-\gamma)\Delta V - CG1 < 0$ 则政府选择不允许。

7.3.1.6　综上分析

由于城乡统一建设用地市场的建立带来的超额收益 ΔV 是一定的，因此只要降低 γ，使得 $(1-\gamma)\Delta V$ 大于政府建立城乡统一建设用地市场的成本，政府就会选择允许入市，进而建立城乡统一的建设用地市场。

由上可知，实现集体经营性建设用地上市流转制度的良性推进，须先协调好地方政府与村集体组织的关系，促使二者选择合作策略，实现布坎南所称的"一致同意"。制度是博弈中利益分配的有力保障，通过立法指引、规范各利益主体行为是保证合作、达到预期政策改革效应的最佳途径。

7.3.2　农村集体建设用地"间接入市"模式

在我国，各地的新增建设用地指标一直受到严格控制，主要是政府间自上而下逐级分解下达。各地在获得新增建设用地指标后，除了安排小部分用于农村建设外，大部分指标将用于城市发展。在城乡二元割裂体制下，只允许国有土地进行真正的市场交易，集体土地与国有土地完全割裂开来，政府动用土地征收权成为集体土地通向国有土地市场的唯一桥梁。[1] 按照计划指标的限制，政府将一定数量的农村土地征转为国有土地，这就是"传统的土地征收"模式。

随着我国快速的城市化进程，城市对土地的需求日益旺盛，然而上级政府下达的计划指标却始终偏紧。增减挂钩政策在此背景下应运而生，它将农村建设用

---

[1]　张舟，吴次芳，谭荣. 城乡建设用地统一市场的构建：出发前的再审视 [J]. 西北农林科技大学学报（社会科学版），2015，14（3）：9–14.

地减少与城镇建设用地增加相挂钩，使得农村集体建设用地通过指标交易的形式进入了城市土地市场。政府对这种"间接入市"模式颁布实施了一系列管制措施，其中最重要的是控制间接入市的指标数量。政府在下达年度新增建设用地计划指标之外，还会专门下达增减挂钩周转指标，周转指标扣除安置用地后的节余指标才能进入城市土地市场。

在规划的前提下，农村集体建设用地分别属于规划区内和规划区外。在规划区外，允许用地单位直接向农民购买土地，而对于那些对建设用地需求较小的边远农村，因为在城乡建设用地总量不变的情况下，在规划区外的农民所拥有的农村建设用地实际是一种稀缺资源，一种非农业发展权，在当地入市收益低或难以入市的时候，可将其作为一种合作方式与规划区域内建设用地新增指标互通有无，例如，通过建设用地平移获取稳定的出租收益、共同开发获得土地增值收益等。对不愿意或不能自主开发的农民，应该允许其进行指标交易，通过交易，规划内农民可以获得新增指标，规划区外农民对原建设用地复垦后获得建设用地的货币化收益（类似于重庆地票交易模式）。在这种情况下，需要建立一个指标交易市场，在一定地域范围内，规划内外可以通过指标交易实现顾内外的农村建设用地的异地流转。但要避免指标交易的强制性，要保证指标入市流转的市场价值。

7.3.3 农村集体经营性建设用地"直接入市"模式

党的十八届三中全会明确指出，允许集体经营性建设用地直接进入土地市场，与国有土地同权同价。这种"直接入市"模式无疑更加彻底地破除了城乡建设用地之间的壁垒，使得市场做到了真正的统一和完整，它也在所有权不变的前提下强化了集体建设用地的用益物权，使其价值能够充分体现。

同时，集体经营性建设用地入市需要符合规划和用途管制，但是这两大前提的具体内涵并不明确。在规划区域内，由于对土地市场需求比较旺盛，农村集体建设用地存量部分可以采用直接供地模式，由农村集体通过出租或出让方式把集体建设用地使用权流转给使用者，政府不得运用征收权干预土地市场，土地交易价格和土地利用形态主要由土地市场供求或竞争地租来决定，政府不能直接参与收益分配，仅通过税收形式间接获取土地收益。

总之，"间接入市"模式和"直接入市"模式作为统一市场的重要组成部分，应当同时发挥作用，政府要通过用途管制来明晰两者界限，将直接入市土地限定在工商业用地，并且规定商品住宅用地必须使用城乡增减挂钩政策产生的指标；同时，将"符合规划"的具体内涵界定为城市规划区范围内，随着城市规划因经济社会发展新需要而不断调整，让集体经营性建设用地逐步、有序地进入土地市场；在产生增减挂钩指标的过程中，必须尊重农民的安置意愿，为有需要的农民保留安家立命之所，并且应该允许独立工矿用地复垦后产生的指标进入市场交易。

　　建设城乡统一的建设用地市场是一个系统工程。由于我国东、中、西部地区经济社会发展水平差异较大，自然禀赋、市场发育、社会分工、城市化进程以及交通物流等基础存在明显的区域差异，建立城乡统一的建设用地市场应因地制宜，凸显区域优势，探索不同的市场化模式和实现路径。

第8章

建立城乡统一建设用地市场的
路径选择与政策支撑

8.1 建立城乡统一建设用地市场的路径选择

8.1.1 顶层设计与地方实践相统一

只有顶层设计和地方探索同时进行，方向一致，土地改革的步伐才能走得更快。在符合规划和用途管制前提下，允许农村集体经营性建设用地出让、租赁、入股，实行与国有土地同等入市、同权同价。建立城乡统一的建设用地市场是实现同等入市、同权同价的必要条件，而同等入市、同权同价则是土地改革的最终目的。

改革的方向明确了，但还需要做大量工作。既需要加强顶层设计，又要摸着石头过河，要与时俱进，扎实做好集体经营性建设用地入市的试点工作。2014年12月31日中共中央办公厅、国务院办公厅印发《关于农村土地征收、集体经营性建设用地入市、宅基地制度改革试点工作的意见》，决定在全国选取30个左右县（市）行政区域进行试点。2015年初十二届人大代表第十三次会议通过决定授权国务院在33个试点县（市、区）进行试点，这33个试点县（市、区）分别为：北京市大兴区、天津市蓟县、河北省定州市、山西省泽州县、内蒙古自治区和林格尔县、辽宁省海城市、吉林省长春市九台区、黑龙江省安达市、上海市松江区、江苏省常州市武进区、浙江省义乌市、浙江省德清县、安徽省金寨县、福建省晋江市、江西省余江县、山东省禹城市、河南省长垣县、湖北省宜城市、湖南省浏阳市、广东省佛山市南海区、广西壮族自治区北流市、海南省文昌市、重庆市大足区、四川省郫县、四川省泸县、贵州省湄潭县、云南省大理市、西藏自治区曲水县、陕西省西安市高陵区、甘肃省陇西县、青海省湟源县、宁夏回族自治区平罗县、新疆维吾尔自治区伊宁市。及时总结各地试点实践中的好做法、好经验，推动制度设计不断向前推进。

试点行政区域只允许集体经营性建设用地入市，非经营性集体建设用地不得入市。入市要符合规划、用途管制和依法取得的条件。33 个试点县（市、区）行政区域暂停土地管理法相关规定，明确在符合规划、用途管制和依法取得的前提下，允许存量农村集体经营性建设用地使用权出让、租赁、入股，实行与国有建设用地使用权同等入市、同权同价，首次明确现阶段的集体经营性建设用地的范围还须符合规划限制，合法合规。试点中按照全国人大授权地方在试点地区在试点期间内可以暂停执行相关法律条款的规定，要勇于试错，试点应坚持从小范围试点着手，统筹东、中、西部地区，兼顾不同发展阶段和模式，选择若干有基础、有条件的县或县级市开展试点工作；只要在稳妥推进试点工作的基础上，建立城乡统一的建设用地市场的步伐才能加快、路才能走得更快。

8.1.2 稳步推进与分步实施相结合

建立城乡统一建设用地市场是一个系统过程，涉及方方面面。党的十八届三中全会《决定》既明确了要建立城乡统一的建设用地市场，又对改革政府经营土地制度做出了重要部署。应按照《决定》的部署稳步推进改革。城乡统一建设用地市场的最终形成是一个渐进式的推进过程，将经过农村建设用地市场自我培育、城乡建设用地市场部分对接和城乡统一建设用地市场最终形成三个可能发展阶段（夏方舟，严金明，2015）。[①]

8.1.2.1 前期阶段：农村建设用地市场自我培育阶段

根据党的十八届三中全会精神，集体土地流转制度的改革首先从完善集体经营性建设用地的流转开始。前期可能的改革是在符合规划和用途管制前提下，允许农村集体经营性建设用地出让、租赁、入股，在一定年限内将集体建设用地使用权让渡给土地使用者，通过签订合同获取出让金、租金或是经营收益，实行与国有土地同等入市、同权同价。在经营性建设用地依法流转过程中，政府需要建立实施完善的不动产登记制度，保证土地权属来源合法、界址清楚、产权明晰，并建立服务平台、健全交易网络，对流转是否符合规划和用途管制进行审

---

① 夏方舟，严金明. 土地储备、入市影响与集体建设用地未来路径 [J]. 改革，2015（3）：48 - 55.

核监督，有条件的地区还可由政府组织实施土地重划、配套完善公共设施用地并构建交易平台，支持银行等金融机构进行业务创新，探索集体建设用地使用权抵押融资机制。农村建设用地市场自我培育阶段仅针对经营性建设用地，开放范围有限。

8.1.2.2　中期阶段：城乡建设用地市场部分对接阶段

在经营性建设用地实现市场流转之后，城乡建设用地市场将逐渐探索宅基地间接流转，参考重庆"地票制"流转模式，结合当前试点广泛融合的城乡建设用地增减挂钩政策，将土地的交易部分转化为指标交易模式，实现城乡部分对接。通过对远郊农村居民点用地整治，在实现农村居民点集聚的同时，将农村建设用地增减挂钩指标进行储备和交易，改变土地从空间上不可转移的实物形态，使固化的土地资源转化为可流动的资产，并通过"指标化"充分保障集体建设用地"同地、同权、同价"，更可以逐步缩小宅基地的占用范围、提高土地利用效率、优化建设用地空间布局，有利于解决批而未供、政府闲置土地和指标紧缺无经营性用地供应等问题，为下一步全面开放对接城乡建设用地市场打下基础。另一方面，由于宅基地流转受限、城市外延扩张需求以及公益性建设需要，城郊集体土地依旧需要进行征地拆迁进行流转，但实践中将进一步缩小征地范围，降低征地规模，规范征地程序，完善对被征地农民的多元保障。

8.1.2.3　后期阶段：城乡统一建设用地市场全面形成阶段

此阶段逐步形成以政府实现调控功能的转变为前提，以农地非农化市场交易为基础，以公益性项目征地为补充，以农地非农化外部性补偿为延伸的集体建设用地全面流转制度。在制定严格的土地利用规划和土地用途管制制度的同时，将目前农地非农化过程所执行的"征收－出让"方式变为"流转－征税"方式，即采用"土地市场价格＋土地相关税"的调节方式，对集体非公益性建设用地以市场为主导机制将流转价格与市场价格挂钩，同时通过设置农地非农化土地增值税、所得税或土地使用税等方式，将社会公共投资增值收归国家。同时，公益性用地依旧需要政府征收，给予相应补偿并进行公益性基础设施建设。这样不仅充分保障了农民财产权利，也为地方政府提供了新的土地收入来源，政府将逐步转向依靠合理的规划和管制、适宜的税收和信贷等手段对城乡统一建设用地市场进行治理。全国范围集体建设用地入市的三个阶段假设如图8-1所示。

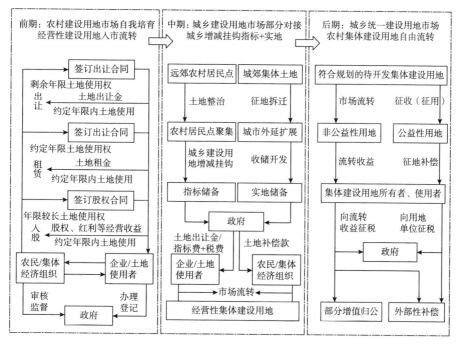

图 8 - 1 全国范围集体建设用地入市的三个阶段假设

8.1.3 农村集体建设用地与经营性建设用地相区别

放开集体建设用地进入市场，宜区别对待。2018 年以前，法律还没有修改，政府管理部门经营土地制度还不能取消。集体建设用地市场改革，还是只能以试点的方式开展，放开集体建设用地进入市场，宜区别对待、分步推进。

第一，保留现有土地市场制度框架，改革征地制度，同时在城市规划区域外进行集体建设用地入市流转尝试。

如城市规划区范围外的经营性项目，可采取购买、租用、入股等方式，直接使用集体建设用地，而不必把土地征为国有。这也是在一定程度上缩小了征地范围。其效果，一方面使大量土地属于集体所有的"城中村"和广大城乡结合部的农村、农民能够凭借土地财产成为市场主体，为农村的发展注入新的活力；另一方面，也对政府经营土地构成一定的限制，这一路径是在集体建设用地流转制度改革初期的选择。

把集体建设用地逐步引入统一市场，应根据公益性用地、宅基地等不同类型，在政策上区别对待、分步推进。（1）公益性用地，即公共设施和公益事业用地，原则上不宜进入市场进行流转。如需开发或参与市场活动，必须符合规划和土地用途，同时需办理相关手续。对于公益性用地，政府可以采取征地方式获得，但应严格禁止政府的征地环节，缩小征地范围，规范征地程序，不能损害农民的利益，其征地补偿费用应参照土地市场价格进行补偿。对于城市规划区内的新增建设用地，可以征为国有，但要赋予被征地农民谈判地位，其公益性用地征收补偿费亦应主要参照土地市场价格进行补偿，同时解决好住房、社保、就业等安置问题，使农民能够较多地分享土地增值收益。同时，也应允许有关地方政府进行市区新增土地，保留集体建设用地的探索和试验。鼓励集体土地股份制改革，成立集体土地股份合作社或股份公司等，使农民对集体资产享有充分的股权。政府应明确，征地土地仅仅是国家为了弥补市场失灵而宏观调控土地市场的一种手段，不是政府盈利的途径；征收土地的目的是为了向公众提供土地公共产品服务，而不是为了获取不合理的价格差别，因此，对于非公共利益用地，不能依靠征收农民土地，而应主要依靠盘活城市存量土地以及允许农村集体建设使用权直接入市等市场机制解决。（2）宅基地流转，可分区域、有差别、按步骤推进。第一步，可以先开放宅基地租赁市场，本集体经济组织内外人员都可以承租。第二步，适当放开宅基地的抵押和转让市场。第三步，在农村社会保障体系完善时，可以考虑完全放开宅基地流转市场。应尽快对农民拥有的符合规定面积标准的宅基地给予确权登记发证，超面积的宅基地实行有偿使用但不列入登记发证面积，尽快制订宅基地流转管理办法，使宅基地依法有序流转。

第二，打破现有土地市场制度框架，以农村经营性建设用地入市为突破口，在城市规划区域内外均允许其直接入市，在此基础上，再进一步扩大到农村宅基地等其他种类的建设用地，进而形成城乡土地的建设用地市场。

农村集体经营性建设用地是农村集体土地中区别于非经营性用地的各类经营性活动用地，通常指兴办乡村（镇）企业等具有生产经营性质的农村建设用地，包括商业、餐饮旅馆业、旅游业、娱乐业及其他经营性服务业建筑及相应附属设施用地等，不含农民宅基地和农村公共设施用地。农村集体经营性建设用地入市是指这部分土地在市场上流转，具体包括转让、出租和入股等方式，实质上是农村集体经营性建设用地使用权在市场上的优化配置过程。党的十八届三中全会通过的《中国共产党关于全面深化改革若干重大问题的决定》提出"建立城乡统一的建设用地市场"，明确"在符合规划和用途管制前提下，允许农村集体经营性建设用地出让、租赁和入股，实行与国有土地同等入市、同权同价。"农村集体经营性建设用地入市是我国当前农村土地制度改革的重要举措之一，有利于激活长期低估的农村土地资产，为统筹城乡发展、带动农民实体经济、增加农民收入注入新的活力；农村集体经营性建设用地入市不仅对加快推进农村集体经营性建设用地流转制度的建立提供了政策依据，同时也对深化农村土地制度改革注入了强大动力。

农村集体经营性建设用地入市交易的政策演变经历了三个阶段：第一阶段，2000 年之前，政府严控农村集体经营性建设用地入市阶段；第二阶段，2000 ~ 2007 年，政府允许部分地区进行农村集体经营性建设用地入市的试点探索阶段；第三阶段，2007 年后，政府逐步放开农村集体经营性建设用地的入市交易阶段。每个阶段的相关政策如表 8-1 所示。

表 8-1　　　　　　　　　农村集体经营性建设用地入市的政策梳理

阶段	政策名称及时间	政策内容
严格控制阶段	《国务院关于发展房地产业若干问题的通知》（1992 年）	集体所有土地，必须先行征用转为国有土地后才能出让
	《中共中央、国务院关于进一步加强土地管理切实保护耕地的通知》（1997 年）	用于非农业建设的集体土地，因与本集体外的单位和个人以土地入股等形式兴办企业而向本集体以外的单位和个人转让、出租、抵押附着物，而发生土地使用权交易应依法严格审批，要注意保护农民利益
	《土地管理法》（1998 年）	第六十三条农民集体所有的土地使用权不得出让、转让或者出租用于非农业建设；但是，符合土地利用规划并依法取得建设用地的企业，因破产、兼并等情形致使土地使用权依法发生转移的除外
	《国务院办公厅关于加强土地转让管理严禁炒卖土地的通知》（1999 年）	农民的住宅不得向城市居民出售，也不得批准城市居民占用农民集体土地建住宅
	《国务院关于深化改革严格土地管理的决定》（2004 年）	在符合规划的前提下，村庄、集镇、建制镇中的农民集体所有建设用地的使用权可以依法流转
部分试点阶段	《中共中央国务院关于做好农业和农村工作的意见》（2003 年）	各地要制定鼓励乡镇企业向小城镇集中的政策，通过集体建设用地流转、土地置换、分期缴纳出让金等形式，合理解决企业进镇的用地问题
	《关于规范城镇建设用地增加与农村建设用地减少相挂钩试点工作的意见》（2005 年）	在浙江、江苏和成都等地试点"增减挂钩"政策：城镇建设用地增加与农村建设用地减少挂钩的政策
	《中共中央关于推进农村改革发展若干重大问题的决定》（2008 年）	逐步建立城乡统一建设用地市场，对依法取得的农村集体经营性建设用地，必须通过统一有形的土地市场，以公开规范的方式转让土地使用权，在符合规划的前提下与国有土地享有平等权益
	《国土资源部关于促进农业稳定发展农民持续增收推动城乡统筹发展的若干意见》（2009 年）	规范集体建设用地流转，加快农村土地确权登记，逐步建立城乡统一的建设用地市场

续表

阶段	政策名称及时间	政策内容
逐步放开阶段	《中共中央国务院关于加快发展现代农业，进一步增强农村发展活力的若干意见》（2013年中央一号文件）	加快包括农村宅基地在内的农村集体土地所有权和建设用地使用权地籍调查，尽快完成确权登记颁证工作
	《中共中央关于全面深化改革若干重大问题的决定》（2013年）	建立城乡统一的建设用地市场。在符合规划和用途管制前提下，允许农村集体经营性建设用地出让、租赁、入股，实行与国有土地同等入市、同权同价
	《中共中央国务院关于全面深化农村改革加快推进农业现代化的若干意见》（2014年中央一号文件）	在符合规划和用途管制的前提下，允许农村集体经营性建设用地出让、租赁、入股，实行与国有土地同等入市、同权同价

目前，农村集体经营性建设用地入市的动因来源于三个方面：一是来源于城市化、工业化对建设用地的需求。伴随我国城市化、工业化改革深入进行，城镇建设用地指标急剧紧张，已不能满足市场需求，严重制约经济社会的发展。所以解决土地市场供需矛盾主要方法之一是"农村集体建设用地入市"。怎样对农村建设用地市场进行合法化、规范化，已经成为城市化、工业化发展的迫切需求。二是来源于政府对获得经济和社会双重收益的需求。面对当下用地难、建设用地少的情况，各地政府为实现土地财政收益最大化，将目光转向农村集体建设用地。实现农村集体建设用地"入市"不但有利于对农村建设用地的集约化程度提高，盘活存量用地，而且还缓解了因征地引发的农村社会矛盾，促进了社会和谐。三是来源于农民对经济收益的追求。城镇居民享有以货币支付为主要方式的社会保障制度，而农村的农民则拥有以无偿提供宅基地使用权和土地承包经营权的实物式社会保障制度。集体土地是农民生活的基本保障、重要的收入来源，但近年来城镇化范围不断扩大，大量农地被占用，而农民的收益却没有得到有效保障，导致社会矛盾加剧，因此农民靠交易土地扩大个人收益也是农村集体建设用地"入市"的重要动因之一。①

以农村集体经营性建设用地进入市场为突破口，还需注意以下几个问题。一是要适时调整农村建设用地结构，保证满足农民自主房需要和公益性需要的前提下，将农民节省出来的建设用地调整为经营性建设用地，并与国有建设用地同地入市。改变以往城乡建设用地增减挂钩的方式，允许农村集体建设用地指标在农

---

① 姚喜军，鲁丽波，徐艳红.　"农村集体建设用地入市"如何实现软着陆［J］. 中国农业信息（上半月），2014（2）：193－194.

民（集体）之间流转。① 这样一来，政府不再垄断整个同地市场"农转非"市场，城乡土地市场融为一体，城乡统一的市场制度得以建立。二是要解决好产权归属问题。这就要求完成集体土地所有权登记颁证工作，再登记集体经营性建设用地使用权。确权登记必须涉及每一笔农村集体土地，要求没有经过确权登记的集体经营性建设用地一律禁止入市交易。三是要构建农村经营性建设用地交易市场。建立农村集体经营性建设用地入市交易的管理平台，审定具体的交易方案，制订具体的交易流程，确保农村集体经营性建设用地的入市交易遵守规则、程序规范。同时，建立农村集体经营性建设用地交易信息发布平台，负责登记、发布农村集体经营性建设用地供求信息。四是要完善地价评估体系。目前土地评估体系尚未就农村集体建设用地地价进行统一评估，对城乡建设用地地价水平的评估缺乏科学性、合理性。在完善现行建设用地价格评估体系时，应深入实地全面开展城乡建设用地地价评估工作；要确保与城市建设用地相似，合理、有针对性；要监控农村集体建设用地价格，防止其过分上涨或下跌，确定建设用地市场开发的地域指向，最终从本质上实现集体经营性建设用地与国有建设用地同价。② 四是要规范收益分配机制。政府可以就入市交易的农村集体经营性建设用地向交易主体征收土地增值税、集体土地使用税等税目；农村集体所获收益应包括地租和集体经营性建设用地发展权增值收益；农民的收益从农村集体收益中分配，具体由集体组织成员自行决定。五是要加强规划管控，严格用途管制。十八届三中全会通过的《决定》强调，农村集体经营性建设用地入市要以严格的用途管制、符合用地规划为前提。依据集约利用土地的原则，做好农村土地利用规划，明确界定农村集体土地的利用方式，为集体经营性建设用地规划打牢基础。进一步编制农村集体经营性建设用地的详细规划，将具体用途、绿化率等土地利用指标明确写入农村集体经营性建设用地交易合同中去。③ 无论是国有建设用地还是农村经营性建设用地都要遵守用途管制和用地规划。

　　总之，这一路径的实现要进一步解放思想，彻底打破政府对土地市场的行政垄断，在严格限定征地的公共利益范围的基础上，允许农村集体建设用地直接合法入市。通过集体经营性建设用地入市来推动土地制度的改革，逐步实现同地同价，使农村集体经济组织和农民真正成为土地市场交易主体，实现非公共利益所需的建设用地均通过市场流转来解决。坚持"土地公有性质不改变、耕地红线不突破、农民利益不受损"三条红线，防止走历史的老路。

---

① 蔡继明. 应适时调整农村集体建设用地结构 [Z]. 经济参考报, 2014 年 3 月 4 日.

② 练勇. 贵州省凤冈县农村集体经营性建设用地的初步探索 [J]. 农业工程, 2015, 5 (3)：65 – 67.

③ 孔祥智, 马庆超. 农村集体经营性建设用地改革：内涵、存在问题与对策建议 [J]. 农村金融研究, 2014 (11)：9 – 14.

8.2　建立城乡统一建设用地市场的配套政策措施

8.2.1　加强土地产权制度改革，打破城乡二元割裂的土地制度

土地产权的完整性及平等性是土地产权制度完善的基础，但目前农村集体建设用地产权是极其不完整的，在平等性方面也相差甚多。因此，改革农村土地产权制度可以从以下两方面入手：一方面，构建完整的农村集体建设用地产权体系。依据相关法律规定，农民集体有权享有全面的农村集体建设用地产权，土地产权及其主体应该享有同城市国有土地产权同等的法律地位，农民集体的建设用地财产权应被赋予独立性、排他性和不确定性，保障其权益不受侵害。另一方面，赋予农村集体建设用地平等的土地产权。统一的、平等的、一致性的城乡建设用地产权，是建立城乡统一建设用地市场的基础，成为了评价土地市场运行效率的重要标准。

在建立城乡统一的建设用地市场中，城乡二元割裂的土地制度，严重制约了城乡统一的建设用地市场建设，需要创新制度安排。有学者建议将农村土地集体所有变为个人私有，然而目前在我国基本经济制度下，土地私有还行不通；有学者建议将农村土地集体所有统一变为国家所有，有国家统一监督管理，但目前来看还不现实；我们认为要解决土地问题，要打破城乡二元土地制度，为我国城乡建设用地市场由割裂走向统一提供了政策空间，应在实践中再造农村集体所有制以及土地使用权流转机制，赋予农民更多土地产权权利，改变目前我国土地所有权的单向流动的现状，构建和谐的城乡土地关系，使城乡统一用地市场完整化、规范化，真正实现集体土地与国有土地同等入市、同地、同价、同权。

8.2.2　做好土地确权登记颁证，建立城乡统一交易平台

为扎实做好土地确权办证工作，各省委、省政府应出台确权登记颁证实施意见、办法等规范性文件，建立起统一领导、部门协作、上下联动、层层落实的领导机制，形成实施主体为村委、责任主体为乡镇、总负责为县级党政的工作推进机制，认真做好权属调查、严格实施测绘工作，严格进行检查验收，建立规范的数据库和档案归档工作。在整个土地确权办证工作中，应始终尊重民意，确保农民的知情权、参与权、决策权，赋予农民充分的土地产权。目前全国土地确权登

记工作进展不一，山东省进展较快，目前有 73325 个村庄（社区）完成了承包地确权登记颁证，占村社总数的 95.7%；涉及土地 8981 万亩，占农户承包耕地的 97.4%，占集体所有耕地的 80.2%。目前有 76 个县向土地规模经营主体发放了土地经营权证书，有 43 个县开展了土地经营权抵押贷款，累计放贷 8.7 亿元。①取得了较好的成效，推进了城乡统一的建设用地市场建设。

既然城乡二元土地制度结构是制约建立城乡统一建设用地市场的主要障碍，那么，建立城乡统一的建设用地市场就必须有一个统一的交易平台，把国有建设用地和农村集体建设用地、宅基地等纳入这一交易平台，建立同城市建设用地类似的农村集体建设用地定级估价体系以及相应的流转标定地价体系，通过竞价报名、网上挂牌、在线竞拍、中标公示等规范的程序操作，实现城乡建设用地同等入市、同权同价，从而建立起完整、统一的城乡土地交易平台。

8.2.3　制定合理的土地收益分配政策，确保农民权益不受损

农村建设用地流转中的收益分配涉及多个主体之间的利益关系，② 如村民、村民小组和村集体等土地权利人间的利益分配；土地权利人与管理者间的利益分配；管理者与管理者间的利益分配等。利益分配不合理，必然导致土地流转主体的积极性，直接影响到建立城乡统一的建设用地市场。各试点地方应根据各地土地流转交易成本、流转收益，合理分配土地收益比例。如南京市规定再次流转的土地增值收益中土地所有者分配额不得低于 50%，广东省规定集体土地收益中 50% 以上用于本集体经济组织成员的社会保障；安徽、苏州、无锡等地区规定土地收益主要归集体土地所有者，市（县）区人民政府可以收取不超过 10% 的土地收益。③ 可以在借鉴以上地方实践经验的基础上，探索当地土地收益分配政策。

在这个统一的城乡建设用地市场的建立和运行中，要保障农民的合法权益，尤其是对失去土地的农民权益的保障。农民失去了他们赖以生存的土地之后，他们要去再就业、要维持生计，这是我们要先行考虑到的，同时也是不得不考虑的。所以，我们首先要做到的就是要充分保护失地农民的权益不受损。

8.2.4　改革政府经营土地制度，转变政府经营土地职能

政府经营土地对于城市土地市场化改革，曾经发挥过正面的推动作用，但

① 农民日报. 山东 95% 村社完成土地确权颁证［Z］. 2016 年 3 月 24 日.
② 南京、广东、安徽等省市集体建设用地使用权流转管理办法。
③ 操小娟. 中国统一城乡建设用地市场的法律路径［J］. 中国土地科学, 2015, 29（5）: 56–61.

是随着历史的演进，政府经营土地制度的弊端日益突出显现：（1）政府经营土地，是保护耕地的国策和集约利用存量土地的方针不能得到落实的最主要原因；（2）政府经营土地，导致与民争利，是社会分配不公的重要原因；（3）土地财政和土地金融透支未来，孕育着政府信用危机和财政、金融风险；（4）政府经营土地，导致政府行为扭曲，土地财政，孕育信用危机和财政、金融风险。政府经营土地已经成为建立城乡统一建设用地市场的一个主要制度障碍。改革政府经营土地制度，转变政府管理部门经营土地的职能。这也是建立城乡统一的建设用地市场的应有之意。

党的十八届三中全会《决定》在生态文明制度建设专题里，把土地管理纳入自然资源管理，明确提出要把所有者权利和管理者权力分开，"使国有自然资源资产所有权人和国家自然资源管理者相互独立、相互配合、相互监督"。政府的自然资源行政监管部门，将不再经营土地，而是集中精力做好"裁判员"，主要考虑如何编制好国土规划并依据规划实施空间用途管制，如何平等保护各类产权，如何规范和监督市场秩序，如何开展国土整治，等等；新组建的代表国家行使国有土地所有权的部门，则专作"运动员"，在相关行政权力的监督下，与其他市场主体平等竞争。这样一来，长期困扰人们的，征地制度改革和建立城乡统一土地市场改革的种种难题，都会势如破竹，迎刃而解。

但是实施这方面的改革，要有一个创造条件、逐步推进的过程。例如，政府的自然资源监管部门不再经营土地，意味着政府没有了土地出让收入，而政府今后加大公共产品和公共服务提供的力度，所需资金要通过深化财税体制改革，才能加以解决。地方建设所需资金，则要通过进一步改革投融资体制，更多地依靠社会投入。就是说，取消所谓的土地财政，必须要有新的"替代物"，才能尽量避免或减轻体制机制转换可能引起的"阵痛"。

另外，实施所有者与管理者分开和一件事由一个部门来管的改革，必然对政府机构做重大调整，可能撤销一些原有的部门，组建一些新的机构。分析从现在到2020年的时间，2017年将召开党的十九大，2018年政府换届，这是值得关注的节点。我们判断，由党的十九大或十九大产生的中央委员会，提出关于机构改革方案的建议，然后由2018年的全国人民代表大会通过方案，交由换届后的新一届政府实施，是比较好的选择。在这之前或之后，恐怕都不是实施重大机构改革的最佳时机。据此可以进一步推断，土地制度的根本性改革，要在2018年以后才能全面展开。

8.2.5　完善土地价格形成机制，形成合理的城乡地价体系

合理的城乡地价体系既是征地补偿的依据，又是城乡统一土地市场正常运行

的价值尺度。因此，科学、合理的城乡地价体系是构建城乡统一建设用地市场的前提和基础。目前，我国土地价格体系的现状是，城市土地市场发育比较完善，其地价体系也已基本形成并日趋完善，而农村集体建设用地由于不能进入土地市场进行交易，导致其还没有形成规范的价格体系。

因此，完善土地价格形成机制，形成合理的城乡地价体系，重点在于对农村集体建设用地的价格形成机制进行完善。首先，建立农村集体建设用地的地价评估制度，对农村集体建设用地价格进行科学、合理的评估，在此基础上引入能真实反映农村集体建设用地资源价值的价格调节机制；其次，根据农村集体建设用地的不同情况和所处位置，考虑绝对地租和级差地租在内的、参考城市建设用地出让价格，建立农村集体建设用地价格体系，使城乡地价体系能够合理衔接。[1]

8.2.6　消除二元分割的土地税制，完善城乡统一的税收制度

建立城乡统一的建设用地市场，实现集体建设用地与国有建设用地同地、同权、同价。已从理论层面上升到决策操作层面。而我国现行的土地税收制度还存在着二元税制、体系不科学、税种设置不全面、立法不规范等问题。应对土地税收制度进行完善，使其能够对建立城乡统一的建设用地市场起到科学、合理的保障作用。

税收体系是指一个国家根据经济发展需要、财政税收政策的需要以及其他因素而设计建立的税收制度。[2] 西方税收学对税制的分类通常是按照征税客体的性质来划分的，包括所得（收益）课税、商品课税（流转课税）和财产课税。[3] 税收体系的分类很多，依据不同的标准可以进行不同的分类。[4]

土地税作为世界上最早的税收形式，[5] 在西方发达国家通常被归于三大税类之一的财产税。土地作为一种财产。对其所有或占有持续征税。其主要作用是对社会财富的再分配和有效引导资源配置。[6] 土地税一般包括所得税、流转税和财产税。所得税是指对态度所有者或占有着所征收的税；流转税和财产税是指对态

① 贺卫华建设用地市场研究安徽农业科学，2013，41（36）：14107－14109.
② 刘瑶杰．西方税收［M］.对外贸易教育出版社，1993，43.
③ 英面明．西方国家财政税收论纲［M］.山东大学出版社，1993，118.
④ 税收分类标准有很多.除了以征税对象的性质为标准外，还有根据税负能否转嫁分为直接税和间接税：按税种的多寡分为单一税和复合税。但以征税客体为标准对税制进行分类是世界各国普遍采用的分类方式.也是世界各国税制分类中最基本、最重要的形式。参见王韬.税收理论与实务［M］.科学出版社，2007，21；杨冬梅．税收理论与实务［M］.对外经济贸易大学出版社，2007，85.
⑤ 李俊生，李贞.外国财政理论与实践［M］.经济科学出版社，2012，317.
⑥ 王玮．税收学原理［M］.清华大学出版社，2010，266.

度流转所征受的税。对土地征收可以起到调节社会利益分配，促进社会公平，调控土地市场，从而起到稳定社会经济增长的作用。

建立城乡统一的建设用地市场需要在税种上做些调整，如开征具有惩罚性的土地闲置税，这样不仅可以防止土地资源的巨大浪费，也可以遏制囤积土地的投机行为。我国台湾地区对可以建筑而逾期开工或只作低度利用的私人持有地皮征收处罚性闲置税。韩国、日本等国家对闲置土地和囤地行为开征土地闲置税或地价税。建立城乡统一的建设用地市场还需在立法上创新，应尽快出台新的建设用地税，尤其是应由全国人大或其常委会制定一部统一的《土地税法》。将城乡土地统一税收的课税对象、征收范围、税率等在法律层面上进行明确规定，限制省、自治区、直辖市的税收规章制定权。同时修订现行的《土地管理法》《城镇国有土地出让和转让条例》《房地产管理法》等法律法规，严格限制地方政府对土地税收的解释权。同时，立法过程中坚持公开透明的原则，更多体系民主性，引导公众积极参与以表达其利益诉求。

参 考 文 献

一、著作类

[1] 王晶新．现代化进程中的农地制度及其利益格局重构［M］．北京：中国经济出版社，2005．

[2] 刘小玲．制度变迁中的城乡土地市场发育研究［M］．广州：中山大学出版社，2005．

[3] 李建建．中国城市土地市场结构研究［M］．北京：经济科学出版社，2004．

[4] 李凌．建设用地管理［M］．北京：化学工业出版社，2008．

[5] 连玉明，武建忠．大热点［M］．北京：团结出版社，2015：118．

[6] 冯瑞琳．法制视野下统一城乡建设用地市场研究［M］．北京：经济科学出版社，2015．

[7] 马克思，恩格斯．马克思恩格斯全集［M］．北京：人民出版社，1980：46．

[8] 林翊．中国经济发展进程中农民土地权益问题研究［M］．北京：经济科学出版社，2009．

[9] 科斯等．财产权利与制度变迁［M］．上海：上海三联书店，1994．

[10] R·科斯，A·阿尔钦，D·诺斯等．财产权利与制度变迁——产权学派与新制度经济学派译文集［M］．上海：上海三联书店，1991．

[11] 叶建平．中国土地产权制度研究［M］．北京：中国农业出版社，2000．

[12] 巴斯夏．经济和谐论［M］．许明龙，译．北京：中国社会科学出版社，1995．

[13] 刘诗白．产权新论［M］．成都：西南财经大学出版社，1993．

[14] 刘伟等．经济体制改革三论［M］．北京：北京大学出版社，1990．

[15] 刘小玲．制度变迁中的城乡土地市场发育研究［M］．广州：中山大学出版社，2005．

[16] 平乔维奇. 产权经济学——种关于比较体制的理论 [M]. 北京：经济科学出版社，2004.

[17] 程恩富. 西方产权理论评述——兼论中国企业改革 [M]. 北京：当代中国出版社，1997.

[18] 马克思，恩格斯. 马克思恩格斯选集 [M]（第19卷）. 北京：人民出版社，1963.

[19] 马克思，恩格斯. 马克思恩格斯选集 [M]（第3卷）. 北京：人民出版社，1972.

[20] 马克思，恩格斯. 马克思恩格斯选集 [M]（第46卷）. 北京：人民出版社，1979.

[21] 马克思，恩格斯. 马克思恩格斯选集 [M]（第42卷）. 北京：人民出版社，1979.

[22] 吴宣恭等. 产权理论比较——马克思主义与西方现代产权学派 [M]. 北京：经济科学出版社，2000.

[23] 科斯. 企业的性质，收于《企业、市场与法律》[M]. 上海：上海三联书店，1990.

[24] Coase, Ronald. The Nature of Firm. In Cosase, 1988. The Firm, the Market and the Law, 33 – 35. Chicago：The University of Chicago Press, 1937, 33 – 55.

[25] 张五常. 企业的契约性质 [M]. 上海：上海三联书店，1983.

[26] 奥利弗·威康姆森. 生产的纵向一体化：市场失灵的考察. 企业制度与市场组织 [M]. 上海：上海人民出版社，1996.

[27] 张合林. 中国城乡统一土地市场理论与制度创新研究 [M]. 北京：经济科学出版社，2008.

[28] 吴宣恭等. 产权理论比较——马克思主义与西方现代产权学派 [M]. 北京：经济科学出版社，2000.

[29] 马克思，恩格斯选集. 第8卷 [M]. 北京：人民出版社，1972.

[30] 林毅夫. 关于制度变迁的经济学理论——幼稚性变迁与强制性变迁 [J]. 引自：R. 科斯等. 财产权利与制度变迁 [M]. 上海：上海三联书店，1994.

[31] 冯瑞林. 法治视野下统一城乡建设用地市场研究 [M]. 北京：经济科学出版社，2015.

[32] 李俊生，李贞. 外国财政理论与实践 [M]. 北京：经济科学出版社，2012.

[33] 王玮. 税收学原理 [M]. 北京：清华大学出版社，2010.

［34］黄华明.建设用地管理［M］.天津:科学技术出版社,1992.

［35］毕宝德.土地经济学［M］.北京:中国人民大学出版社,2006.

［36］费孝通.江村经济——中国农民的生活［M］.北京:商务印书馆,2001.

［37］N.沙盖达.俄罗斯土地改革及农地市场发育状况［M］.北京:国外社会科学出版社,2006.

［38］廖洪乐.中国农村土地制度六十年——回顾与展望［M］.北京:中国财政经济出版社,2008.

［39］许经勇.中国农村经济制度变迁六十年研究［M］.厦门:厦门大学出版社,2009.

［40］戴维·菲尼.制度安排的需求与供给［J］.引自:奥斯特罗姆、D.菲尼、H.皮希特.制度分析与发展反思［M］.北京:商务印书馆,1992.

［41］孟勤国:中国农村土地流转问题研究［M］.北京:法律出版社,2008.

二、论文类

［1］CoaseRH. The Problem of Social Cost. Journal ofLaw and Economics, 1960 (3): 1 – 44.

［2］O. Sullivan. Urban Economics. The Mc Graw – Hill Companies, 2000, Inc, 249 – 266.

［3］Quan Jian. Study on Establishment of Construction Land Market with Unified Development of Urban-rural, Journal of Anhui Agricultural Sciences, 2011, Vol. 39, pp. 16191 – 16193.

［4］ZHANG He-lin and HAO Shou-yi. Innovation of Unified Urban & Rural Land Market System and Policy Suggestions, China Soft Science, 2007, Vol. 2, pp. 28 – 40.

［5］WANG Xiao-xia and JIANG Yi-jun. Analysis and Outlook of Circulation Policies on Rural Collective Construction Land Tenure in China, China Land Science, 2009, Vol. 23, pp. 38 – 42.

［6］Gu Wu-hao. Research on the Marketization Operation of the Rural Collective Land, Journal of Shanghai Economic Management College, 2008, Vol. 6, pp. 11 – 14.

［7］Guo Jia-hu and Cui Wen-juan. System Obstruction and Construction of the Right of Use of Rural Constructional Land Moving, Economy and Management, 2007, Vol. 21, pp. 10 – 14.

［8］Wen Feng, Lu Chun-yang, and Zhou Gui-fang. Progress and Prospect of the

Research on Transfer of the Collectively Owned Rural Construction Land, Progress in Geography, 2011, Vol. 30, pp. 1193 – 1200.

［9］ Zang Jian. On Constructing Collective Construction Land's Transference Mechanism in Chongqing, Journal of Chongqing Jiaotong University (Social Sciences Edition), 2009, Vol. 9, pp. 63 – 65.

［10］ Zang Li-jun and Su Ping. Study on the System and Mechanism of Urban Land Assets Management, Commercial Research, 2006, Vol. 21, pp. 42 – 44.

［11］ Li Xue-mei and Wang Xiang-jun. Approaches to Land Utilization Governance in China, Resources & Industries, 2008, Vol. 10, pp. 103 – 106.

［12］ LI Bo-yuan and LI Fu-zhong. Study on Integration of Urban and Rural Construction Land Market, Journal of Shanxi Agricultural University (Social Science Edition), 2011, Vol. 10, pp. 43 – 45.

［13］ Huang Xiao – Hu. The Evolution Retrospective and Consideration for Reforming in Land Requisition system, Shanghai Land and Resources, 2011, Vol. 32, pp. 7 – 13.

［14］ Currit N. Easterling W E. Globalization and Population Drivers of Rural-urban Land-use Change in Chihuahua, Mexico ［J］. Land Use Policy, 2009, 26 (3): 535 – 544.

［15］ Huang Zhang L, Wu B. Spatiotemporal Analysis of Rural-urban Land Conversion ［J］. International Journal of Geographical Information Science, 2009, 23 (3): 379 – 398.

［16］ Frenkel A, Tsur Y. The Amenity Value of Agricultural Landscape and Rural-urban Land Allocation ［J］. Journal of Agricultural Economics, 2009, 60 (1): 132 – 153.

［17］ 田慧. 统一城乡建设用地市场构建的思考 ［J］. 建材发展导向, 2015 (3): 28 – 281.

［18］ 操小娟. 中国统一城乡建设用地市场的法律路径 ［J］. 中国土地科学, 2015 (5): 56 – 61.

［19］ 康亢, 李红波. 农村集体建设用地入市交易费用分析 ［J］. 安徽农业科学, 2014, 42 (34): 12309 – 12311.

［20］ 张和林、贾晶晶. 我国城乡统一建设用地市场构建及配套政策研究 ［J］. 地域研究与开发, 2013, 32 (5): 119 – 122.

［21］ 付场. 关于马克思产权理论的研究综述 ［J］. 管理智库, 2013 (30): 31 – 32.

[22] 陈建兵. 国内马克思主义产权理论研究综述 [J]. 云梦学刊, 2007, 28 (5): 25 – 28.

[23] 柯闲发. 马克思主义产权理论与西方产权理论比较研究综述 [J]. 中国集体经济, 2011, 上 (4): 102 – 103.

[24] 贾娜. 产权理论研究综述 [J]. 法学研究, 2010, 下 (7): 18 – 30.

[25] 刘小怡. 马克思主义和新制度主义制度变迁理论的比较与综合 [J]. 南京师大学报 (社会科学版), 2007 (1): 5 – 11.

[26] 张福军. 马克思制度变迁理论述评 [J]. 经济学家, 2008 (3): 113 – 117.

[27] 周其仁. 农地产权与征地制度 [J]. 经济学 (季刊), 2004 (10): 193 – 210.

[28] 蒋省三, 刘守英. 土地资本化与农村工业化 [J]. 经济学 (季刊), 2004 (10): 211 – 228.

[29] 卢晓峰, 刘战豫. 现行征地制度存在的问题和对策研究 [J]. 河南理工大学学报 (社会科学版), 2006 (11): 278 – 281.

[30] 杨重光. 论城市土地制度的二次改革 [J]. 学术前沿丛坛, 2008 (1): 170 – 176.

[31] 曾超群, 曾福生. 土地流转的动力机制及模式分析 [J]. 湖南社会科学, 2010 (2): 92 – 96.

[32] 王俊沣, 伍振军. 农地流转的市场模式与参与方动机解析 [J]. 改革, 2011 (2): 77 – 83.

[33] 杜朝晖. 我国农村土地流转制度改革——模式、问题与对策 [J]. 当代经济研究, 2011 (2): 48 – 52.

[34] 陈锡斌. 困境与出路: 我国农村土地流转问题探讨 [J]. 湖北社会科学, 2010 (3): 53 – 56.

[35] 刘健. 重庆地票: 农村土地制度改革的重大创新 [N]. 经济参考报, 2010 (5): 8 – 10.

[36] 魏峰, 郑义, 刘孚文. 重庆 "地票" 制度观察 [J]. 中国土地, 2010 (5): 32 – 34.

[37] 杜军, 廖和平, 唐娜等. 基于统筹城乡发展的土地资源优化配置研究——以重庆市长寿区为例 [J]. 西南大学学报 (自然科学版), 2010, 32 (10): 79 – 83.

[38] 申惠文, 杜志勇. 城乡统一建设用地市场的物权法思考 [J]. 企业导报, 2014 (5): 115 – 117.

[39] 陈锡文. 农村改革三大问题 [J]. 中国改革, 2010 (10): 14 – 18.

[40] 刘小玲. 建立我国城乡一体的土地市场体系探索 [J]. 南方经济, 2005 (8): 37 - 40.

[41] 高圣平, 刘守英. 集体建设用地进入市场: 现实与法律困境 [J]. 管理世界, 2007 (3): 62 - 72.

[42] 董祚继, 田春华. 顺势而为, 深入推进农村土地管理制度改革 [J]. 中国国土资源经济, 2011 (10): 7 - 1.

[43] 王宏新. 合二为一, 城乡土地市场大方向 [J]. 中国土地, 2009 (7): 23 - 26.

[44] 李景刚等. 我国城乡二元经济结构与一体化土地市场制度改革及政策建议 [J]. 农业现代化研究, 2011 (3): 297 - 301.

[45] 张合林, 郝寿义. 城乡统一土地市场制度创新及政策建议 [J]. 中国软科学, 2007 (2): 37 - 38.

[46] 王祎. 浅谈将集体经营性建设用地入市理论实践化的几点建议 [J]. 农业经济, 2014 (4): 60 - 61.

[47] 陈雅彬. 西方产权理论综述 [J]. 商情, 2012 (24): 121 - 122.

[48] R. H. 科斯. 社会成本问题 [J]. 法律与经济学, 1960, 3 (10).

[49] 林岗, 张宇. 产权分析的两种范式 [J]. 中国社会科学, 2000 (1): 85 - 87.

[50] 吕天奇. 马克思与西方学者产权理论的观点综述与分析 [J]. 西南民族大学学报, 2004 (3): 120 - 123.

[51] 于鸿军. 产权与产权的起源——马克思主义产权理论与西方产权理论比较研究 [J]. 马克思主义研究, 1996 (6): 120 - 123.

[52] 吴易风. 马克思的产权理论与国有企业产权改革 [J]. 中国社会科学, 1995 (1): 56 - 58.

[53] 付场. 关于马克思产权理论的研究综述 [J]. 管理智库, 2013 (30): 80 - 83.

[54] 杜萌. 着力建立城乡统一建设用地市场 [J]. 大陆桥视野, 2015 (24): 283 - 284.

[55] 黄建水. 建立城乡统一建设用地市场的问题及对策研究 [J]. 华北水利水电大学学报 (社会科学版), 2015, 31 (5): 58 - 63.

[56] 宋迎昌, 王建武. 建立城乡统一的建设用地市场研究——基于北京若干案例的调查分析 [J]. 杭州师范大学学报 (社会科学版), 2015, 37 (2): 34 - 36.

[57] 马爱功, 张万里等. 临沂市建立城乡统一建设用地市场存在的问题及

对策分析 [J]. 山东国土资源, 2015, 31 (7): 77-79.

[58] 谭文兵, 刘彩霞等. 浅析城乡统一建设用地市场构建的障碍因素与对策 [J]. 广东土地科学, 2010, 9 (3): 8-10.

[59] 郑云峰, 李建建. 城乡建设用地市场一体化问题探究 [J]. 上海房产, 2013, 9 (2): 28-30.

[60] 姜大明. 建立城乡统一的建设用地市场 [J]. 南方国土资源, 2013 (12): 14-17.

[61] 王欢, 杨学成. 城乡统一建设用地市场中农村集体经济组织与政府博弈分析 [J]. 科学决策, 2015 (7): 37-45.

[62] 王殿凯等. 产权理论探析 [J]. 山东财政学院学报, 1995 (1).

[63] 王齐, 王丽等. 关于企业所有制与、经营权关系问题研究综述 [J]. 东岳论丛, 1995 (2).

[64] 林广瑞. 论产权社会化 [J]. 河北学刊, 2006 (2): 18-20.

[65] 陈雅彬. 西方产权理论综述 [J]. 商情, 2012 (24): 121-122.

[66] 刘国超: 农村土地承包经营权流转问题研究 [J]. 理论月刊, 2006 (1): 68-70.

[67] 丁秋菊: 我国土地承包经营权流转中的问题厦对策 [J]. 资源与产业, 2006 (3): 36-39.

[68] 华彦玲, 施国庆, 刘爱文. 国外农地流转理论与实践研究综述 [J]. 世界农业, 2009 (6): 90-92.

[69] 张合林, 郝寿义. 城乡统一土地市场制度创新及政策建议 [J]. 中国软科学, 2007 (2): 80-83.

[70] 王小映. 平等是首要原则——统一城乡建设用地市场的政策选择 [J]. 中国土地, 2009 (4): 78-81.

[71] 张福军. 马克思制度变迁理论述评 [J]. 经济学家, 2008 (3): 113-117.

[72] 高淑泽. 谈谈古典经济学的地租理论 [J]. 山西高等学校社会科学学报, 2000 (10): 35-38.

[73] 石应、赵昊鲁. 马克思主义地租理论与中国农村土地制度变迁 [M]. 经济科学出版社, 2007 年版, 第63页.

[74] 霍雅勤, 蔡运龙. 可持续理念下的土地价值决定与量化 [J]. 中国土地科学, 2003 (2): 19-23.

[75] 廖洪乐. 农村改革试验区的土地制度建设试验 [J]. 管理世界, 1998 (2): 215-217.

[76] 张德元. 实行土地国有化赋予农民永佃权 [J]. 经济管理文摘, 2003 (2): 25 - 27.

[77] 綦好东. 论我国农地产权结构调整与演进的目标 [J]. 经济体制改革, 1998 (1): 120 - 124.

[78] 蔡继明. 土地所有制度应该多元化 [Z]. 中华工商时报, 2003 (3): 17.

[79] 晓静. 我国农村土地制度改革研究综述 [J]. 江西财经大学学报, 2003 (4): 217 - 219.

[80] 张红宇. 中国农村土地产权政策: 持续创新——对农村使用制度变革的重新评判 [J]. 管理世界, 1998 (6): 215 - 217.

[81] 晓静. 我国农村土地制度改革研究综述 [J]. 江西财经大学学报, 2003 (4): 135 - 137.

[82] 郑碧玲. 试析有中国特色的渐进式市场经济制度创新 [J]. 计划与市场, 1999 (3): 89 - 91.

[83] 郑文浩. 谈城市土地的无偿划拨 [J]. 城市开发, 1990 (10): 31 - 33.

[84] 郑云峰. 城乡建设用地二元结构及其市场构建 [J]. 重庆社会科学, 2010 (2): 59 - 61.

[85] 曲福田、冯淑怡、俞红. 土地价格及其分配关系与农地非农化经济机制研究 [J]. 中国农村经济, 2001 (12): 27 - 29.

[86] 李倩. 向城乡一体化进发——访社科院农村发展研究所研究院王小映 [J]. 中国土地, 2008 (10): 28 - 30.

[87] 刘巧芹等. 农村集体建设用地使用权流转及收益分配问题分析——以河北省M村为例 [J]. 农业经济, 2014 (3): 31.

[88] 蔡继明. 市场在土地资源配置中同样起决定性作用 [J]. 中国乡村发现, 2014 (5): 77 - 79.

[89] 陈燕. 中国城乡建设用地市场一体化问题探析 [J]. 发展研究, 2011 (12): 112.

[90] 张舟, 吴次芳, 谭荣. 城乡建设用地统一市场的构建: 出发前的再审视 [J]. 西北农林科技大学学报 (社会科学版), 2015, 15 (3): 9 - 15.

[91] 贺卫华. 建设用地市场研究 [J]. 安徽农业科学, 2013, 41 (36): 14107 - 14109.

[92] 肖屹、钱忠好、曲福田. 农民土地产权认知与征地制度改革研究 [J]. 经济体制改革, 2009 (1): 81 - 86.

[93] 卢熙. 建立城乡统一建设用地市场的障碍及条件 [J]. 混凝土世界, 2014 (8): 81 - 86.

［94］余敬，梁亚荣.城乡建设用地市场一体化中的税法完善对策［J］.行政与法，2015（1）：9-103.

［95］程久苗.农村集体建设用地流转制度的创建及相关问题的思考［J］.南京农业大学学报，2002（3）：201-203.

［96］王婷婷.城乡统一建设用地市场视阈下的农村集体建设用地流转问题研究［J］.法制与社会，2015（12）：217-218.

［97］张舟，吴次芳，谭荣.城乡建设用地统一市场的构建：出发前的再审视［J］.西北农林科技大学学报（社会科学版），2015，14（3）：9-14.

［98］夏方舟，严金明.土地储备、入市影响与集体建设用地未来路径［J］.改革，2015（3）：48-55.

［99］姚喜军，鲁丽波，徐艳红."农村集体建设用地入市"如何实现软着陆［J］.中国农业信息（上半月），2014（2）：193-194.

［100］练勇.贵州省凤冈县农村集体经营性建设用地的初步探索［J］.农业工程，2015，5（3）：65-67.

［101］孔祥智，马庆超.农村集体经营性建设用地改革：内涵、存在问题与对策建议［J］.农村金融研究，2014（11）：9-14.

［102］操小娟.中国统一城乡建设用地市场的法律路径［J］.中国土地科学，2015，29（5）：56-61.

后　　记

　　呈现在读者面前的这本《建立城乡统一的建设用地市场研究》是我主持的教育部人文社会科学规划基金项目（13YJA630042）重庆市社会科学规划项目（2015YBSH042）和"长江师范学院科研创新团队建设计划资助项目"的研究成果之一。

　　研究过程中，得到了各方面的大力支持，特别是在实地调研中许多政府部门和个人提供了大量的资料；长江师范学院财经学院钟佳利老师完成了"政府与农村集体经济组织之间的博弈分析"的部分内容，在此表示衷心的感谢！感谢我的妻子侯爱霞女士多年来默默无闻的支持和无私的奉献，为在我学术的道路上走得更远更好付出了大量的心血，并致以崇高的敬意！

　　最后，特别要感谢本书的责任编辑王娟女士，为本书的出版付出了辛勤的劳动。此外，研究过程中，引用了大量文献资料，参阅了诸多作者的研究成果，这些资料和成果给我们提供了无限的启迪和有益的借鉴，在此表示最真挚的感谢！

李　彬
2016 年 10 月 16 日于长江师范学院财经学院